저자 **오현선**

독서 교실을 운영하며 23년째 어린이들과
읽고 쓰는 일을 하고 있는 어린이 독서 교사입니다.
읽기와 쓰기의 가치가 어린이의 삶에 깃들기를 바라며,
도서관과 학교에서 학부모 강연을 합니다.
독서 교사 세미나를 하며 독서 교육의 방향에 대해 늘 고민하고요,
더 나은 선생님이 되고 싶어 대학원에서 독서 논술을 전공하고 있습니다.
'책'과 '어린이'와 '나'를 삶의 화두로 삼아 스스로도 더 성장하고자 매일 읽고 씁니다.

지은 책으로는
『우리 아이 독서 자립』
『초등 완성 생각정리 독서법』
『초등 짧은 글 + 긴 글 3단계 완주 독후감 쓰기』
『뚝딱! 미니 논술』 등이 있습니다.

블로그 blog.naver.com/few24
인스타그램 @raon_book_teacher
네이버카페 라온북다움 cafe.naver.com/laonbookdaoom

부모님께

우리 가족은 식탁에서 매일 어떤 대화를 나누나요?
일상의 문제를 해결하기 위한 대화,
좀 더 나은 미래를 위한 대화 등
여러 가지 이야기를 나눌 거예요.

그런데 자칫 바쁜 일상을 살아가는 일에만 집중하다 보면
어린이와 의미 있는 대화가 아닌 지시형의 대화만 하게 될 수도 있어요.
이런 대화는 결국 '대화 없는 가족',
'생각하지 않는 사람'을 만들 수 있고요.

초등 미니 논술 일력은
식탁에서 매일 어린이와 나눌 수 있는 주제 365가지를 제안하여,
매일 생각하는 어린이,
더 나아가 매일 의미 있는 대화를 나누는 가족을
응원하기 위해 만들었습니다.

어린이의 일상과 관련해 선택을 묻는 주제부터
굵직한 사회 이슈까지 만나
이야기를 나누다 보면 생각이 쑥 자라고,
세상을 보는 시선이 한결 넓어질 거예요.

매일 어린이의 의견을 들어주세요.
부모님의 의견도 나누어 주세요.
초등 미니 논술 일력을 통해,
대화하고, 생각하고, 성장하는 가족이 되기를 바랍니다.

하루 5분 식탁 토론으로 다지는

초등 미니 논술 일력 365

오현선 지음

서사원주니어

하루 5분 식탁 토론으로 다지는

초등 미니 논술 일력 365

초판 1쇄 발행 2023년 11월 10일
초판 12쇄 발행 2025년 7월 11일

지은이 오현선

대표 장선희 **총괄** 이영철
기획위원 김혜선 **기획편집** 강교리, 최지수
디자인 양혜민, 이승은 **외주디자인** 이창욱
마케팅 김성현, 유효주, 이은진, 박예은 **경영지원** 전선애

펴낸곳 서사원주니어 **출판등록** 제2023-000199호
주소 서울시 마포구 성암로330 DMC첨단산업센터 713호
전화 02-898-8778 **팩스** 02-6008-1673 **이메일** cr@seosawon.com

 홈페이지   인스타그램

ⓒ 오현선, 2023

ISBN 979-11-6822-226-7 73700

- 이 책은 저작권법에 따라 보호를 받는 저작물이므로 무단 전재와 무단 복제를 금지합니다.
- 이 책 내용의 전부 또는 일부를 이용하려면 반드시 저작권자와 서사원 주식회사의 서면 동의를 받아야 합니다.
- 잘못된 책은 구입하신 서점에서 바꿔드립니다.   • 책값은 뒤표지에 있습니다.

 서사원은 독자 여러분의 책에 관한 아이디어와 원고 투고를 설레는 마음으로 기다리고 있습니다.
책으로 엮기를 원하는 아이디어가 있는 분은 서사원 홈페이지의 '출간 문의'로
원고와 출간 기획서를 보내주세요. 고민을 멈추고 실행해보세요. 꿈이 이루어집니다.

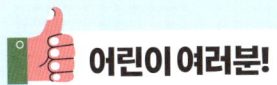
어린이 여러분!

어린이 여러분, 안녕하세요?
선생님은 어린이들과 책을 읽고 글을 쓰며 생각을 나누는 독서 선생님이에요.

여러분은 하루하루를 어떻게 보내나요?
매일 학교에 가고, 또 학원을 가는 어린이도 있겠죠?
홈스쿨을 하는 어린이들도 나름대로의 하루를 보낼 거고요.

여러분이 살아가는 이 세상에는 매일매일 많은 일이 벌어지고 있어요.
그리고 그 일은 많은 사람에게 영향을 주고 있죠.
어린이 여러분도 예외는 아니에요.
이 세상에서 벌어지는 일, 매일 해결해야 하는 일, 판단해야 하는 일이
여러분 자신에게, 여러분 주변에 많답니다.

이 책은 여러분이 살아가면서 마주하고 있는 주제,
사회 구성원의 한 사람으로 마주해야 할 주제 365개를 모아,
찬반 형식으로 제시하고 각각의 입장을 읽어 볼 수 있도록 구성했어요.

가족과 함께 식탁에서 매일 한 장씩 넘기며 주제를 만나다 보면
자연스럽게 생각하게 되고 토론하게 될 거예요.
여러분과 여러분 주변에 어떤 문제가 있는지 알아가며
세상을 보는 시선도 넓어질 거예요.
여러분의 문제, 주변의 문제를 해결할 힘도 커질 거고요.

매일 일력을 넘기며 매일 생각하고 매일 더 성장하는
지혜로운 어린이가 되기를 응원하고 또 축복합니다.

12월 31일

사회 문제

한 해의 마지막 날은 신나게 놀아도 된다.
VS
새해 계획을 세워야 한다.

| 너의 의견은 뭐야? | 이유를 말해 줘. (1~2개) | 그렇게 했을 때 문제점은 뭐야? | 그건 어떻게 해결할까? |

한 해의 마지막 날은 신나게 놀아야 해. 한 해 동안 열심히 살았기 때문에 마지막 날은 잘 지냈다고 축하하며 파티를 해야 새해를 잘 시작할 수 있어. 물론 이 날도 해야 할 일이 있을 수 있으니 빨리 해 놓고 놀아야지.

VS

한 해의 마지막 날은 새해 계획을 세워야 해. 흐지부지 보내면 새해가 시작되자마자 정신이 없을 것 같아. 물론 너무 공부하는 분위기는 좋지 않으니까 가족끼리 맛있는 것을 먹으면서 대화해 보면 좋겠어.

그거 알아? 1953년부터 서울 보신각에서 한 해를 마무리하고 새해 시작을 알리는 타종 행사를 하고 있어. 많은 이들이 함께 그 장면을 보며 새해를 맞이해. 아침 일찍 새해 첫날 해돋이를 보는 사람들도 있지. 음력 12월 마지막 날 '섣달그믐'에는 새벽 닭이 울 때까지 잠을 자지 않는 풍속이 있었어.

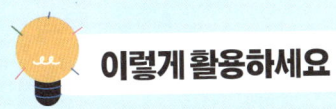 **이렇게 활용하세요**

매일 일력을 펼쳐 보세요.
그날의 주제가 짠! 하고 보일 거예요.
주제를 먼저 소리 내어 읽어 보세요.
그리고 가족과 자유롭게 토론해 보는 거예요.
여러분은 어떤 입장인지, 가족은 어떤 입장인지
이야기를 나누어 보세요.

주제가 낯설거나 바로 입장이 정해지지 않는다면
두 어린이의 의견을 먼저 읽어 보아도 좋아요.
생각의 창이 열릴 수 있어요.

하단에는 주제를 이해하게 돕거나,
입장을 정하는 데 참고가 될 이야기가 담겨 있어요.
천천히 읽고, 도움을 받아 보면 좋겠어요.
더 궁금하다면 검색해서 찾아보는 지혜도 필요하겠죠?

입장을 정해 의견을 말할 때는
상대가 이해할 수 있도록 조리 있게 말하는 것이 좋아요.
주제 아래에 보면 주제에 맞추어 어떻게 말해야 하는지
4가지 질문이 있어요.
질문에 답하듯 말하면 멋진 나의 의견 말하기가 될 거예요.

나의 입장 말하기까지 신나게 했다면
공책을 펼쳐 가만히 써 보아도 좋아요.
생각이 글이 되는 순간은 조금 더 나다워지는 순간이니까요!

12월 30일

사회 문제

초등학생이 쌍꺼풀 수술을 해도 된다. vs 아니다.

| 너의 의견은 뭐야? | 이유를 말해 줘. (1~2개) | 그렇게 했을 때 문제점은 뭐야? | 그건 어떻게 해결할까? |

초등학생도 쌍꺼풀 수술 해도 돼. 요즘은 간단히 할 수 있어서 위험하지 않아. 예뻐지고 싶은 마음은 누구나 갖고 있기도 하고. 물론 부모님이 반대할 수 있으니 잘 설득해 보도록 해.

초등학생은 쌍꺼풀 수술을 하지 않는 것이 좋아. 아직 성장할 때라서 좋지 않을 수 있어. 게다가 벌써 수술로 외모를 바꾸는 경험을 하면 나중에 계속하게 될 수 있어. 물론 콤플렉스가 심할 정도라면 부모님과 진지하게 상의해 보는 건 어때?

그거 알아? 어느 신문사에서 서울의 성형외과에 문의를 했더니 반 이상의 성형외과에서 초등학생도 쌍꺼풀 수술을 해 준다고 했대. 이미 한 친구들도 꽤 있다고 해. 초등학생이 쌍꺼풀 수술을 하면 어떤 장단점이 있을까?

이런 이야기를 나누어요

1월	2월	3월
취향	상상	배움

4월	5월	6월
학교생활	일상생활	감정

7월	8월	9월
가치관	음식	독서·글쓰기

10월	11월	12월
친구	어린이·인권	사회 문제

12월 29일

사회 문제

초등학생이 유튜브 쇼츠를 봐도 된다. vs 안 된다.

| 너의 의견은 뭐야? | 이유를 말해 줘. (1~2개) | 그렇게 했을 때 문제점은 뭐야? | 그건 어떻게 해결할까? |

초등학생이 유튜브 쇼츠를 봐도 돼. 하나의 취미나 재미로 보는 거잖아. 또 초등학생도 바쁘기 때문에 그것만큼 잠깐 즐길 수 있는 것도 없어. 물론 중독되면 쇼츠만 볼 수도 있으니 하루 몇 개 볼지 정해 두면 어떨까?

되도록 보면 안 돼. 쇼츠는 짧고 자극적인 것이 많아 집중력을 떨어뜨려. 물론 잠깐 일상의 재미를 추구하는 것이라고 생각할 수도 있지만 더 건강하게 놀 수 있는 것이 많아.

그거 알아? 쇼츠는 60초 이내 짧은 유튜브 영상이야. 요즘 많은 사람들이 제작도 하고 소비도 하지. 이런 쇼츠도 유튜브처럼 중독 현상이 일어날 수 있어. 반면 바쁜 생활 속 즐거움을 주는 요소가 되기도 해. 너는 어떻게 생각해?

1월
취향

> " 산이 좋아, 바다가 좋아?
> 강아지가 좋아, 고양이가 좋아?
> 비 오는 날이 좋아, 맑은 날이 좋아? "

뭘 좋아해요?
이달에는 친구가 어떤 취향을 갖고 있는지
이야기 나누어 보려고 해요.

4개의 질문에 순서대로 대답하면서
즐거운 이야기꽃을 피워 보세요.

12월 28일

사회 문제

장애인 버스를 따로 만들어야 한다. vs 아니다.

| 너의 의견은 뭐야? | 이유를 말해 줘. (1~2개) | 그렇게 했을 때 문제점은 뭐야? | 그건 어떻게 해결할까? |

장애인 버스를 따로 만들어야 해. 장애인도 이동할 일이 많은데, 가장 대중적인 교통 수단인 버스를 거의 이용하지 못하고 있어서 많이 불편해. 이용자가 적을 수는 있기 때문에 장애인 버스는 나라에서 운영하면 좋겠어.

장애인 버스를 따로 만들 필요는 없어. 이미 많은 버스들이 장애인도 탈 수 있도록 설계되어 있어. 불편해서 잘 이용하지 못하는 것이기 때문에 시민들과 버스 기사가 인식을 바꾸도록 좀 더 노력하는 것이 중요해.

그거 알아? 장애인도 버스를 탈 수 있도록 버스에 리프트가 있어. 하지만 대부분 고장 나 있거나 버스 기사가 탑승을 거부하기도 해. 좀 더 편리한 저상 버스가 나왔지만 이도 마찬가지로 탑승을 거부하는 사례가 많다고 해. 그렇다면 오롯이 장애인만을 위한 버스, 따로 만들어야 할까?

1월 1일 설날

취향

설날이 좋다.
vs
추석이 좋다.

| 너는 무엇이 좋아? | 이유를 말해 줘. (1~2개) | 단점은 뭐야? | 그건 어떻게 해결할까? |

나는 설날이 좋아. 세뱃돈을 받기 때문이야. 게다가 나이도 한 살 더 먹는 날이잖아. 물론 세뱃돈을 부모님이 가져갈 순 있지만 나중에 돌려주신다는 약속을 받으면 돼.

 VS

나는 추석이 좋아. 가을에는 재배한 농산물이 많을 때라서 먹을 것이 풍성해. 가을이라서 날씨도 좋고. 물론 설날보다 용돈을 좀 더 적게 받는 것은 아쉽지만 설날에 받은 것으로 쓰면 돼.

그거 알아? 우리나라 최대 명절은 설날과 추석이야. 설날은 새해를 감사히 맞이하며 떡국을 먹는 날이야. 추석은 한가위라고 하여, 추수한 곡식으로 만든 음식을 먹으며 한 해 수확을 감사드리는 날이지. 그 외에도 양력 4월 5일은 한식, 음력 5월 5일은 단오라는 명절이야.

12월 27일

사회 문제

아파트 베란다에서 담배를 피우는 건 안 된다. vs 자유다.

| 너의 의견은 뭐야? | 이유를 말해 줘. (1~2개) | 그렇게 했을 때 문제점은 뭐야? | 그건 어떻게 해결할까? |

아파트 베란다에서 담배를 피우는 건 안 돼. 아파트는 공동주택이야. 모두가 사는 주택의 베란다에서 담배를 피우면 연기가 여러 집으로 전달되어 피해를 줘. 정말 담배가 피우고 싶은 어른이라면 밖으로 나가서 피우면 돼.

VS

자신의 아파트 베란다에서 담배를 피우는 것은 자유야. 자신의 집에서 밥을 먹지 말라고 못하는 것처럼 담배 피우는 것도 마찬가지야. 다른 집으로 냄새가 넘어갈 수는 있겠지만, 공동주택에서 살려면 그 정도는 감당해야 하지 않을까?

그거 알아? 공동주택은 함께 사는 곳이라 남에게 피해를 주지 않도록 해야 해. 그런데 베란다는 사실 자신의 집이니 자신의 집에서 자유를 누리는 것에 대해 제지를 하기 어려운 부분도 있어. 그래서 주민들 갈등도 꽤 많고 어떤 사람은 아파트 자체를 금연 건물로 지정해야 한다는 의견도 내. 너는 어떻게 생각해?

1월 2일

취향

산이 좋다.
vs
바다가 좋다.

| 너는 무엇이 좋아? | 이유를 말해 줘. (1~2개) | 단점은 뭐야? | 그건 어떻게 해결할까? |

나는 산이 좋아! 산에 올라가면 우선 운동을 해서 기분이 상쾌해져. 높은 곳에 가면 공기도 정말 좋아. 물론 올라갈 때는 힘이 들겠지만 가족과 대화하면 덜 힘들게 느껴지니 괜찮아.

 VS

나는 바다가 좋아! 넓은 바다를 보면 가슴이 탁 트여. 바닷가를 뛰어다니면 시원한 바람이 날 행복하게 해. 바다까지 가려면 시간이 오래 걸리지만 가다가 휴게소에 들르면 덜 지루해.

생각 열기

산에 오르는 것을 '등산'이라고 하고, 바다에서 헤엄치거나 즐기며 노는 것을 '해수욕'이라고 하지. 산 정상까지 올라가 본 적 있어? 바닷가에서 놀아 본 적은? 네가 어떤 것을 더 많이 해 봤는지, 어떤 것을 했을 때 행복했는지 생각해 봐.

12월 26일

사회 문제

초등학생은 시험을 보지 말아야 한다.
vs
봐도 된다.

| 너의 의견은 뭐야? | 이유를 말해 줘. (1~2개) | 그렇게 했을 때 문제점은 뭐야? | 그건 어떻게 해결할까? |

초등학생은 시험을 보지 말아야 해. 시험은 점수가 나오다 보니 스트레스가 심해. 초등학생은 공부하는 즐거움을 아는 것이 더 중요해. 그럼 실력을 판단할 수 없다고? 시험이 아닌 더 나은 방법을 고민하는 건 어른들 몫이야.

VS

초등학생도 시험을 봐도 돼. 시험을 보아야 긴장이 되어서 공부를 좀 더 열심히 할 수 있어. 자신의 실력도 점검할 수 있고. 시험이 주는 스트레스도 만만치 않지만, 그걸 경험해야 중학생이 되어 보는 시험에도 적응하지 않을까?

그거 알아?

요즘 초등학교는 단원 평가 등의 간단한 시험 정도만 봐. 시험을 보는 이유는 공부한 것을 잘 이해했는지 살펴보는 거지. 이런 시험이 초등학생들의 생활, 성적, 정서 등에 좋은 영향, 안 좋은 영향 중 어떤 것을 더 많이 줄지 생각해 봐.

1월 3일   취향

여행은 가족 모두 가야 한다.
vs
일부만 가도 좋다.

| 너는 무엇이 좋아? | 이유를 말해 줘. (1~2개) | 단점은 뭐야? | 그건 어떻게 해결할까? |

여행은 가족 모두 가야지. 누구 한 명이라도 빼놓고 가면 그 사람이 너무 서운하고 가고 싶을 것 같아. 모두 가면 조금 정신이 없고 준비물이 많긴 하겠지? 각자 잘 챙기면 돼.

 VS

여행은 가족 중 일부만 가도 상관없어. 우리 아빠는 항상 바쁘셔서 같이 못 갈 때가 많아. 회사를 빠지고 갈 수는 없으니까, 어쩔 수 없어. 물론 좀 서운하시겠지만 사진도 많이 보내 드리고 영상도 보내 드리면 돼.

생각 열기

여행의 의미는 뭘까? 사람마다 다르겠지? 여행은 어디로 가는지도 중요하지만 누구와 가는지도 중요하다고 해. 그럼 가족이 모두 가는 것, 일부만 가는 것 중 뭐가 더 좋아? 여행 기간과 여행지에 따라 다르겠지만, 잘 생각해 봐!

12월 25일 **크리스마스**

사회 문제

가난한 나라의 어린이들에게 기부를 해야 한다. vs 아니다.

| 너의 의견은 뭐야? | 이유를 말해 줘. (1~2개) | 그렇게 했을 때 문제점은 뭐야? | 그건 어떻게 해결할까? |

가난한 나라의 어린이들에게 기부를 해야 해. 우리 모두 이웃이고 모두 행복하게 살 권리가 있으니까. 지진 피해 입은 나라에 기부한 적이 있는데 나도 기분이 좋았어. 내가 넉넉하지 않다면 조금만 하면 되겠지.

 VS

다른 나라 어린이들에게 꼭 기부를 할 필요는 없어. 우리나라에도 어려운 아이가 많거든. 또 기부는 마음에서 우러나야 하는 거잖아. 만약 매체를 통해 보고 마음에 걸리면 일시 기부 정도만 해도 돼.

그거 알아? '유엔 아동 권리 협약'에는 18세 미만의 어린이, 청소년이 누릴 권리를 말하고 있어. 생존권, 보호권, 발달권, 참여권이야. 그런데 가난한 나라 어린이들은 이런 권리를 보호 받지 못할 가능성이 매우 높지. 그렇다면 다른 나라도 도와야 할까? 아니면 그건 그 국가가 해결해야 할 문제일까?

1월 4일

취향

강아지가 좋다.
vs
고양이가 좋다.

| 너는 무엇이 좋아? | 이유를 말해 줘. (1~2개) | 단점은 뭐야? | 그건 어떻게 해결할까? |

나는 강아지가 좋아. 강아지는 충성심이 있어. 애교도 많아. 나를 엄청 반겨 줘. 물론 많이 짖으면 시끄러울 수 있지만 훈련을 잘 시키면 돼.

VS

고양이가 좋아. 울음소리가 아기 소리처럼 사랑스러워. 꾹꾹이를 해 주면 기분도 좋아. 물론 여기저기 올라가서 물건을 떨어뜨릴 순 있지만 내가 잘 치우면 돼.

생각 열기

요즈음은 사람들이 반려동물을 많이 키워. 그중에서도 강아지와 고양이는 정말 많이 키우는 동물이지. 강아지는 애교가 많고 고양이는 도도한 것이 특성이라고 해. 너는 어떤 동물이 좋아? 너의 성향도 영향을 끼칠테니 참고해서 생각해 봐.

12월 24일

사회 문제

한 집의 자동차를 한 대로 제한해야 한다. vs 아니다.

| 너의 의견은 뭐야? | 이유를 말해 줘. (1~2개) | 그렇게 했을 때 문제점은 뭐야? | 그건 어떻게 해결할까? |

한 집의 자동차는 한 대로 제한해야 해. 자동차 배기 가스 때문에 생기는 온난화 문제가 심각한 건 누구나 알잖아. 식구들 각각 차가 필요하다면 차를 빌려주는 제도를 마련하면 어떨까?

VS

가정의 자동차 수를 제한할 수는 없어. 식구들 각각 차가 필요한 일을 하거나 꼭 필요한 상황일 수 있어. 너무 개인의 자유를 침해할 수는 없지. 환경을 위한다면 친환경 자동차 개발을 서두르는 게 더 중요해.

그거 알아? 환경 문제, 교통 문제 등으로 인해 여러 정책이 만들어지고 있어. 차의 번호에 따라 날짜별로 운행을 제한하는 '차량 5부제' 같은 것도 있지. 아파트는 2대 이상일 때 주차비를 더 내게 하기도 해. 나라에서 한 집에 차를 한 대만 가지게 하는 것에 대해 어떻게 생각해?

1월 5일 취향

어린이로 사는 것이 좋다.
vs
어른으로 사는 것이 좋다.

| 너는 무엇이 좋아? | 이유를 말해 줘. (1~2개) | 단점은 뭐야? | 그건 어떻게 해결할까? |

 어린이로 사는 것이 좋아. 어른이 되면 일을 해야 해. 어린이도 학원을 다니는 게 조금 힘들긴 해. 하지만 어른만큼은 아니니까 참을 만해.

VS

 어른으로 사는 것이 좋아. 자신의 돈으로 모든 것을 살 수 있기 때문이야. 엄마의 잔소리도 안 들을 수 있어. 물론 돈을 벌어야 해서 힘들겠지만 생존의 의지로 버티면 돼.

 **그거 알아?** 사람의 생애 주기는 유아기, 아동기, 사춘기, 청년기, 장년기, 노인기로 나누어. 어린이, 젊은이, 늙은이, 이렇게 부르지. 5살부터 초등학생까지를 어린이라고 해. 19살부터는 어른이지! 어린이인 네 입장에서 어린이라 좋은 점, 어른을 보면서 부러웠던 점을 떠올려 봐.

12월 23일

사회 문제

초등 학원은 운영 시간을 8시로 제한해야 한다. vs 아니다.

| 너의 의견은 뭐야? | 이유를 말해 줘. (1~2개) | 그렇게 했을 때 문제점은 뭐야? | 그건 어떻게 해결할까? |

초등 학원은 운영 시간을 8시로 제한해야 해. 초등학생은 한창 잘 먹고 잘 자야 할 때이기 때문에 너무 늦게까지 학원에 있으면 쉴 수 없어. 저녁 먹는 시간도 늦어져. 학원들이 싫어할 수 있지만 중요한 건 아이들이니까.

VS

학원 운영 시간을 정해 주는 것은 옳지 않아. 학원도 하나의 사업이라 자유가 있어. 다른 업종과 달리 학원만 제한하는 것도 불공평해. 그렇게 되면 너무 늦게까지 아이들이 학원에 있게 될 수 있지만 그것도 어린이와 부모님의 선택이야.

그거 알아? 지역마다 조금씩 다르지만 보통 나라에서 학원 운영 시간을 제한해 주고 있어. 학생들의 쉴 권리와 과도한 사교육을 막기 위해서지. 초등학생 학원은 10시 전후인 경우가 많은데, 너는 몇 시까지 하는 게 적당하다고 생각해?

1월 6일 — 취향

딱딱한 과일이 좋다.
vs
말랑한 과일이 좋다.

| 너는 무엇이 좋아? | 이유를 말해 줘. (1~2개) | 단점은 뭐야? | 그건 어떻게 해결할까? |

 **딱딱한 과일이 좋아.** 나는 이가 튼튼하기 때문이야. 아삭거리는 느낌이 과자 먹는 것 같아 좋기도 해. 물론 이가 아플 수 있지만 치과를 가서 치료하면 돼.

VS

 말랑한 과일이 좋아. 말랑한 과일은 입에서 녹는 것 같아. 바나나 같은 거 말이야. 그리고 이도 아프지 않아. 아삭한 느낌이 없지만 젤리라고 생각하면 문제 없어.

생각 열기

복숭아, 레몬, 자두, 포도, 사과 등 다양한 과일이 세상에 많지? 과일에는 비타민, 미네랄 등 몸에 좋은 성분이 많아. 여름에는 복숭아, 포도, 가을에는 배, 사과, 겨울에는 귤 등의 과일을 많이 먹지. 바나나, 홍시 등은 말랑하고 사과, 배 등은 딱딱한 편이야. 멜론, 수박, 토마토처럼 그 중간쯤 되는 과일도 있지.

12월 22일

사회 문제

놀이공원의 패스트 트랙을 찬성한다. vs 반대한다.

| 너의 의견은 뭐야? | 이유를 말해 줘. (1~2개) | 그렇게 했을 때 문제점은 뭐야? | 그건 어떻게 해결할까? |

놀이공원의 패스트 트랙, 나는 찬성해. 비용을 내고 시간을 사는 것인데, 이미 우리는 다른 일에서도 비용을 더 지불하는 사람이 좋은 서비스를 받고 있잖아. 물론 줄 서서 기다려야 하는 아이들 마음이 상할 수 있지만 상황을 설명해 주면 될 것 같아.

패스트 트랙을 반대해. 줄 서서 기다리는 아이들이 좌절감을 느낄 수 있고, 돈이 최고라는 생각을 하게 될 거야. 물론 놀이공원의 자유이긴 하지만 적어도 한창 세상을 배우는 어린이가 이용하는 곳은 이런 것도 민감해야 하지 않을까?

그거 알아? '패스트 트랙'(fast track)은 일반 입장권보다 돈을 더 낸 후 줄 서지 않고 놀이기구를 탈 수 있는 서비스야. 현재 롯데월드, 에버랜드 등이 이 제도를 운영하고 있어. 비용을 더 내면 시간을 얻을 수 있는 것, 당연한 걸까? 일종의 차별일까?

1월 7일   취향

시골에 사는 것이 좋다.
vs
도시에 사는 것이 좋다.

| 너는 무엇이 좋아? | 이유를 말해 줘. (1~2개) | 단점은 뭐야? | 그건 어떻게 해결할까? |

시골에 사는 것이 좋아.
시골은 공기가 도시보다 더 좋아. 도시에선 볼 수 없는 시골만의 풍경도 좋아. 물론 시골이 편의 시설, 의료 시설은 부족하지만 정부에 신청해서 만들어 달라고 하면 돼.

VS

도시에 사는 것이 좋아.
도시는 학원도 있고 마트도 큰 게 많아. 한마디로 살기 편한 거지. 하지만 차가 많아 매연 때문에 공기가 좀 안 좋긴 하지? 요즘은 마스크가 있으니 그 정도는 참아야지.

그거 알아?

도시는 문화, 정치, 교육의 중심지야. 교통이 편리하고 마트, 백화점 등의 편의 시설이나 영화관 등의 문화 시설도 많은 편이야. 시골은 농촌, 어촌, 산촌 등을 말해. 자연환경이 그대로 유지되는 곳이 많아. 편의 시설은 부족하지만 한적하고 자연을 그대로 느낄 수 있어.

12월 21일

사회 문제

교통이 복잡한 동네는 인구수를 제한해야 된다. vs 안 된다.

| 너의 의견은 뭐야? | 이유를 말해 줘. (1~2개) | 그렇게 했을 때 문제점은 뭐야? | 그건 어떻게 해결할까? |

 교통이 복잡한 동네는 인구수를 제한해야 해. 교통이 복잡하면 출퇴근도 힘들고 안전 문제도 생겨. 삶의 질이 떨어지는 거지. 물론 학교나 직장 때문에 정해진 곳에 살아야 하는 사람들이 있으니 정확한 기준에 따라 인구수를 조절하면 되겠지?

VS

 인구수를 제한해서는 안 돼. 거주할 곳을 정하는 것은 국민들의 자유야. 꼭 살아야 하는 곳, 살고 싶은 곳이 있을테니 그걸 제한하면 안 되지. 물론 인구수가 많아 교통 문제가 심각한 곳이 있다면 도로 정비 등의 방법으로 해결하면 돼.

 **생각 열기** 서울, 인천 광역시, 경기도까지를 포함하는 수도권에 중요한 기관, 시설이 많다 보니 사람들이 많이 살아. 출퇴근 시간대는 혼잡해서 경찰이 교통 지도를 하기도 하지. 이런 곳은 인구수를 제한해야 할까? 그런 경우 어떤 점이 좋고, 또 문제는 뭘까?

1월 8일

취향

자전거가 좋다.
vs
킥보드가 좋다.

| 너는 무엇이 좋아? | 이유를 말해 줘. (1~2개) | 단점은 뭐야? | 그건 어떻게 해결할까? |

 자전거가 좋아. 자전거로 빠르게 목적지까지 갈 수 있거든. 두 발로 계속 돌리면 운동도 돼. 물론 자전거를 주차할 데가 없어서 좀 불편할 때가 있기는 하지. 그래서 자전거를 타고 가도 되는 곳인지 미리 확인해 보고 가는 것이 좋아.

 킥보드가 좋아. 한 발로 땅을 디디면서 가면, 타는 재미가 있어. 놀이 기구를 타는 기분이야. 물론 넘어지면 위험할 수 있으니까 장난치지 말고 조심해서 타면 돼.

 **생각 열기**

자전거와 킥보드는 둘 다 전동으로 움직이는 것도 있지만, 수동도 있지. 여기서는 수동 자전거와 수동 킥보드의 장단점을 생각해 보고 의견을 말하는 거야. 두 가지의 속도, 안정성, 체력 소모 및 주차 방식 면에서 생각해 봐.

12월 20일

사회 문제

자율 주행 자동차가 필요하다.
vs
필요하지 않다.

| 너의 의견은 뭐야? | 이유를 말해 줘. (1~2개) | 그렇게 했을 때 문제점은 뭐야? | 그건 어떻게 해결할까? |

자율 주행 자동차, 당연히 필요하지. 많은 사람들의 운전 피로감을 줄여 줄 수 있어. 장애인 등 운전이 어려웠던 분들에게 큰 도움이 될 거야. 물론 발생하는 사고에 대해 모두 대비할 정도의 준비가 미흡할 수 있으니, 좀 더 연구해서 상용화하면 돼.

 VS

자율 주행 자동차는 필요하지 않아. 결국 기계가 작동하는 거니 예상치 못한 큰 사고가 날 수 있어. 운전 기사님들의 일자리도 없어져. 물론 스스로 주행하니 시간을 절약해 줄 수도 있지만 그건 다른 교통 수단을 개발해도 되는 문제야.

 **그거 알아?**

자율 주행 자동차는 차 주인이 운전을 하지 않아도 스스로 작동되어 목적지까지 가는 자동차를 말해. 여러 나라에서 오래전부터 연구가 되었고 우리나라도 이미 성공적인 실험 주행을 많이 했어. 이런 자동차, 필요할까?

1월 9일

취향

외동이 좋다.
vs
형제자매가 있는 것이 좋다.

| 너는 무엇이 좋아? | 이유를 말해 줘. (1~2개) | 단점은 뭐야? | 그건 어떻게 해결할까? |

외동이 좋아. 엄마, 아빠의 사랑을 독차지하기 때문이지. 단점은 우리 집처럼 집이 좀 조용하다는 거야. 그런데 그 외로움과 조용함은 그냥 즐기면 적응돼.

 VS

형제자매가 있는 것이 좋아. 일단 심심하지 않아. 부모님이 늦게 들어오시면 서로 의지할 수도 있어. 물론 서로에게 심부름을 시킬 수 있다는 단점이 있지만 모른 체하고 안 하면 돼.

그거 알아?

가난하던 시절 아이를 너무 많이 낳아 1970년대에는 '딸 아들 구별 말고 둘만 낳아 잘 기르자.'라는 표어를 만들어 산아 제한 정책을 했어. 나라의 상황에 따라 산아 정책(아이를 낳는 것에 관련된 정책)은 계속 바뀌었는데 지금은 너무 적게 낳고 있어서 출산율을 높이기 위해 애쓰고 있어.

12월 19일 — 사회 문제

남북통일을 꼭 해야 한다. vs 아니다.

- 너의 의견은 뭐야?
- 이유를 말해 줘. (1~2개)
- 그렇게 했을 때 문제점은 뭐야?
- 그건 어떻게 해결할까?

남북통일을 꼭 해야 해. 남과 북은 원래 하나였어. 같은 말을 쓰는 나라니 하나가 되어 더 튼튼하고 강한 나라를 만들어야 해. 분단된 지 너무 오래 되어서 조화를 이루려면 너무 낯설긴 할 거야. 천천히 맞추어가면 돼.

VS

남북통일을 꼭 할 필요는 없어. 두 나라는 이미 정치 방식이나 생활 모습 등이 너무 달라져 있어. 완전히 다른 나라가 된 거야. 물론 원래 하나였고 아직까지도 이산 가족은 남아 있을 거야. 그러나 그것이 꼭 통일을 해야 한다는 이유가 되진 못해.

그거 알아? 남과 북은 거의 80년 가까이 나뉘어진 상태로 있어. 각각 나라 이름, 나라를 다스리는 방법이나 문화, 언어 등이 많이 달라졌지. 그런데 원래 하나의 나라였기 때문에 통일해야 한다는 것에 대해서는 아직도 의견이 나뉘고 있어. 너는 어떻게 생각해?

1월 10일   취향

비 오는 날이 좋다.
vs
맑은 날이 좋다.

| 너는 무엇이 좋아? | 이유를 말해 줘. (1~2개) | 단점은 뭐야? | 그건 어떻게 해결할까? |

비 오는 날이 좋아. 비 오는 풍경이 아름다워. 비 오고 나면 시원하고 비 맞고 놀면 재밌어. 물론 습하고 미끄러질 수 있지만 스스로 조심하면 돼.

VS

맑은 날이 좋아. 맘대로 밖을 뛰어다닐 수 있잖아. 우산을 들고 다니지 않아도 되고. 해가 너무 쨍쨍하면 더울 수는 있어. 그러면 해를 차단할 수 있는 모자를 쓰고 다니면 돼.

그거 알아? 대기의 온도를 '기온'이라고 해. '기후'는 어느 일정한 장소에서 해마다 반복되는 대기의 상태를 말하지. 우리나라는 기온과 강수량이 적당하고 살기 좋아. 온대 기후이지. 사계절이 있어 자연의 다양한 모습도 볼 수 있어. 여름은 장마철이라 비가 자주 와. 우리나라의 1년 평균 강수량은 세계 평균에 비해 높은 편이야.

12월 18일

사회 문제

교실에 CCTV가 있어야 한다. vs 아니다.

| 너의 의견은 뭐야? | 이유를 말해 줘. (1~2개) | 그렇게 했을 때 문제점은 뭐야? | 그건 어떻게 해결할까? |

교실에 CCTV가 있어야 해. 싸움이나 사건이 날 수 있어서 기록이 중요해. 물론 선생님과 어린이들이 사생활 침해라고 싫어할 수 있어. 그래서 모두 동의하는 경우에만 달아야 해. 비용도 많이 드니까 나라에서 지원해 주어야 해.

VS

교실에 CCTV가 있을 필요는 없어. 교실에서 사건이나 문제가 생기는 경우는 그렇게 많지 않아. 선생님이 거의 계시기 때문에 더욱 그래. 물론 어떤 일이 벌어지면 해결할 때 필요할 수 있으니까 그런 일이 안 일어나게 하는 게 더 중요해.

그거 알아? 우리나라는 곳곳에 CCTV가 많아. 학교 교내에도 몇 군데 있지. 그런데 각 반 교실에는 없어서 종종 요청하는 목소리가 있어. 학교 폭력 예방 및 증거 수집을 위해 의무화 해달라는 청원이 올라오기도 했지. 너는 어떻게 생각해?

1월 11일

취향

수학이 좋다.
vs
영어가 좋다.

| 너는 무엇이 좋아? | 이유를 말해 줘. (1~2개) | 단점은 뭐야? | 그건 어떻게 해결할까? |

수학이 좋아. 수학은 문제를 읽고 풀기만 하면 돼. 외우거나 할 필요가 없어. 근데 좀 많이 틀릴 수는 있어. 안 틀리려면 나처럼 꼼꼼히 풀면 돼.

VS

영어가 좋아. 수학보다 머리를 덜 써도 돼. 영어 학원을 다닌다면 이벤트도 많아서 즐길 수 있어. 물론 다른 나라 말이라서 쉽지 않지만 더 많은 사람과 소통할 수 있다는 걸 기억하며 공부하면 돼.

그거 알아? 하워드 가드너라는 학자의 '다중 지능 이론'이 있어. 지능이 높은 사람은 모든 면에서 뛰어날 것이라는 이전의 이론을 비판하면서 지능은 여러 가지 영역으로 구분되어 있다고 하지. 언어, 음악, 논리 수학, 공간, 신체 운동, 대인 관계, 자기 이해, 자연 탐구 지능 총 8가지로 나뉘는데, 너는 어떤 지능이 높은 것 같아?

12월 17일

사회 문제

부자에게는 세금을 더 걷어야 한다. vs 아니다.

| 너의 의견은 뭐야? | 이유를 말해 줘. (1~2개) | 그렇게 했을 때 문제점은 뭐야? | 그건 어떻게 해결할까? |

부자에게는 세금을 더 걷어야 해. 그래야 가난한 사람들을 위해 쓸 수 있어. 그럼 빈부 격차도 줄어들어 모두 잘 사는 세상이 되지 않을까? 부자들이 반대한다면 다른 혜택을 주는 방법을 생각해 보아도 좋을 것 같아.

부자라고 세금을 더 낼 필요는 없지. 부자들의 재산도 모두 개인의 노력으로 얻은 거잖아. 같은 국민인데 평등하지도 않고. 만약 세금이 부족하거나 빈부 격차가 심하다면 모든 국민에게 세금을 더 거두어야 평등하지.

그거 알아? 부자에게 세금을 더 걷는 것을 '부자 증세'라고 해. 주로 사회 복지를 더 늘리기 위해 해야 한다는 주장이 있어. 하지만 그들 입장에선 평등함에서 벗어나는 일일 수도 있어. 외국에선 부자들이 먼저 나서서 세금을 더 낼 수 있게 해 달라고 한 사례도 있지. 너는 어떻게 생각해?

1월 12일 — 취향

1학년이 좋다.
vs
6학년이 좋다.

| 너는 무엇이 좋아? | 이유를 말해 줘. (1~2개) | 단점은 뭐야? | 그건 어떻게 해결할까? |

1학년이 좋아. 학원도 별로 안 가고 숙제도 없고 노는 시간도 많기 때문이야. 단점이라면, 맵고 맛있는 것을 못 먹는다는 거지! 하지만 나중에 좀 더 크면 먹으면 돼.

VS

6학년이 좋아. 키도 크고 힘도 세지잖아. 학교에서 친구들과 있는 시간이 늘어나는 것도 좋아. 물론 중학교 대비를 하는 것이 힘들지만 방학 때 열심히 하면 돼.

그거 알아? 미국은 보통 만 6세가 되면 초등학교에 입학해. 초, 중, 고를 각 몇 년간 다니는지는 지역마다 조금씩 다른데 통틀어 12년 동안 다니는 것은 같아. 6세에 들어가면 11세에 6학년이 되겠지?

12월 16일

사회 문제

배달 음식에 다회 용기를 사용해야 한다.
vs
일회 용기를 사용해도 된다.

| 너의 의견은 뭐야? | 이유를 말해 줘. (1~2개) | 그렇게 했을 때 문제점은 뭐야? | 그건 어떻게 해결할까? |

배달 음식도 다회 용기를 사용해야 해. 배달 음식 이용자가 많아 플라스틱 쓰레기가 너무 많이 나와. 플라스틱에 담긴 음식을 계속 먹으면 우리 몸에 미세 플라스틱이 쌓인다고 해. 그릇을 가져가야 해서 힘들 수 있지만 환경과 건강을 생각해야지.

VS

배달 음식은 일회 용기를 사용할 수밖에 없어. 다회 용기는 다른 사람도 사용한 거라 싫어하는 사람이 많아. 쓰레기 문제가 심각하다면 일회 용기를 좀 더 튼튼하게 만들어 여러 번 사용할 수 있게 하면 돼.

그거 알아? 현재 식당, 카페에서 먹고 마실 때는 일회 용기를 사용하지 못하게 되어 있어. 배달 용기로는 사용할 수 있지. 그런데 한 배달 앱에서는 다회 용기에 주문할 수 있는 시스템이 생겼어. 그릇을 모두 다회 용기로 해야 한다는 것, 어떻게 생각해?

1월 13일

취향

아파트가 좋다.
vs
주택이 좋다.

| 너는 무엇이 좋아? | 이유를 말해 줘. (1~2개) | 단점은 뭐야? | 그건 어떻게 해결할까? |

아파트가 좋아. 아파트는 놀이터가 가깝고 친구도 많아. 높은 층에 살면 전망이 좋아. 엘리베이터를 기다려야 하는 불편함이 있지만 그 시간에 휴대폰이나 거울을 보며 기다리면 되지.

 VS

주택이 좋아. 뛰어도 아파트처럼 시끄럽지 않아. 마당이 있으면 놀 수도 있어. 단점은 친구들이 거의 아파트에 살아서 모여 놀 수가 없다는 거야. 그래서 가끔은 아파트에 사는 친구 집에 가서 놀기도 하지.

그거 알아? 사람이 사는 집이 주택이므로 넓은 의미로는 아파트도 주택이야. 그런데 보통은 아파트는 10층 이상 높이 지어진 건물이고, 주택은 한 가정만 살도록 집이 따로 있거나 몇몇 가정만 모여 사는 형태의 집을 말해. 아파트와 주택, 어린이가 살기에 어디가 더 좋을까?

12월 15일

사회 문제

1년에 1시간 정도
vs
1년에 하루 정도 불 끄는 날이 있어야 된다.

| 너의 의견은 뭐야? | 이유를 말해 줘. (1~2개) | 그렇게 했을 때 문제점은 뭐야? | 그건 어떻게 해결할까? |

1년에 1시간 정도 불 끄는 날이 있어야 해. 전 국민이 1시간만 불을 꺼도 엄청난 에너지가 절약될 거야. 병원처럼 정말 끄면 안 되는 곳이나 일을 해야 하는 곳이라면 제외시키면 돼.

 VS

매년 하루 정도 불 끄는 날이 있어야 해. 1시간은 너무 짧아. 불편할 수 있겠지만 지금 하루 정도를 버텨야 나중에 전기 없는 더 불편한 날을 맞이하지 않을 수 있어.

 **그거 알아?** 매년 8월 22일은 '에너지의 날'이야. 에너지의 중요성을 알리기 위한 날이지. 이 날은 가장 더운 오후 2시~3시까지 에어컨 끄기를 권유하는 에너지 절약 행사도 하고 있어. 그런데 만약 모든 불을 1시간 끄게 하는 것을 의무로 한다면 어떨까?

1월 14일

취향

사람이 많은 곳이 좋다.
vs
적은 곳이 좋다.

| 너는 무엇이 좋아? | 이유를 말해 줘. (1~2개) | 단점은 뭐야? | 그건 어떻게 해결할까? |

사람이 많은 곳이 좋아.
길거리가 썰렁하지 않고 활기차 보여서 좋아. 사람이 북적대면 내 마음도 들뜨더라. 그런데 너무 많으면 소매치기가 있을 수 있어. 그럴 때는 재빠르게 112에 전화해.

 VS

사람이 적은 곳이 좋아.
시끄럽지 않고 내 마음대로 자유롭게 놀 수 있어. 어딜 가든 자리가 있어서 불편하지 않고. 물론 좀 적적하고 심심할 수 있지만 즐기면 돼.

그거 알아? 너의 mbti는 뭐야? e는 외향형, i는 내향형이라고 해. 이 성향에 따라 사람이 많은 곳, 적은 곳을 좋아하는 차이가 있을 수 있지만, 그렇지 않더라도 사람마다 좋아하는 곳이 다르지. 공원, 영화관, 휴양지, 마트 등 다양한 장소를 떠올리며 사람이 많을 때와 적을 때의 차이점을 생각해 봐.

12월 14일

사회 문제

동물 카페는 있어도 된다.
vs
금지해야 한다.

| 너의 의견은 뭐야? | 이유를 말해 줘. (1~2개) | 그렇게 했을 때 문제점은 뭐야? | 그건 어떻게 해결할까? |

동물 카페는 있어도 돼. 동물원처럼 많은 사람들에게 즐거움을 주고 평소 만나기 힘든 동물을 보게 해 주잖아. 만약 동물 학대가 일어난다면 철저히 조사해서 미리 방지할 수 있는 기준을 마련하면 되는 거야.

VS

동물 카페를 금지해야 해. 모든 생명은 누군가를 즐겁게 하기 위해 존재하지 않아. 사람이 많이 드나들면서 자꾸 만지면 스트레스가 심할 수 있어. 좋아하는 동물을 보지 못해 아쉽다는 생각이 든다면 그것도 욕심이라는 것을 기억해야 해.

그거 알아? 동물을 보여 주고 손님들에게 체험하게 하는 카페가 동물 카페야. 우리나라는 2000년대부터 반려동물을 많이 키우기 시작하며, 고양이, 강아지 등을 데리고 가는 카페로 시작해 평소 보기 힘든 라쿤, 미어캣 등이 있는 카페도 생겼어. 그런데 2023년 주인이 가게에서 키우는 동물을 학대한 사건이 크게 이슈가 됐어.

1월 15일 — 취향

유치원생으로 사는 것이 좋다.
vs
초등학생으로 사는 것이 좋다.

- 너는 무엇이 좋아?
- 이유를 말해 줘. (1~2개)
- 단점은 뭐야?
- 그건 어떻게 해결할까?

유치원생으로 사는 것이 좋아. 낮잠 시간도 있고 가장 좋은 것은 공부를 별로 안 한다는 거지. 물론 키가 작아서 못 타는 놀이 기구가 있다는 건 조금 아쉽지만, 잘 먹고 키를 크게 하면 돼.

VS

초등학생으로 사는 것이 좋아. 초등학교는 급식 시간이 신나고, 학교에서 패드로 수업해서 좋아. 12세 이상이면 12세 이상 관람 영화도 볼 수 있어. 물론 숙제가 많아지지만 숙제를 해야 배울 점도 있는 거야.

생각 열기

우리는 유아기에 어린이집이나 유치원에 다니다가, 그다음 초등학교, 중학교, 고등학교, 대학교 순으로 학교를 다니지. 대학교는 안 다니는 사람도 있고. 초등학생인 너는 유치원이나 어린이집, 그리고 초등학교를 경험해 봤을 거야. 어느 시절이 더 좋아? 미래도 한번 생각해 봐.

12월 13일 — 사회 문제

가난 문제는 국가가 해결해야 한다.
vs
개인이 해결해야 한다.

| 너의 의견은 뭐야? | 이유를 말해 줘. (1~2개) | 그렇게 했을 때 문제점은 뭐야? | 그건 어떻게 해결할까? |

가난 문제는 국가가 해결해야 해. 한 사람의 노력만으로 가난이 해결되지 않을 수 있거든. 물론 가난이 이어지는 구조를 고치기는 쉽지 않겠지. 하지만 복지부터 늘리면서 하나씩 해결해야 희망이 보이지 않을까?

VS

가난은 개인이 해결해야 하는 문제야. 개인의 성실성과 노력이 많은 영향을 주니까. 노력해도 가난에서 벗어나지 못하는 사람이 있다면 잘 조사해서 따로 복지 제도를 마련하면 돼.

그거 알아?

가난한 백성을 돕는 것을 '빈민 구제'라고 해. 고구려는 가난한 백성을 위해 봄에 쌀을 빌려주고 가을에 갚게 하는 '진대법'을 시행했어. 지금도 사람들의 생활 형편에 따라 나라에서 복지를 해 주고는 해. 그런데 '가난은 나랏님도 돕지 못한다.'는 옛말도 있어. 그만큼 가난을 벗어나기 쉽지 않다는 뜻일 거야.

1월 16일

취향

동생인 것이 좋다.
vs
언니, 오빠, 누나, 형인 것이 좋다.

| 너는 무엇이 좋아? | 이유를 말해 줘. (1~2개) | 단점은 뭐야? | 그건 어떻게 해결할까? |

동생인 것이 좋아. 보살핌을 받을 수 있으니까. 자신보다 나이가 위인 사람이 많으니 본받을 점도 더 많을 거야. 물론 용돈을 더 적게 받을 수 있지만 돈을 아껴 쓰면 돼.

 VS

나는 형인데, 형인 것이 좋아. 내가 리드하면서 동생하고 놀 수 있거든. 왠지 나에게 의지하는 동생도 귀여워. 근데 가끔 엄마가 '형이니까' 더 잘하라고 할 때는 왠지 억울하고 속상해. 그런 마음은 또 동생하고 놀면서 달래면 돼.

그거 알아? 자녀가 2자녀 이상 있는 가정을 '다자녀 가구'라고 해. 우리나라는 다자녀보다 외동인 가구가 점점 늘어나고 있어. 2022년 기준으로 5살 이하 1자녀가 있는 가정은 50%, 3자녀 이상 있는 가구는 9% 정도야. 나라에서는 출산율을 높이려고 다자녀 가구를 위한 여러 지원을 하고 있지.

12월 12일

사회 문제

쓰레기 양에 따라 비용을 내게 해야 한다. vs 아니다.

- 너의 의견은 뭐야?
- 이유를 말해 줘. (1~2개)
- 그렇게 했을 때 문제점은 뭐야?
- 그건 어떻게 해결할까?

쓰레기 양에 따라 비용을 내게 해야 해. 종량제 봉투가 이미 그런 형태이긴 하지. 하지만 너무 저렴하니 봉투 값을 높이거나 다른 비용을 정해야 쓰레기 양이 줄어들 것 같아. 물론 형편이 어려운 사람은 부담되겠지만 그럼 쓰레기를 줄이면 돼.

쓰레기 양에 따라 비용을 매기는 것은 좋지 않아. 비용을 아주 많이 받지 않는 이상 크게 효과가 없을 것 같아. 쓰레기 문제가 해결되지 않는다면 차라리 버릴 수 있는 양을 제한하는 것이 어떨까? 그게 진짜 환경 보호야

그거 알아? 우리나라는 1995년 1월부터 '쓰레기 종량제'를 실시했어. 봉투를 구입해서 거기에 쓰레기를 버리는 것으로 배출하는 쓰레기에 어느 정도 책임을 주는 거지. 이미 시행하고 있는 이 정책은 쓰레기를 줄이는 데 도움이 되고 있을까? 한번 생각해 보자.

1월 17일

취향

여행은 먹거리가 많은 곳이 좋다.
vs
볼거리가 많은 곳이 좋다.

| 너는 무엇이 좋아? | 이유를 말해 줘. (1~2개) | 단점은 뭐야? | 그건 어떻게 해결할까? |

먹거리가 많은 여행이 좋아. 평소에 못 먹는 것들을 다양하게 먹으면 행복하잖아. 물론 좋은 것을 많이 못 볼 수도 있지만 그건 긴 여행을 갈 때 한 번에 하면 돼.

VS

볼거리가 많은 여행이 좋아. 여행지의 풍경을 느끼는 것이 진짜 여행이라고 생각해. 평소에 쉽게 볼 수 없는 거잖아. 맛집이 많지 않을 수 있지만 맛있는 음식을 준비해서 가면 되지.

생각 열기

여행 좋아해? 사람들은 여행을 할 때 목적을 정하곤 해. 여러 가지를 보고 즐기는 관광 중심의 여행, 여행지의 맛있는 음식을 주로 먹으러 다니는 먹방 여행 등이 있겠지. 둘 중 하나만 선택한다면 너에게 더 행복감을 주는 건 어떤 여행일까?

12월 11일

사회 문제

한 집에서 버릴 수 있는 쓰레기 양을 제한해야 한다. vs 아니다.

| 너의 의견은 뭐야? | 이유를 말해 줘. (1~2개) | 그렇게 했을 때 문제점은 뭐야? | 그건 어떻게 해결할까? |

한 집에서 버릴 수 있는 쓰레기 양을 제한해야 해. 너무 많은 쓰레기 때문에 지구 온난화는 물론 이상 기후 현상까지 나타나고 있어. 각 가정의 불만이 나올 수는 있겠지만 지구 환경을 위한 일의 중요성을 알리고 실천해야 하잖아.

쓰레기 양까지 제한해서는 안 돼. 식구가 많은 가정은 쓰레기가 많이 나올 테니까. 그럼 다른 동네에 가서 버리는 편법도 생길 것 같아. 물론 쓰레기 문제로 환경 오염이 심각하니 상품 포장재를 줄이는 등의 더 근본적인 방법을 고려해야 해.

그거 알아? 일반 쓰레기는 종량제 봉투, 대형 폐기물은 스티커를 구입하여 배출, 재활용품은 분류 배출 등 다양한 쓰레기 정책을 펼치고 있어. 그럼에도 쓰레기가 많이 나오고 있지. 그럼 한 가정당 버릴 쓰레기 양을 제한해야 할까? 어떻게 생각해?

1월 18일

취향

AI 선생님이 좋다.
vs
사람 선생님이 좋다.

| 너는 무엇이 좋아? | 이유를 말해 줘. (1~2개) | 단점은 뭐야? | 그건 어떻게 해결할까? |

AI 선생님이 좋아. AI 선생님은 실수를 하지 않을 거야. 물론 감정이 없어서 딱딱하게 느껴질 수 있지만 AI에게 감정 넣는 기술도 개발하면 돼.

사람 선생님이 좋아. 내 친구가 말해 줬는데 AI가 사람을 정복할 수 있대. AI는 정도 없을 것 같아. 사람 선생님은 실수를 좀 할 수 있지만 누구나 실수하지 않을까?

그거 알아? 글을 읽고 독해하는 것을 알려 주는 인공지능이 있대. 선생님은 아니지만 질문하는 것마다 척척 답해 주는 '챗gpt'라는 인공지능도 있어. 《담임 선생님은 AI》(이경화 글. 창비)라는 책도 있으니 읽어 보면 어떨까? 여러 면에서 생각해 볼 수 있을 거야.

12월 10일

사회 문제

저출산 대책으로 양육 지원금을 늘리는 것이 중요하다. vs 큰 효과 없다.

| 너의 의견은 뭐야? | 이유를 말해 줘. (1~2개) | 그렇게 했을 때 문제점은 뭐야? | 그건 어떻게 해결할까? |

저출산 대책으로 양육 지원금을 늘리는 것이 중요해. 어릴 때부터 성인이 될 때까지 드는 많은 비용 중 일부를 지원해 준다면 좀 더 출산율이 늘어날 거야. 국가 재정이 문제라면 세금을 좀 더 거두는 방향으로 하면 어떨까?

VS

양육 지원금은 큰 효과가 없어. 단순히 비용이 문제가 아니라, 안정적인 직장이나 거주지 등 근본적인 대책을 세워야 행복한 마음으로 낳지 않을까? 지원금이 일부 효과가 있다면 근본을 해결하면서 상황에 맞게 조금씩 지원해도 좋을 것 같아.

그거 알아? 한 여성이 가임 기간(15세~49세)에 낳을 것으로 기대되는 평균 출생아 수를 '합계 출산율'이라고 하는데 2023년 1·4분기(1월~3월) 합계 출산율은 0.81명으로 계속 떨어지고 있다고 해. 이대로 가다 한국은 위기에 처할 수 있지. 그럼 어떻게 해야 저출산 문제를 해결할 수 있을까? 자료를 찾아보고 너의 입장을 정해 봐.

1월 19일   취향

여름이 좋다.
vs
겨울이 좋다.

| 너는 무엇이 좋아? | 이유를 말해 줘. (1~2개) | 단점은 뭐야? | 그건 어떻게 해결할까? |

여름이 좋아. 여름에는 수영을 할 수 있어. 슬리퍼를 신을 수 있는 게 정말 편해. 양말도 안 신고. 물론 너무 덥고 비가 많이 오지만 우리에게는 선풍기와 우산이 있잖아.

 VS

겨울이 좋아. 벌레가 없거든. 또 자주 볼 수 없는 하얀 눈이 내려서 너무 좋아. 단점이라면 감기에 걸리기 쉽다는 거겠지? 옷을 따뜻하게 입고만 다니면 그렇게 걱정할 필요가 없을 거야.

생각 열기

우리나라는 봄, 여름, 가을, 겨울을 모두 느낄 수 있는 참 좋은 나라야. 각각의 계절별로 특징이 뚜렷하지. 특히 여름과 겨울은 날씨 차이가 참 커. 그렇다 보니 계절마다 할 수 있는 일과 없는 일도 명확하게 나뉘지! 네가 주로 어느 계절에 더 즐거웠는지 생각해 보렴.

12월 9일

사회 문제

왕따를 하는 아이가 있으면 전학을 보내야 한다.
VS
교육을 시켜야 한다.

| 너의 의견은 뭐야? | 이유를 말해 줘. (1~2개) | 그렇게 했을 때 문제점은 뭐야? | 그건 어떻게 해결할까? |

왕따를 하는 아이가 있으면 전학을 보내야 해. 피해를 본 아이가 내내 힘들어할 수 있으니까. 그런데 다른 학교에 가서도 왕따를 하는 것을 막아야 해. 그러려면 중간에 학교 다니지 않는 기간을 정해 교육을 철저히 시켜야겠지.

VS

전학보다는 교육을 시켜야 해. 자신의 잘못을 깨닫고 반성해야 같은 일을 반복하지 않을 테니까. 왕따 피해자가 같이 다니길 원하지 않는다면 그럴 때만 학교에서 전학을 권유하면 되지 않을까?

그거 알아? 두 사람 이상이 공동체에서 한 사람을 여러 이유로 따돌리는 것을 '왕따'라고 해. 학교에서 왕따가 발생하면 적절한 처벌을 비롯해 상담 등을 통해 해결하고자 노력해. 그런데 왕따를 주도하는 아이와 당하는 아이가 좋은 관계가 되기란 쉽지 않지. 이럴 경우 둘을 분리시키는 방법은 전학일텐데 이에 대해 어떻게 생각해?

1월 20일

취향

달이 좋다.
vs
별이 좋다.

| 너는 무엇이 좋아? | 이유를 말해 줘. (1~2개) | 단점은 뭐야? | 그건 어떻게 해결할까? |

달이 좋아. 달을 가만히 보면 사람 얼굴이 보이는 것도 같고 토끼가 보이는 것도 같아. 상상하게 되어서 좋아. 변신도 잘하잖아. 물론 보기 쉽지 않으니까, 매일 밤 하늘을 잘 올려다보기!

 VS

별이 좋아. 별은 소중하고 아름다운 느낌이야. 하늘에 있는 별들을 보면 서로 수다 떠는 것 같아. 물론 직접 만지지는 못하지만 보는 것만으로도 행복해.

그거 알아?

달은 지구의 위성이자 태양계 가장 안쪽에 있는 위성이야. 지구에서 보면 태양빛이 반사되어 노란빛이 나. 보름달, 반달, 초승달로 다양하게 보이지. 별은 하늘에서 반짝이는 천체야. '지구 별'처럼 더 넓은 의미가 있지만 보통은 밤하늘에 반짝이는 것을 말하지.

12월 8일

사회 문제

인터넷에 글을 쓸 때 실명으로 해야 한다.
vs
익명으로 해도 된다.

| 너의 의견은 뭐야? | 이유를 말해 줘. (1~2개) | 그렇게 했을 때 문제점은 뭐야? | 그건 어떻게 해결할까? |

인터넷에 글을 쓸 때는 실명으로 해야 해. 이름이 보이지 않다 보니 서로에게 예의를 차리지 않는 악플이 많아. 실명을 사용하면 개인 정보 문제가 있겠지만, 우리가 거리를 걸어다니듯 온라인에서 이름을 보이는 것을 자연스럽게 받아들이면 돼.

VS

인터넷에 글을 쓸 때는 익명으로 해도 돼. 자유로운 의견과 생각을 표현할 수 있으려면 실명은 부담스러울 수 있어. 물론 익명 활동이 악플을 생산할 수 있으니 어릴 때부터 학교에서 인터넷 에티켓 교육을 좀 더 강화하면 돼.

그거 알아? 인터넷 실명제는 이름과 주민등록번호가 확인되어야 글을 쓸 수 있게 하는 제도야. 바람직한 온라인 문화를 위해 예전부터 계속 필요성을 이야기하는 이들이 있었어. 현재 인터넷을 보면 나쁜 말이나 틀린 정보, 남을 비방하는 글들이 참 많아. 이를 해결하기 위해서 실명제는 필요할까?

1월 21일 — 취향

토요일이 좋다.
vs
일요일이 좋다.

| 너는 무엇이 좋아? | 이유를 말해 줘. (1~2개) | 단점은 뭐야? | 그건 어떻게 해결할까? |

토요일이 좋아. 다음날 일요일이니까 마음이 설레고 편하거든. 여행 갈 때도 있어서 더 기분이 좋아. 물론 전날까지 숙제를 다 해 놓아야 실컷 놀 수 있으니 숙제부터 미리 해 놓아야 해.

 VS

일요일이 좋아. 토요일은 가끔 학원 보충 갈 때가 있거든. 일요일 하루는 아무것도 안 해도 되는 편안함이 느껴져. 다음날 월요일이라는 부담이 있지만 그래서 일요일이 더 소중하게 느껴져.

그거 알아? 예전에는 토요일에도 학교에 갔었어. 2005년부터는 학교 가는 토요일, 노는 토요일이 있었고, 2012년부터는 지금처럼 주 5일 학교를 가게 되었어. 어른들 또한 토요일에도 직장에 가는 경우가 많았는데, 지금은 일주일에 40시간 근무가 표준이 되어서 1주일에 8시간씩, 5일을 근무하는 곳이 많아.

12월 7일 — 사회 문제

동물원은 있어야 한다.
vs
없어야 한다.

| 너의 의견은 뭐야? | 이유를 말해 줘. (1~2개) | 그렇게 했을 때 문제점은 뭐야? | 그건 어떻게 해결할까? |

동물원은 있어야 해. 아이들에게 좋은 교육 장소가 되거든. 멸종 위기종 번식을 돕는 곳이기도 하고. 물론 동물들이 태어난 환경과 다른 곳에 살아 스트레스가 심할 수는 있을 거야. 환경과 어울리는 동물만 들여오도록 법으로 정하면 되겠지?

 VS

동물원은 없어야 해. 이미 많은 동물들이 스트레스 때문에 생기는 이상 행동을 보이고 있어. 동물원은 학대의 현장일 뿐이야. 멸종 위기 동물을 보호하는 곳이라는 생각을 할 순 있겠지. 하지만 그건 동물원이 아닌 곳을 따로 만들어야지.

 **그거 알아?** 2023년 3월 어린이 대공원에 있던 얼룩말이 탈출하는 사건이 있었어. 다행히 안전히 돌아갔지만 이를 계기로 다시금 사람들은 동물원의 필요성에 대해 이야기를 했지. 동물원은 동물을 보호하는 곳인지, 사람들을 위해 가두는 곳인지 생각해 보자.

1월 22일

취향

아침이 좋다.
vs
밤이 좋다.

| 너는 무엇이 좋아? | 이유를 말해 줘. (1~2개) | 단점은 뭐야? | 그건 어떻게 해결할까? |

아침이 좋아. 아침은 밝고 무섭지 않으니까. 밝아서 야외 활동도 할 수 있어. 물론 아침을 즐기려면 일찍 일어나야 하지만 습관을 들이면 어렵지 않아.

VS

밤이 좋아. 학교도 안 가고 숙제도 안 해도 되니까. 그런데 엄마가 밤에는 게임을 못 하게 해. 그럼 누워서 눈을 감고 상상을 하면 돼. 아무것도 안 해도 되는 밤, 너무 좋아.

그거 알아? 동이 트고 오전 반나절까지가 아침이야. 해가 지고 다음날 해 뜨기 전까지가 밤이지. 아침에 중요한 일을 하는 아침형 인간도 있고 밤에 무언가를 하면 더 잘되는 저녁형 인간도 있대. 너는 어느 쪽인 것 같아?

12월
6일

사회 문제

우리 동네에 쓰레기 소각장이 생겨도 어쩔 수 없다. vs 안 된다.

| 너의 의견은 뭐야? | 이유를 말해 줘. (1~2개) | 그렇게 했을 때 문제점은 뭐야? | 그건 어떻게 해결할까? |

우리 동네에 쓰레기 소각장이 생겨도 어쩔 수 없지. 모든 집에서 매일 쓰레기가 나오는걸. 쓰레기 배출만 하고 책임지지 않는 건 이기적인 태도야. 소각하면서 생기는 유해 물질로 건강 걱정은 될 거야. 안전한 소각장으로 만들도록 미리 약속하고 하면 돼.

 **VS**

우리 동네에 쓰레기 소각장이 생기면 안 돼. 소각하면서 유해 물질이 발생하고, 커다란 쓰레기차들이 오고 가면서 주민들이 위험할 수도 있어. 소각장 세울 곳이 없어서 걱정이라면 사람들이 살지 않는 땅을 어떻게든 개발해야 해.

그거 알아? 쓰레기를 불에 태우는 소각장이 들어선다고 하면 주민들이 반대해. 태울 때 나오는 나쁜 물질 때문에 건강을 위협받는다는 것이 여러 이유 중 한 가지지. 수도권 3개 도시를 시작으로 2026년부터는 쓰레기를 땅에 묻는 것이 금지되어서 소각장을 더 만들어야 해. 이런 상황에서 우리 동네 소각장, 어떻게 생각해?

1월 23일 — 취향

짧은 여행이 좋다.
vs
긴 여행이 좋다.

| 너는 무엇이 좋아? | 이유를 말해 줘. (1~2개) | 단점은 뭐야? | 그건 어떻게 해결할까? |

 짧은 여행이 좋아. 긴 여행을 갔었는데 학원을 많이 빠졌더니 숙제가 너무 밀려서 힘들었어. 보충 수업을 하는 것도 힘들었어. 물론 기간이 짧으면 멀리는 못 가지만 방학 때 한 번쯤 가면 돼.

VS

 긴 여행이 좋아. 긴 여행은 제대로 놀 수 있어. 여러 경험도 더 많이 할 수 있어. 너무 오래 여행하면 지칠 수는 있지만 미리 체력을 기르면 돼.

 **생각 열기** — '짧다, 길다'의 기준을 먼저 생각해 보아야겠지? 2,3일 이하의 짧은 여행, 일주일 이상의 긴 여행으로 나누어 생각해 보자. 여행 날짜에 따라 여행지도 결정하고 준비물이나 비용도 생각해야 해. 작가 쥘 베르은이 쓴 《80일간의 세계 일주》라는 책에 보면 80일간이나 일주한 사람도 있으니 이런 긴 여행은 어떨지도 생각해 봐!

12월 5일

사회 문제

유기견 보호소의 강아지를 안락사 하는 것은 어쩔 수 없다. vs 안 된다.

- 너의 의견은 뭐야?
- 이유를 말해 줘. (1~2개)
- 그렇게 했을 때 문제점은 뭐야?
- 그건 어떻게 해결할까?

유기견 보호소의 강아지는 어쩔 수 없이 안락사를 해야 해. 하루에도 많은 유기견이 발생하기 때문에 모두 감당하기엔 어려워. 생명 윤리 문제가 있을 순 있지만 그래서 더욱 유기견이 발생하지 않도록 사람들의 생각을 변화시키는 일을 해야해.

 VS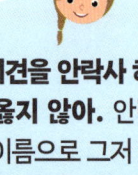

유기견을 안락사 하는 것은 옳지 않아. 안락사라는 이름으로 그저 생명을 죽이는 일일 뿐이야. 많은 유기견을 감당하기에는 힘들 수 있겠지. 그래서 동물권에 대한 국가적 차원의 캠페인이 필요해. 해외 입양도 적극적으로 더 해야 하고.

생각 열기

안락사는 세상을 편안하게 떠나도록 도와주는 걸 말해. 일정 시간이 지나도 입양자가 나타나지 않으면 안락사를 하는 보호소도 있고 그렇지 않은 보호소도 있어. 매일 많은 유기견이 들어오니 어쩔 수 없이 안락사를 진행하기도 하는데, 너는 이것에 대해 어떻게 생각해?

1월 24일

취향

국내 여행이 좋다.
vs
해외여행이 좋다.

| 너는 무엇이 좋아? | 이유를 말해 줘. (1~2개) | 단점은 뭐야? | 그건 어떻게 해결할까? |

국내 여행이 좋아. 시간이 많이 안 걸리거든. 다른 나라의 다양한 것을 못 보니까 조금 아쉽긴 하지. 그럼 우리나라 안에서 정말 재밌는 곳을 골라서 가면 돼.

VS

해외여행이 좋아. 다른 나라의 색다른 음식을 먹어 볼 수 있어. 여러 나라의 전통이나 문화도 알 수 있지. 물론 비행기표 값도 비싸고 가는 시간도 오래 걸려. 언어도 알아야 하니까 준비를 차근차근 하면 돼.

생각 열기

국내 여행을 할 때는 자동차, 기차, 버스, 배, 비행기 등을 이용할 수 있어. 해외여행은 배와 비행기만 가능하겠지? 이런 교통수단부터 시간, 비용, 보고 즐길 수 있는 것 등을 생각하면 금방 너의 입장이 결정될걸!

12월 4일

사회 문제

캔 음료의 점자는 정확한 상표까지 표기해야 한다.
vs
음료의 종류만 표기하면 된다.

| 너의 의견은 뭐야? | 이유를 말해 줘. (1~2개) | 그렇게 했을 때 문제점은 뭐야? | 그건 어떻게 해결할까? |

캔 음료의 점자 표기는 정확한 상표까지 해야 해. 그래야 시각 장애인이 손으로 만져 보고 먹고 싶은 것을 살 수 있지. 물론 그렇게 하려면 만든 회사가 많은 비용을 들여야 할 수도 있으니, 그럼 편의점 진열대에라도 해 놓으면 어떨까?

캔 음료의 점자는 콜라인지 사이다인지 종류 표기만 하면 돼. 정확한 상표를 표기하기엔 식품 회사의 부담이 클 거야. 물론 시각 장애인이 원하는 것을 찾기 힘드니, 가게 직원들이 의무적으로 알려 주는 방식을 도입하면 어떨까?

그거 알아? 캔 음료와 캔 맥주에 정확한 점자 표기가 없는 것이 문제로 떠오른 적이 있어. 그런데 아직도 바뀌지 않고 있지. 한 맥주 회사만 몇 해 전 정확한 맥주 이름으로 점자를 새겨 두었다고 해. 너는 캔 음료의 점자 표기에 대해 어떻게 생각해?

1월 25일 — 취향

뛰어노는 것이 좋다.
vs
조용히 노는 것이 좋다.

| 너는 무엇이 좋아? | 이유를 말해 줘. (1~2개) | 단점은 뭐야? | 그건 어떻게 해결할까? |

뛰어노는 것이 좋아. 뛰어놀아야 건강에 좋아. 재밌는 놀이도 많아. 금방 지치고 여름에는 열사병에 걸릴 수 있으니까 시원한 물을 많이 마시고 조심해야 해.

VS

조용히 노는 것이 좋아. 가만히 앉아서도 놀거리는 얼마든지 있어. 종이접기나 게임처럼 말이야. 바쁜 느낌도 없어서 좋아. 단점도 물론 있지. 운동이 부족하다는 거야. 그럼, 가끔 일어나서 맨손체조라도 하면 돼.

생각 열기 — 뛰어놀면서 에너지를 얻는 어린이도 있지만 가만 누워 쉬어야 에너지가 생기는 어린이도 있어. 이건 선택이라기보다 자신도 모르게 결정되는 기질 같은 거야. 너는 어느 쪽이야?

12월 3일

사회 문제

선고를 받은 죄수는 사형 집행을 해야 한다. vs 아니다.

| 너의 의견은 뭐야? | 이유를 말해 줘. (1~2개) | 그렇게 했을 때 문제점은 뭐야? | 그건 어떻게 해결할까? |

선고를 받은 죄수는 사형 집행을 해야 해. 정말 큰 죄를 저질렀거나 남의 목숨을 빼앗은 죄수이므로 대가를 치러야 해. 집행을 해야 범죄도 줄어들지 않을까? 물론 인권 문제가 있을 수 있지만 죄인이 타인의 인권을 먼저 짓밟은 거잖아.

사형 집행은 인권 침해야. 법을 이유로 들어 사람을 죽인다는 것은 너무 가혹해. 게다가 판결이 잘못된 경우라면 얼마나 억울하겠어. 물론 나쁜 범죄에 따른 대가를 치러야겠지만 감옥에 평생 가두는 정도면 되지 않을까?

그거 알아?

우리나라는 법률상 사형 제도가 있어. 하지만 1997년 이후 사형 집행을 하지는 않고 있지. 여러 가지 이유가 있는데 생명권 침해, 그리고 혹시라도 판결이 잘못되었을 경우 등의 이유야. 하지만 점차 흉악범이 많아지니 사형을 다시 실시해야 한다는 사람들이 많아. 너는 어떻게 생각해?

1월 **26일**   취향

꽃이 좋다.
vs
나무가 좋다.

| 너는 무엇이 좋아? | 이유를 말해 줘. (1~2개) | 단점은 뭐야? | 그건 어떻게 해결할까? |

 **꽃이 좋아.** 향기도 좋고 예쁘니까. 종류가 많아 매력적이야. 벚꽃이 피면 봄이 한창인 것을 느낄 수 있고, 코스모스를 보면 가을이 온 것을 알 수 있지. 금방 시들 수 있지만 그래서 더 소중하고 예쁘게 보게 돼.

VS

 나무가 좋아. 나무는 일단 우리를 시원하게 해 줘. 그리고 숲속의 향기가 신선해서 좋아. 단점이라면 꽃보다 안 예쁘다는 거랄까? 그럼 꽃이 예쁘게 피는 나무를 찾아보면 어떨까?

 **생각 열기**   해바라기, 장미, 나팔꽃, 무궁화 같은 꽃. 버드나무, 소나무, 은행나무 같은 나무. 둘 중 너는 뭐가 좋아? 그런데 사실 모든 나무는 꽃을 피워. 그래야 열매를 맺거든. 그래도 꽃과 나무를 구분해서 더 좋은 것을 생각해 본다면 너는 뭐가 좋아?

12월 2일 — 사회 문제

음주 운전을 한 사람은 평생 운전을 못하게 해야 한다.
vs
벌 받은 후 운전해도 좋다.

| 너의 의견은 뭐야? | 이유를 말해 줘. (1~2개) | 그렇게 했을 때 문제점은 뭐야? | 그건 어떻게 해결할까? |

한 번이라도 음주 운전을 한 사람은 평생 운전을 못하게 해야 해. 한 번 음주 운전을 하면 또 할 가능성이 높아 큰 사고를 낼 수 있기 때문이야. 물론 그 사람은 평생 불편할 수 있겠지만 자신이 잘못한 것에 대한 대가야.

VS

음주 운전을 한 번 했다면 벌을 받은 후에는 다시 운전을 하게 해도 좋아. 운전이 직업인 사람일 수도 있고 실수일 수도 있잖아. 물론 다른 사람이 또 피해를 보게 될 수 있으니 단속을 평소 철저히, 자주 하면 어떨까?

그거 알아? 현재 우리나라는 3회째 음주 운전이 적발되면 무조건 운전면허가 취소되고(도로교통법 시행규칙상의 삼진아웃제), 2년간 운전면허를 다시 딸 수 없게 되어 있어. 그런데 심하면 다른 사람의 목숨을 빼앗을 수도 있는 음주 운전을 1회만 해도 영영 운전을 못하게 하는 것, 어떻게 생각해?

1월 **27**일 취향

이야기책이 좋다.
vs
지식 책이 좋다.

| 너는 무엇이 좋아? | 이유를 말해 줘. (1~2개) | 단점은 뭐야? | 그건 어떻게 해결할까? |

이야기책이 좋아. 이야기책은 흥미진진해서 빠져들 수 있거든. 너무 몰입하다 보면 다른 일을 못 하게 될 수도 있으니 할 일 먼저 해 놓고 읽으면 돼.

 VS

지식 책이 좋아. 새로운 것을 알게 되면 가슴이 뻥 뚫리는 기분이거든. 그리고 지식이 많아지고 똑똑해지잖아. 양이 너무 많으면 한 번에 읽기가 힘드니 나누어 읽으면 돼.

생각 열기

어린이들이 읽는 책은 이야기책과 지식 책, 크게 두 가지로 나뉘어. 동화처럼 스토리가 중심이 되는 이야기책, 지식 정보 전달이 중심이 되는 지식 책, 너는 어떤 것이 너에게 도움이 된다고 생각해?

12월 1일 | 사회 문제

강아지를 버리는 사람은 감옥살이를 해야 한다.
vs
벌금을 내야 한다.

| 너의 의견은 뭐야? | 이유를 말해 줘. (1~2개) | 그렇게 했을 때 문제점은 뭐야? | 그건 어떻게 해결할까? |

강아지를 버리는 사람은 감옥살이를 하게 해야 해. 강아지는 생명이야. 버리는 건 한 생명의 목숨을 위협한 것이나 다름없으니 그에 대한 벌로 감옥살이가 적당하지 않을까? 그 사람의 삶에 문제가 생긴다면 그것도 잘못에 대한 대가지.

 VS

벌금형이 적당해. 감옥살이까지 하는 것은 너무 심해. 대신 두 번 이상 버린 사람은 감옥에서 반성하고 나오도록 하면 좋겠어. 물론 돈이 많으면 벌금이 아무것도 아닐 수 있지만 벌을 받았다는 것이 중요해.

 **그거 알아?** 해마다 버려지는 반려동물이 10만 마리 이상이라고 해. 이에 따라 처벌을 강하게 해야 한다는 의견이 계속 나오고 있지. 현재는 2021년 동물보호법 개정으로 300만원 이하 벌금형을 내리고 있는데, 이보다 더 강할 수도 있는 감옥살이를 하게 하는 것, 어떻게 생각해?

1월 28일

취향

아파트 고층이 좋다.
vs
저층이 좋다.

| 너는 무엇이 좋아? | 이유를 말해 줘. (1~2개) | 단점은 뭐야? | 그건 어떻게 해결할까? |

 고층이 좋아. 햇빛이 잘 들고 식물이 잘 자라. 단점이라면 엘리베이터가 고장났을 때 정말 난감하다는 거야. 그럴 때는 밖에서 좀 쉬다 들어가면 될 거야.

VS

 저층이 좋아. 불이 나면 빨리 대피할 수도 있고 엘리베이터에 오래 있지 않아서 좋아. 지각도 하지 않을 수 있어. 벌레가 좀 들어올 수 있지만 방충망을 잘 설치하면 돼.

생각 열기

낮으면 3, 4층의 아파트도 있지만 30층이 넘는 아파트도 있어. 아파트는 많은 사람들이 모여 사는 공동주택이지. 어른들은 어른들 나름의 이유가 있겠지만 어린이로 사는 네 입장에선 어느 것이 더 좋아?

12월
사회 문제

❝ 우리 동네에 쓰레기 소각장이 생기면 어떨까?
동물원은 있어야 할까, 없애야 할까?
교실에도 CCTV가 있어야 할까? ❞

이달에는 우리 사회의 다양한 문제에 대해
이야기 나눠 보려고 해요.

4개의 질문에 순서대로 대답하며,
우리를 둘러싼 이웃과 사회를 주제로
뜻깊은 이야기 시간을 만들어 보세요.

1월 **29**일   취향

봄이 좋다.
vs
가을이 좋다.

| 너는 무엇이 좋아? | 이유를 말해 줘. (1~2개) | 단점은 뭐야? | 그건 어떻게 해결할까? |

봄이 좋아. 봄은 예쁜 꽃이 많아서 좋아. 개나리, 벚꽃을 보면 힐링되는 기분이야. 물론 꽃가루가 싫은 사람도 있고 꽃샘추위도 싫을 수 있지. 하지만 따뜻함을 생각하며 견디면 돼.

가을이 좋아. 가을은 시원하고 덥지도, 춥지도 않아. 그래서 놀기 좋고 책 읽기도 좋아. 꽃은 많이 피지 않지만 대신 낙엽을 볼 수 있지.

생각 열기   봄도 가을도 참 아름다운 계절이야. 봄에는 새 학년을 맞이하고, 가을에는 2학기를 맞이하지. 봄은 꽃과 나무도 새롭게 시작하는 시기, 가을은 저무는 시기야. 날씨도 달라. 이런 점을 골고루 떠올려 봐.

11월 30일

어린이 인권

부모가 어린이를 학대하면 평생 부모를 분리해야 한다.
VS
부모 처벌 후 함께 살아야 한다.

| 너의 의견은 뭐야? | 이유를 말해 줘. (1~2개) | 그렇게 했을 때 문제점은 뭐야? | 그건 어떻게 해결할까? |

부모가 어린이를 학대하면 부모를 평생 분리해야 해. 다시 학대하게 될 가능성이 있으니까. 그럼 아이의 삶은 지옥일 거야. 물론 부모가 사라지는 것이지만 학대하는 부모는 없는 것이 더 낫지 않을까?

부모가 처벌 받은 후 다시 함께 살아야 해. 어린이는 부모의 보호가 없으면 살기 힘들잖아. 물론 어린이가 원하지 않는다면 그럴 땐 상담을 통해 방법을 찾아보아야 할 것 같아.

그거 알아?

어느 신문사에서 설문한 결과 학대 피해를 받은 아이의 81%는 부모와 바로 분리되길 원했어. 그 이후 절반의 아이들이 부모와 다시 살기를 원했다고 해. 법적으로 어떻게 하는 것이 아이를 위한 일일까?

1월 30일

취향

소나기가 좋다.
vs
이슬비가 좋다.

| 너는 무엇이 좋아? | 이유를 말해 줘. (1~2개) | 단점은 뭐야? | 그건 어떻게 해결할까? |

소나기가 좋아. 맞으면 왠지 기분이 날아갈 것 같아. 집에 있을 때는 빗소리가 시원해서 마음이 뻥 뚫려. 라면을 먹으면 더 행복해져. 다만 밖에 나가면 많이 젖으니까 비옷과 장화는 꼭 챙겨야 해.

VS

이슬비가 좋아. 이슬비는 빗줄기가 세지 않아 자전거를 탈 수 있어. 이슬비는 습하지 않고 시원한 기분이야. 맨발로 잔디 축구장에서 축구도 할 수 있지. 물론 옷이 조금씩 젖을 수 있지만 그 정도는 낭만이야.

그거 알아? 갑자기 세게 내리치는 비는 소나기, 가늘게 부슬부슬 내리는 비는 이슬비야. 소나기는 강한 바람이나 천둥하고 같이 올 때가 많고 예상치 못하게 쏟아지기도 해. 이슬비는 오는 듯 안 오는 듯 내리는 비지. 비오는 날 자체가 싫을 수도 있겠지만 그래도 둘 중 하나를 고르라면 너의 선택은?

11월 29일

어린이 인권

초등학생이 남의 물건에 손해를 끼치면 어린이가 책임져야 한다.
vs
부모님이 물어 주어야 한다.

| 너의 의견은 뭐야? | 이유를 말해 줘. (1~2개) | 그렇게 했을 때 문제점은 뭐야? | 그건 어떻게 해결할까? |

초등학생이 남의 물건에 손해를 끼치면 어린이가 책임져야 해. 자신의 용돈을 모아서 물어 주어야 스스로 잘못을 깨달을 수 있지. 물론 너무 가혹하다고 생각할 수 있지만 배움의 과정일 뿐이야.

VS

부모님이 물어 주어야 해. 어린이는 아직 물어 줄 능력이 없잖아. 보호자가 원래 이런 것을 해 주는 것이기도 하고. 물론 부모님이 대신 물어 주면 잘못에 대한 반성을 못 할 수 있으니 설명을 잘해 주면 돼.

생각 열기

혹시 남의 물건에 손해를 입힌 적 있어? 실수로든 장난으로 그랬든 남의 물건에 손해를 입혔다면 물어 주어야 할텐데, 그건 누구의 책임일까? 아이 스스로 감당하게 하는 것이 적절한지, 부모가 대신 해 주는 것이 적절한지 생각해 봐.

1월
31일

취향

여행할 때 버스가 좋다.
vs
기차가 좋다.

| 너는 무엇이 좋아? | 이유를 말해 줘. (1~2개) | 단점은 뭐야? | 그건 어떻게 해결할까? |

버스가 좋아. 버스를 타고 가다 보면 길거리의 다양한 사람들을 볼 수 있거든. 거리의 가게를 보는 것도 재밌어. 너무 흔들거려서 좀 불편할 수 있지만 손잡이만 꽉 잡으면 문제없어.

VS

기차가 좋아. 일단 빠르잖아. 그리고 기차는 자리가 정해져 있어 복잡하지 않아서 좋아. 멀리도 갈 수 있어. 와이파이가 잘 안 될 수도 있지만 책을 보면 돼.

생각 열기

버스는 주로 언제 타고 기차는 언제 탈까? 아무래도 기차는 좀 더 먼 거리를 갈 때 타겠지? 기차는 미리 예매를 해야 하고 버스도 멀리 가는 버스는 예매를 해야 할 때가 있어. 그냥 타도 되는 버스도 있지. 버스와 기차를 타는 방식부터 의자의 모습, 속도 등을 다 생각해서 너의 입장을 정해 봐.

11월 28일 — 어린이 인권

아동노동을 시키는 국가는 국제 사회에서 처벌을 해야 한다. vs 아니다.

| 너의 의견은 뭐야? | 이유를 말해 줘. (1~2개) | 그렇게 했을 때 문제점은 뭐야? | 그건 어떻게 해결할까? |

아동노동을 시키는 국가는 국제 사회에서 처벌해야 해. 그 나라 안에서 해결이 안 되는 거잖아. 물론 여러 규정상 어려울 수 있지만 국제 기구가 있는 이유가 바로 그런 거 아니겠어?

 VS

아동노동을 시키는 국가라고 해도 국제 사회가 처벌할 권리는 없어. 그 나라의 일은 그 나라에서 해결해야 해. 물론 지금도 노동 착취 당하는 아이들이 너무 안타깝지. 그럼 차라리 후원을 하는 건 어떨까?

그거 알아? 5세~17세의 아동에게 일을 시키는 것을 '아동노동'이라고 해. 지금도 많은 국가들이 어린아이들에게 일을 시키고 있어. 주로 가난하고 어려운 나라들인데 좀처럼 사라지지 않아. 그럼 국제 사회가 개입해서 하지 못하게 해야 하는 걸까? 아니면 그 나라의 문제일까?

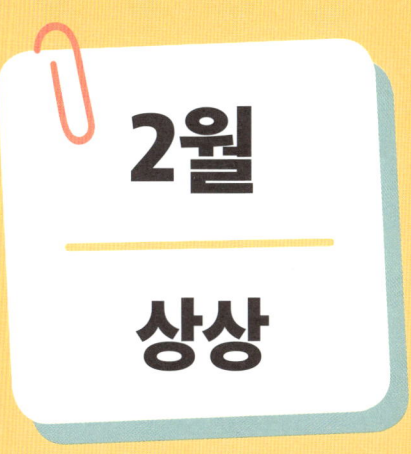

2월
상상

> 또 다른 나를 만들 수 있다면 만들까, 말까?
> 친구와 내 인생을 바꿀 수 있다면 바꿀까, 말까?
> 숙제 로봇이 있다면 살까, 말까?

이달에는 즐거운 상상을 해 보려고 해요.
현실에는 없는 신기한 일이 일어난다면 어떤 선택을 하게 될까요?
생각은 자유니까 마음껏 상상의 날개를 펼쳐 봐요.

4개의 질문에 순서대로 대답하면서
유쾌한 이야기꽃을 피워 보세요.

11월 27일 — 어린이 인권

교실에서 떠드는 아이는 5분 동안 복도에 나가 있어도 된다. vs 안 된다.

| 너의 의견은 뭐야? | 이유를 말해 줘. (1~2개) | 그렇게 했을 때 문제점은 뭐야? | 그건 어떻게 해결할까? |

교실에서 떠드는 아이는 5분 동안 복도에 나가 있어도 돼. 다른 친구들에게 방해가 되니까 잠시라도 분위기를 바꾸어야 하거든. 물론 아이가 마음이 상할 수 있으니까 규칙으로 정해 둔 후 미리 동의를 얻으면 돼.

 VS

교실에서 떠들어도 복도에 나가 있게 하면 안 돼. 아이가 너무 상처 받을 수 있어. 반발심이 생겨서 다시 교실로 들어오면 더 떠들 수도 있고. 물론 모두가 피해 볼 수 있으니까 교실 안에서 해결할 방법을 찾아야 해.

 **그거 알아?**

'타임아웃'이라는 교육 방법이 있어. 흔히 '생각하는 의자'라고 알려진 것인데, 잠시 별도의 공간에 아이를 두어 스스로 반성하게 하는 방식이야. 시간이 너무 길면 안 되고 목적이 정확해야 해. 이유를 잘 설명해 주고, 타임아웃이 끝난 후 다정하게 대화를 나누어서 아이가 스스로의 행동에 대해 생각해 보게 해야 해.

2월 1일 / 상상

10년 후의 내 모습을 볼 수 있다면 보겠다.
vs
보지 않겠다.

| 어떤 것을 선택할 거야? | 이유를 말해 줘. (1~2개) | 그걸 선택한다면 포기해야 하는 것은? (문제점은?) | 그건 어떻게 해결할까? |

나는 볼 거야. 그때 어떤 모습으로 사는지 보고 고치고 싶은 게 있다면 고쳐 볼 거야. 상상하지 못한 모습이면 놀랄 수는 있겠지. 그래도 나니까 뭐 어쩌겠어!

 VS

나는 절대 보지 않을 거야. 뭐가 될지, 어떤 모습일지 모르는 게 훨씬 더 긴장되고 재밌잖아. 나의 미래가 궁금할 수는 있겠지. 그래도 그게 더 설레고 좋아.

그거 알아? '타임머신'이라고 들어 봤어? 영국 소설가 웰스가 지은 공상 과학 소설 제목에 있던 말이야. 과거나 미래로 갈 수 있다고 믿는 상상의 기계를 뜻하지. 영화에서는 종종 나오지만 실제 그렇게 할 수 있다면 어떨까?

11월 26일

어린이 인권

어린이 혼자 5천 원 이상의 돈을 사용해도 된다. vs 안 된다.

| 너의 의견은 뭐야? | 이유를 말해 줘. (1~2개) | 그렇게 했을 때 문제점은 뭐야? | 그건 어떻게 해결할까? |

어린이 혼자 5천 원 이상의 돈을 사용해도 돼. 배고파서 친구하고 편의점에 가서 라면, 아이스크림을 먹는데 가끔 친구도 사 주면 5천 원이 금방 될 때가 있어. 작은 돈은 아니니까 내가 어떻게 쓰는지 부모님과 이야기도 나누어 봐야지.

VS

어린이 혼자 큰돈을 사용하면 안 돼. 5천 원은 작은 돈이 아니야. 벌써 5천 원을 혼자 쓰면 중학생이 되면 너무 많이 쓰게 될 것 같아. 만약 정말 써야 하는 상황이 생기면 부모님께 전화해서 오시게 하면 어떨까?

생각 열기

어린이가 혼자 돈을 사용하는 경우가 종종 있어. 문구점, 편의점 등에서지. 요즘은 부모님의 카드를 대신 가지고 다니기도 해. 이렇게 어린이 혼자 돈을 사용하게 될 경우의 편리한 점과 문제점도 분명 있을 거야.

2월 2일

상상

좋아하는 유튜버와 만날 수 있다면 만나겠다.
VS
만나지 않겠다.

| 어떤 것을 선택할 거야? | 이유를 말해 줘. (1~2개) | 그걸 선택한다면 포기해야 하는 것은? (문제점은?) | 그건 어떻게 해결할까? |

만나 볼 거야. 새롭고 신선한 경험이 될 것 같아. 적어도 잃는 것은 없을 것 같기도 하고. 좋아하는 유튜버에 대한 신비로움이 사라질 수는 있겠지만, 좋은 것만 오래 기억하면 돼.

VS

만나지 않을 거야. 내 마음속에서만 고이 간직해야 더 좋아질 것 같아. 만약 만났다가 실망한다면 슬프잖아. 직접 보지 못한다는 아쉬움이 있지만 그게 오히려 매력이 아닐까 해.

생각 열기

요즘 유튜버가 정말 많지? 너는 어떤 채널을 즐겨 봐? 좋아하는 유튜버는 누구야? 네가 그 유튜버를 통해 얻는 기쁨이나 즐거움이 있으니까 좋아할텐데, 만약 실제로 만나면 어떤 면에서 좋을까? 또는 생각지 못한 나쁜 점은 뭘까?

11월 25일

어린이 인권

혼자 놀아도 행복할 수 있다. vs 행복할 수 없다.

| 너의 의견은 뭐야? | 이유를 말해 줘. (1~2개) | 그렇게 했을 때 문제점은 뭐야? | 그건 어떻게 해결할까? |

혼자 놀아도 행복할 수 있어. 자기 자신에게 가장 어울리는 일, 좋아하는 일에 집중하면 그것만큼 행복한 것도 없거든. 나는 종이접기를 할 때 한 시간도 넘게 혼자 노는데 너무 즐거워. 만약 외롭다고 느껴지면 음악이라도 들으며 해 봐.

VS

혼자 놀면 행복할 수 없어. 사람은 다른 사람하고 대화하고 같이 무언가를 할 때 많이 웃고 행복할 수 있거든. 물론 혼자만의 시간이 간절하다면 아주 가끔 혼자 있어 보면 어때?

생각 열기

사람에 따라 혼자 노는 것을 좋아하는 사람, 누군가와 늘 함께하는 것을 좋아하는 사람이 있어. 성향일 수도 있고 그럴 수밖에 없는 상황이 있을 수도 있지. 그런데 혼자 노는 것은 행복한 걸까? 혼자 놀면 행복할 수 없을까? 너의 경험을 떠올려 생각해 봐.

2월 3일   상상

행운의 물건이 나오는 항아리를 사겠다.
VS
사지 않겠다.

| 어떤 것을 선택할 거야? | 이유를 말해 줘. (1~2개) | 그걸 선택한다면 포기해야 하는 것은? (문제점은?) | 그건 어떻게 해결할까? |

나는 살 거야. 한정판 게임팩 같은 것이 나올 수도 있으니까. 그런데 엄마, 아빠가 게임팩을 버릴 가능성은 있을 것 같아. 미리 버리지 말아 달라고 부탁해야겠어.

 VS

난 사지 않을 거야. 행운의 물건이 생기는 순간 욕심이 생겨서 계속 얻으려고만 할 것 같아. 살다 보면 행운이 오기도 하니까, 행운의 물건을 얻지 못하는 아쉬움은 접어 두고 그냥 열심히 사는 게 어떨까?

그거 알아? '요술 항아리'라는 전래 동화가 있어. 뭐든 항아리에 들어가면 물건이 두 배로 나오는 항아리지. 이걸 찾은 농부와 부자인 땅 주인은 서로 갖는다고 다투지. 누가 갖게 되었을까? 물건이 더 나오거나 행운의 물건이 나오는 항아리를 네가 갖게 된다면 무엇을 얻고 무엇을 잃게 될까?

11월 24일

어린이 인권

노키즈존은 있어야 한다.
vs
없어야 한다.

| 너의 의견은 뭐야? | 이유를 말해 줘. (1~2개) | 그렇게 했을 때 문제점은 뭐야? | 그건 어떻게 해결할까? |

노키즈존은 있어야 해.
어린이들이 뛰거나 떠들어서 남에게 피해를 주면 안 되잖아. 어린이들 또한 자신들만의 공간에 있어야 신나게 놀 수 있고. 물론 인권 침해라고 생각될 수 있지만 직접 해를 가하는 것이 아니니 인권 침해가 아니야.

VS

노키즈존은 없어야 해.
노키즈존은 어린이와 어른이 모두 어우러져 살아갈 수 없게 해. 모든 어린이를 남에게 피해 주는 존재로 생각하는 차별이기도 해. 만약 어린이가 남에게 피해를 준다면 부모가 그것에 대해서 진심 어린 사과를 하면 돼.

그거 알아? 영유아, 어린이 출입을 제한하는 곳을 '노키즈존'(No Kids Zone)이라고 해. 노키즈존은 어린이를 남에게 피해를 주는 존재로 규정하고 아예 차단하는 인권 침해라는 의견과, 안전을 위해 위험 소지가 높은 어린아이들은 차단하는 게 옳다는 의견이 팽팽하게 있어.

2월 4일

상상

또 다른 나를 만들 수 있다면 만들 것이다.
vs
만들지 않을 것이다.

| 어떤 것을 선택할 거야? | 이유를 말해 줘. (1~2개) | 그걸 선택한다면 포기해야 하는 것은? (문제점은?) | 그건 어떻게 해결할까? |

또 다른 나를 만들 수 있다면 만들 거야. 숙제도 대신 시키고 잔소리도 대신 듣게 할 거야. 또 다른 '나'가 내가 먹을 음식을 미리 먹으면 화나겠지만 엄마한테 더 달라고 하면 되지 뭐.

 VS

난 만들지 않을 거야. 그 복제 인간이 자기가 진짜 '나'라고 우기면서 나를 없앨 수 있기 때문이지. 복제 인간이 힘든 내 숙제를 대신해 줄 수 있는 건 포기해야겠지만, 그건 내가 숙제를 바로 하는 습관을 들이면 돼.

그거 알아?

사람들은 왜 나와 똑같은 나를 만드는 이야기에 관심을 가질까? 아마도 내가 하나 더 생겼을 때 어떤 일이 벌어질지 궁금하고 또 때론 있었으면 좋겠다고 생각해서는 아닐까? 가짜 '나'가 생기는 이야기 《수일이와 수일이》(김우경 글. 우리교육)라는 동화를 읽고 생각해 보아도 좋아.

11월 23일 | 어린이 인권

스마트폰 사용 시간은 부모님이 정해야 한다. 어린이가 정해야 한다.

| 너의 의견은 뭐야? | 이유를 말해 줘. (1~2개) | 그렇게 했을 때 문제점은 뭐야? | 그건 어떻게 해결할까? |

스마트폰 사용 시간은 부모님이 정해 주셔야 해. 얼마나 하는 것이 적당한지 어른이 더 잘 알잖아. 우리 하루 일과하고 생활을 잘 조절해서 결정해 주실 거야. 그 시간이 마음에 들지 않을 수 있지만 무조건 따라야 하는 것도 있어.

VS

스마트폰 사용 시간은 어린이가 정해야 해. 스스로 정해 보고 자신에게 어떤 결과를 주는지 판단해 볼 기회가 필요하거든. 물론 하루 5시간 이상 등 너무 과하게 할 수 있으니까, 최대 시간만 부모님이 정해 주시면 될 것 같아.

그거 알아? 여성 가족부가 전국 초·중·고 학생을 대상으로 조사했는데, 인터넷이나 스마트폰 중 한 가지 이상에서 과의존 위험이 나타났대. 의존 위험은 과도하게 의존하는 것이기 때문에 일상생활에 문제가 생기고 불안한 증세를 보이는 거야.

2월 5일 상상

친구와 내 인생을 바꿀 수 있다면 바꿔 보겠다.
VS
바꾸지 않겠다.

| 어떤 것을 선택할 거야? | 이유를 말해 줘. (1~2개) | 그걸 선택한다면 포기해야 하는 것은? (문제점은?) | 그건 어떻게 해결할까? |

난 바꿔 볼 거야. 지금까지 내 인생으로 살아 봤으니까 친구 인생도 색다르고 재밌을 것 같아. 나의 이름과 나의 가족이 달라지겠지만 인생을 두 번 산다고 생각하면 오히려 재밌지 않을까?

VS

난 바꾸지 않을 거야. 내 몸하고 내 생각이 좋은데 왜 바꿔? 부모님도 바뀌어서 싫어. 새로운 경험은 포기해야겠지? 하지만 무서운 경험이 될 수도 있으니까 괜찮아.

생각 열기 — 물론 친구와 너의 인생을 바꿀 순 없지. 그런 일이 벌어진 영화는 있지만 말이야. 우리가 살다 보면 다른 사람의 삶으로 살아 보면 어떨까 생각하게 되는 순간이 있어. 만약 친구와 삶이 바뀐다면 네가 얻을 것과 잃을 것이 무엇일지 생각해 봐.

11월 22일

어린이 인권

어린이는 적절히 혼나면서 자라야 한다.
vs
타이름만으로 잘 자랄 수 있다.

- 너의 의견은 뭐야?
- 이유를 말해 줘. (1~2개)
- 그렇게 했을 때 문제점은 뭐야?
- 그건 어떻게 해결할까?

어린이는 적절히 혼나면서 커야 해. 그래야 바른 예절을 배우고 엇나가지 않아. 혼나는 건 기분이 좋은 일은 아니지만 그 감정보다 중요한 건 그 다음에 서로 잘 이야기하며 푸는 거야.

 VS

살살 타이르기만 해도 어린이는 잘 자랄 수 있어. 혼내면 마음이 상해서 중요한 것을 놓치고 잘못 배울 수 있어. 알아듣게 이야기만 하면 돼. 물론 타이름으로 바뀌지 않는다면 그때 다른 방법을 생각해야지.

그거 알아? 사전에 '혼나다'는 '호되게 꾸지람을 듣거나 벌을 받다.', '타이르다'는 '잘 깨닫도록 일의 이치를 밝혀 말해 주다.'라고 되어 있어. 혼나 본 적도, 타이름을 받아 본 적도 있지? 어느 쪽이 너에게 도움이 되었는지 생각해 봐.

2월 6일   상상

모든 학원을 없앨 수 있다면 없애겠다.
vs
없애지 않겠다.

| 어떤 것을 선택할 거야? | 이유를 말해 줘. (1~2개) | 그걸 선택한다면 포기해야 하는 것은? (문제점은?) | 그건 어떻게 해결할까? |

학원을 없앨 수 있으면 없앨 거야. 학원 가는 게 너무 귀찮고 힘들기 때문이야. 내가 좋아하는 학원도 없어지니까 그건 좀 아쉬워. 그럼 그때는 과외를 하면 돼.

VS

난 없애지 않을 거야. 학원이 없어지면 나 스스로 공부를 잘 안 하게 될 것 같아. 학원 선생님들도 직장을 잃어. 다른 아이들도 하고 싶은 공부를 못 해서 피해를 보겠지. 싫은 학원이 있다면 부모님하고 잘 상의해서 그만두면 돼.

그거 알아? 우리나라는 구한말 개화기부터 학원이 생겼어. 학원은 지식을 배우고 싶어하는 사람들의 마음을 충족시켜 주었지. 지금은 주로 대학, 고등학교 입학 등을 준비하는 학원이 많아. 물론 취미나 여가 학원도 있지만 말이야.

11월 21일

어린이 인권

20살이 되면 용돈을 스스로 벌어야 한다.
vs
부모님에게 받을 수 있다.

| 너의 의견은 뭐야? | 이유를 말해 줘. (1~2개) | 그렇게 했을 때 문제점은 뭐야? | 그건 어떻게 해결할까? |

20살이 되면 스스로 용돈을 벌어야 해. 20살부터 성인이잖아. 성인은 자신에게 들어가는 돈을 벌 수 있는 자격이 생겨. 물론 아직 학생 신분이라면 쉽지 않겠지만 아르바이트 정도는 할 수 있지 않을까?

 **VS**

20살이 되어도 부모님에게 용돈을 받을 수 있어. 20살이면 이제 막 고등학교를 졸업한 나이인데 어떻게 돈을 벌겠어. 게다가 대학을 가면 더욱 힘들지. 물론 부모님의 부담이 있겠지만 나중에 돈을 벌어 보답하면 돼.

 **그거 알아?**
1990년대 중반에서 2000년대 초반에 태어난 Z세대와 2010년대 초반 이후에 태어난 알파 세대를 합쳐서 '잘파 세대'라고 해. 잘파 세대는 성장하면서 일찍 금융을 접해서 금융 이슈에 관심이 많다고 해. 10명 중 8명이 용돈을 받고 있고, 여러 방식으로 더 마련해서 남은 용돈은 저축도 하지.

2월 7일

상상

길에서 만 원을 주우면 내가 쓸 것이다.
vs
파출소에 가져다 줄 것이다.

| 어떤 것을 선택할 거야? | 이유를 말해 줘. (1~2개) | 그걸 선택한다면 포기해야 하는 것은? (문제점은?) | 그건 어떻게 해결할까? |

만 원을 주우면 내가 쓸 거야. 나를 위해서만 쓰는 게 아니라 기부를 할 거야. 진짜 주인을 찾기 쉽지 않으니까 그게 더 나아. 물론 기부하기 전에 욕심이 생길 수 있지만 바로 기부하면 돼.

 VS

파출소에 가져다 줄 거야. 우리 엄마가 남의 돈을 함부로 쓰면 안 된다고 했어. 만 원이면 떡볶이를 엄청 사 먹을 수 있는데 그걸 못 먹는 것은 아쉽지만, 그건 엄마한테 사 달라고 하면 돼.

그거 알아? 돈을 주워서 파출소에 가져다 준 후 주인을 찾으면 소액의 보상금을 받는다고 해. 반대로 주운 돈을 자기가 가지면 절도가 될 수 있어. 생각보다 어려운 문제지? 이런 점을 고려해서 생각해 봐.

11월 20일

어린이 인권

어린이의 종교는 부모님을 따라야 한다.
vs
스스로 선택할 수 있다.

| 너의 의견은 뭐야? | 이유를 말해 줘. (1~2개) | 그렇게 했을 때 문제점은 뭐야? | 그건 어떻게 해결할까? |

어린이는 부모님의 종교를 따라야 해. 부모님과 같은 종교를 가져야 대화도 통하고 평소 생활도 같이 잘할 수 있어. 물론 종교가 무엇인지 잘 모를 수 있으니 그건 부모님과 함께 공부하면 좋겠어.

VS

어린이 스스로 종교를 선택할 수 있어. 종교는 어떤 것을 믿고 그 가르침대로 사는 거잖아. 자기 인생은 자기 뜻대로 사는 거니까 종교도 자신이 선택해야지. 만약 부모님이 허락하지 않으신다면 이유를 들어 잘 설득해 봐.

생각 열기

사람에게는 누구나 종교 선택의 자유가 있어. 그런데 역사상 특정 목적으로 나라의 종교를 정해서 사람들이 그 종교를 믿게 하기도 했어. 그렇다면 우리 집의 어른인 부모님이 종교를 정하시고 그걸 믿게 한다면 그것도 따라야 할까? 장단점을 잘 고려해 생각해 봐.

2월 8일

상상

숙제를 도와주는 로봇이 있다면 사겠다.
VS
사지 않겠다.

| 어떤 것을 선택할 거야? | 이유를 말해 줘. (1~2개) | 그걸 선택한다면 포기해야 하는 것은? (문제점은?) | 그건 어떻게 해결할까? |

나는 살 거야. 숙제로 인한 스트레스가 너무 심하기 때문이야. 숙제를 직접 하지 않으면 머리가 나빠질 수는 있겠지만 그건 학습 만화를 보면서 해결하면 돼.

나는 사지 않을 거야. 너무 완벽해서 답안지를 베꼈다고 오해를 받을 수 있어. 그리고 내 공부가 제대로 안 되어서 결국 힘들어지게 되어 있어. 물론 하기 싫을 때는 로봇 덕분에 편할 수 있겠지만 유혹을 이겨야 내가 성장해.

그거 알아? 중국에서 글씨를 대신 써 주는 필기 로봇이 나왔었대. 필체를 그대로 따라서 써 주는 로봇이야. 이보다 발전해서 수학 문제, 영어 쓰기 등의 숙제를 대신 해 주는 로봇도 나중에 나올 수 있겠지? 네가 숙제를 직접 했을 때와 로봇이 해 주었을 때의 차이를 잘 생각해 봐.

11월 19일

어린이 인권

손 들고 5분 서 있기 체벌 정도는 가능하다. vs 안 된다.

| 너의 의견은 뭐야? | 이유를 말해 줘. (1~2개) | 그렇게 했을 때 문제점은 뭐야? | 그건 어떻게 해결할까? |

잘못하면 손 들고 5분 서 있기 체벌 정도는 가능해. 5분 동안 생각하면서 자기 잘못을 뉘우칠 수 있거든. 너무 길면 학대라고 생각할 수 있으니 딱 5분만이어야 해.

VS

아무리 잘못해도 체벌은 절대로 안 돼. 신체에 고통을 주면 반성은커녕 반발심만 들 거야. 수치심도 느껴지고. 만약 타이름과 설득으로 지도가 안 되면 체벌 말고 다른 방법을 생각해 보아야지.

그거 알아? 11월 19일은 '아동 학대 예방의 날'이야. 아동 학대가 점점 늘고 있다고 하는데, 그간 숨겨져 있던 것들을 학대로 인정하게 되면서 늘어난 것으로 보고 있어. 신체를 힘들게 하는 것이 체벌인데, 5분 손 들고 서 있기도 학대에 속할까? 어떻게 생각해?

2월 9일

상상

책 읽어 주는 로봇이 있다면 사겠다.
vs
사지 않겠다.

| 어떤 것을 선택할 거야? | 이유를 말해 줘. (1~2개) | 그걸 선택한다면 포기해야 하는 것은? (문제점은?) | 그건 어떻게 해결할까? |

무조건 살 거야. 긴 동화책도 읽어 주니까 얼마나 편해? 듣기만 하면 되잖아. 그럼 나 스스로 읽는 연습을 못하겠지? 위험해지는 순간, 번갈아 읽으면 돼.

 VS

난 사지 않을 거야. 로봇이 자꾸 읽어 주면 스스로 못 읽게 될 것 같아. 너무 기계적으로 읽어 주면 재미도 떨어질걸. 혼자 읽기 싫을 때는 로봇이 필요할 수도 있겠지만 그럴 땐 부모님한테 읽어 달라고 하면 돼.

그거 알아?

'책 읽어 주는 로봇'이라고 검색하면 이미 나와 있는 기계가 있어. 만약 이 기계를 부모님이 사신다면 그 이유는 무엇일까? 네가 산다면 그 이유는? 우리 가족에게 물어보면 더 다양한 생각을 들을 수 있으니 대화를 나누어 봐.

11월 18일

어린이 인권

어른도 어린이에게 배울 점이 있다. vs 거의 없다.

| 너의 의견은 뭐야? | 이유를 말해 줘. (1~2개) | 그렇게 했을 때 문제점은 뭐야? | 그건 어떻게 해결할까? |

어른도 어린이에게 배울 점이 있어. 어린이의 상상력, 창의력 등은 물론이고, 어린이의 생각이나 마음 같은 것도 말이야. 어리다고 모든 것이 미숙하진 않거든. 물론 모든 것을 배우는 건 아니지!

VS

어른은 어린이에게 배울 점이 거의 없어. 어른이 훨씬 오래 살았기 때문에 아는 것, 생활 태도, 마음 등이 더 나을 거니까. 어린이에게 배운다는 마음은 중요하지만 그건 어린이를 존중한다는 의미 정도로 생각하면 돼.

생각 열기

태어나서 세상을 몇 년 살았는지가 그 사람의 인성이나 마음의 기준이 될 수 있을까? 만약 덜 살았기 때문에 더 아는 것이 있다면 무엇일까? 어른이기 때문에 놓치고 사는 것은 무엇일까? 어린이라면 절대 모르는 것은?

2월 10일 상상

몰래 학원을 빠질 수 있다면 빠지겠다.
vs
빠지지 않겠다.

| 어떤 것을 선택할 거야? | 이유를 말해 줘. (1~2개) | 그걸 선택한다면 포기해야 하는 것은? (문제점은?) | 그건 어떻게 해결할까? |

난 빠질 거야. 하루 정도는 자유를 누릴 권리가 있어. 학원을 빠지고 친구들하고 노는 재미도 짜릿할 것 같아. 학원비가 좀 아까울 수 있으니 다음날 열심히 하면 돼.

 VS

난 빠지지 않을 거야. 공부 안 하면 나만 손해이기 때문이야. 무엇보다 양심에 찔려. 빠질 기회를 놓치는 건 좀 아쉽지만, 공부가 재밌다고 중얼거리면서 가다 보면 정말 재밌어질 수도 있어. 우리 엄마가 그랬어.

그거 알아? 가끔 학원 빠지고 싶다는 생각 한 적 있어? 앞서 말한 《수일이와 수일이》(김우경 글, 우리교육)라는 동화책에 보면 주인공이 가짜 나를 만들어서 학원도 안 가고 놀아. 어떻게 되었을 것 같아? 부모님이 절대 모르신다면 너는 어떻게 할 거야?

11월 17일 — 어린이 인권

어린이도 잘못을 하면 어른과 똑같은 벌을 받아야 한다.
vs
용서 받을 기회를 얻어야 한다.

| 너의 의견은 뭐야? | 이유를 말해 줘. (1~2개) | 그렇게 했을 때 문제점은 뭐야? | 그건 어떻게 해결할까? |

어린이도 잘못하면 어른과 똑같은 벌을 받아야 해. 잘못이라는 건 누구에게 피해를 주는 일이니 그 피해를 보상해 주어야 하잖아. 물론 어린이에게 가혹하다고 생각되면 잘못하지 않도록 교육을 미리 철저히 해야 해.

 VS

어린이는 용서 받을 기회를 얻어야 해. 어린이는 아직 배우는 단계이기 때문에 실수를 용서 받아야 더 잘 자랄 수 있어. 물론 또다시 다른 잘못을 할 수 있으니 그때는 처벌을 고려하면 어떨까?

그거 알아? 우리나라는 '촉법 소년'이라 하여 10세 이상 14세 미만의 자는 잘못을 저질러도 형사 처벌 받지 않아. 하지만 이를 악용하기도 하고, 그렇지 않더라도 어린이도 나쁜 일을 저지를 수 있기 때문에 한번 생각해 볼 만한 문제야!

2월 11일

상상

답을 알려 주는 마술 연필이 있다면 사겠다.
vs
사지 않겠다.

| 어떤 것을 선택할 거야? | 이유를 말해 줘. (1~2개) | 그걸 선택한다면 포기해야 하는 것은? (문제점은?) | 그건 어떻게 해결할까? |

나는 무조건 살 거야. 공부 안 해도 100점을 맞을 수 있잖아. 실컷 놀면서 1등을 한다는 상상만으로 짜릿해. 물론 죄책감은 좀 들겠지. 하지만 죄책감은 조금씩 사라지게 되어 있어.

 VS

난 사지 않을 거야. 답을 알려 주는 건 답안지를 보여 주는 것과 다르지 않잖아. 그럼 내 실력 향상이 안 되는 거고. 문제가 너무 어려워서 해결이 안 되면 차라리 어른한테 물어보는 게 더 좋아.

생각 열기

문제집 풀다가 너무 힘들 때면, 답을 알려 주는 연필이 있으면 어떨까 하고 생각하게 되지. 잡고만 있어도 알아서 문제를 술술 풀어 주는 연필 말이야. 그럼 너무 좋겠지만 생각지 못한 문제도 생길 것 같아! 네가 답안지를 보고 3장을 풀었다고 생각해 봐. 어떤 문제가 생길까?

11월 16일

어린이 인권

다른 사람의 칭찬이 중요하다.
vs
나 스스로의 만족이 중요하다.

| 너의 의견은 뭐야? | 이유를 말해 줘. (1~2개) | 그렇게 했을 때 문제점은 뭐야? | 그건 어떻게 해결할까? |

다른 사람의 칭찬이 중요해. 칭찬을 들으면 기분이 좋아지면서 더 잘하고 싶은 마음이 들거든. 남들 앞에서 칭찬을 들으면 어깨도 으쓱해. 물론 칭찬이 사라지면 그 마음이 사라질 수도 있으니까 그때는 스스로 칭찬해 봐.

VS

나는 나 스스로 만족하는 것이 중요해. 지난번 미술 학원에서 그림 그리고 나서 너무 마음에 들어서 한동안 기분이 좋았어. 남이 칭찬하지 않는다고 내가 하는 일이 의미가 없는 것은 아니야. 물론 칭찬은 힘을 더 주지만 의존하게 될 수도 있어.

그거 알아? 좋은 점이나 착하고 훌륭한 일을 높이 평가하거나 그런 말을 하는 것을 '칭찬'이라고 해. 예전부터 어른들은 어린이의 모범적인 행동이나 학습 능력 향상을 위해 칭찬하는 것을 당연히 여기곤 했어. 하지만 한쪽에선 어른의 마음에 차기 위해서만 애쓸 우려가 있다며 다른 입장도 제시하고 있지.

2월 12일   상상

영원히 사는 마법의 물이 있다면 마시겠다.
vs
마시지 않겠다.

| 어떤 것을 선택할 거야? | 이유를 말해 줘. (1~2개) | 그걸 선택한다면 포기해야 하는 것은? (문제점은?) | 그건 어떻게 해결할까? |

난 마실 거야. 영원히 살면 계속 놀 수 있고 미래 사회도 볼 수 있고 죽음에 대한 두려움에서도 벗어날 수 있잖아. 계속 살면 너무 피곤하고 인생이 지겹다는 느낌이 들 순 있을 거야. 그럼 이사를 가거나 새로운 일을 하면 돼.

영원히 사는 물이 있어도 난 마시지 않을 거야. 지구에 사람이 꽉 차면 어떻게 해? 먹을 것도 부족해질 것 같아. 물론 생각보다 일찍 죽을 순 있겠지. 그런데 그런 걸 운명이라고 한대, 우리 아빠가.

그거 알아? 《트리갭의 샘물》(나탈리 배비트 글. 대교)이라는 동화책에는 마시면 영원히 사는 샘물이 나와. 그 샘물을 마신 인물들의 운명은 매우 다르지. 만약 마신다면 오래 살면서 어떤 일을 겪게 될까? 안 마신다면 아쉬운 점은?

11월 15일 — 어린이 인권

어린이가 집안일을 하고 용돈을 받아도 된다. vs 아니다.

- 너의 의견은 뭐야?
- 이유를 말해 줘. (1~2개)
- 그렇게 했을 때 문제점은 뭐야?
- 그건 어떻게 해결할까?

어린이가 집안일을 하고 용돈을 받아도 돼. 그럼 열심히 하게 되고, 무언가 일을 하면 돈을 벌 수 있다는 경제 개념을 배울 수 있어. 물론 무엇을 할 때마다 돈을 달라고 하면 곤란해지니 규칙은 정확히 정해야겠지?

 VS

집안일을 하고 용돈을 받는 건 좋지 않아. 집안일은 가족 모두 당연히 해야 하는 일이야. 특히 자기 방 청소 같은 것 말이야. 대가를 주면 모든 일에 대가를 바랄 수 있어. 물론 안 주면 안 한다고 할 수 있으니 무조건 하는 규칙을 만들면 돼.

 **그거 알아?**

유대인들은 인간에게 의식주와 돈이 중요하기 때문에, 아이들이 대가를 얻기 위해서는 일을 해야 한다고 가르치고 있어. 그런가 하면 세계적인 투자자 워렌 버핏은 아이들에게 집안일처럼 단순히 시간을 쓰는 일이 아닌, 창의적인 아이디어와 능력에 대한 대가로 돈 개념을 심어 주어야 한다고 해.

2월
13일

상상

이름을 바꿀 수 있다면 바꾸겠다.
vs
바꾸지 않겠다.

| 어떤 것을 선택할 거야? | 이유를 말해 줘. (1~2개) | 그걸 선택한다면 포기해야 하는 것은? (문제점은?) | 그건 어떻게 해결할까? |

이름을 바꿀 수 있다면 바꿀 거야. 내 이름도 물론 소중하지만, 새로운 이름이 생기고 남들이 그걸 불러 주면 무언가 설레고 새로운 느낌이 들 것 같아. 부모님이 좀 섭섭해 하신다면 부모님도 모두 바꾸어 보자고 할 거야.

 VS

난 바꾸지 않을 거야. 나는 지금 내 이름이 마음에 들어. 게다가 부모님이 고민해서 지어 주신 이름이잖아? 마음에 안 들거나 이름 때문에 놀림 받는 사람도 있겠지? 그런 사람만 바꾸면 될 것 같아.

그거 알아? 이름을 바꾸는 것을 '개명'이라고 해. 개명 신청을 하려면 법원의 허가를 받아야 하는데, 개명해야 하는 이유를 입증해야 해. 사람들은 어떤 이유로 이름을 바꾸고 싶어할까? 이름이 촌스럽거나, 놀림을 자주 받는 경우, 또는 좋은 의미를 가진 이름으로 바꾸어 앞날을 편안하게 살고 싶은 경우 등이 있어.

11월 14일

어린이 인권

재능을 어린이일 때 찾으면 좋다.
vs
천천히 찾아도 된다.

| 너의 의견은 뭐야? | 이유를 말해 줘. (1~2개) | 그렇게 했을 때 문제점은 뭐야? | 그건 어떻게 해결할까? |

어린이일 때 재능을 찾으면 좋겠어. 재능은 살아가는 데 필수야. 그 재능으로 취미 생활도 즐기고 직업도 정할 수 있으니까. 만약 재능을 아직 잘 모르겠다면 다양한 경험을 해 보면 어때?

 VS

재능은 성장하면서 천천히 찾아도 돼. 재능은 말 그대로 재주와 능력이잖아. 원한다고 바로 다 갖게 되는 건 아닌 것 같아. 난 내 재능을 잘 모르겠어서 앞으로 천천히 찾아보려고 해. 그리고 꼭 탁월한 재능 없이 살아도 행복할 수 있지 않아?

그거 알아? 사전에 '재능'은 '어떤 일을 하는 데 필요한 재주와 능력. 개인이 타고난 능력과 훈련에 의하여 획득된 능력을 아울러 이른다.'라고 되어 있어. 타고나거나 훈련하는 것이라면 누구나 가질 수 있는 것일까? 안 되는 사람도 있는 것일까?

2월 14일

상상

코끼리를
키워 볼 수 있다면
키우겠다.
VS
키우지 않겠다.

| 어떤 것을 선택할 거야? | 이유를 말해 줘. (1~2개) | 그걸 선택한다면 포기해야 하는 것은? (문제점은?) | 그건 어떻게 해결할까? |

코끼리를 키워 볼 수 있다면 키울 거야. 왠지 든든한 보디가드가 생긴 기분일 것 같아. 동물과 가까워지고 사랑하는 마음도 커질 것 같아. 물론 밥을 챙겨 주는 일은 정말 힘들겠지만 모든 생명을 키우는 일은 원래 힘든 거니까.

난 코끼리를 키우지 않을 거야. 너무 커서 집에 꽉 차 집이 터질까 봐 걱정돼. 아쉬운 점이 있다면 내가 코끼리를 키운다고 자랑을 못한다는 거지. 그럼 작은 동물을 키우며 자랑하면 돼.

그거 알아?

코끼리는 육지에 사는 동물 중에서 몸집이 가장 커. 코로 먹이를 집어 먹는데, 매일 300kg나 되는 뿌리나 열매 등을 먹어. 물은 하루 100ℓ 정도 마시고, 하루에 18~20시간 정도를 먹는 시간으로 쓴다고 해. 60~70년 정도 사는 코끼리! 자, 코끼리 키워 볼까? 어때?

11월 13일

어린이 인권

어린이는 꿈이 꼭 있어야 한다.
vs
꼭 있을 필요는 없다.

| 너의 의견은 뭐야? | 이유를 말해 줘. (1~2개) | 그렇게 했을 때 문제점은 뭐야? | 그건 어떻게 해결할까? |

어린이는 꿈이 꼭 있어야 해. 그래야 꿈을 향해 하루하루 활기차게 살아갈 수 있어. 나는 미용사가 되고 싶다는 꿈이 있으니까 무언가 더 열심히 하고 싶어지거든. 물론 아무리 생각해도 꿈이 없을 수 있으니 너무 조급해하지 않았으면 좋겠어.

VS

어린이라고 꿈이 꼭 있어야 하는 것은 아니야. 꿈이 없어도 하루하루 즐기며 살면 돼. 아직 어린데 미래의 꿈을 생각하면 오히려 좀 숨이 막힐 수도 있을 것 같아. 물론 꿈이 있다면 매일 설레는 날일 수 있겠지만 그것 아니어도 행복한 일을 찾으면 돼.

생각 열기

꿈은 장래 희망이기도 하고 네가 좋아하는 것이기도 해. 가끔 누군가 꿈이 뭐냐고 묻거나 꿈을 글로 써야 하는 일이 있기도 해. 그런데 어린이는 정말 꿈이 있어야 할까? 너의 꿈은 무엇인지, 꿈이 없다면 문제되는 점이 있을지 생각해 봐.

2월 15일

상상

외국에서 한 달 살기
할 수 있다면 하겠다.
vs
하지 않겠다.

| 어떤 것을 선택할 거야? | 이유를 말해 줘. (1~2개) | 그걸 선택한다면 포기해야 하는 것은? (문제점은?) | 그건 어떻게 해결할까? |

난 할 거야. 다른 나라의 문화나 음식, 풍경을 마음껏 느껴 보고 싶어. 그럼 한국에 돌아왔을 때 그 추억을 간직하며 하루하루 더 소중하게 살 것 같아. 물론 준비할 것이 많겠지만 소중한 추억을 위한 거니까 괜찮아.

 VS

난 하지 않을 거야. 한 달을 살려면 준비할 것도 많고 음식 등이 맞지 않을 수도 있을 것 같아. 물론 새로운 경험을 하는 건 참 좋은 일이지만, 일주일 여행으로도 충분할 것 같아!

 **그거 알아?** 제주 한 달 살기, 해외 한 달 살기를 하는 사람들이 많아. 내가 사는 곳을 벗어나 한 달 정도 다른 곳에서 살아 보려고 하는 이유는 뭘까? 새로운 경험, 쉼, 낯선 곳에서의 설렘 등 다양한 이유가 있을 거야. 하지만 그만큼 준비해야 할 것이 많아. 특히 해외라면 말이야. 너는 이런 한 달 살기 어떻게 생각해?

11월 12일

어린이 인권

부모님이 계시지 않은 어린이도 행복할 수 있다. vs 아니다.

| 너의 의견은 뭐야? | 이유를 말해 줘. (1~2개) | 그렇게 했을 때 문제점은 뭐야? | 그건 어떻게 해결할까? |

부모님이 계시지 않은 어린이도 행복할 수 있어. 친구들, 주변 사람과 잘 지내면 되거든. 행복은 자기 마음에 달린 거기도 하니 긍정적으로 생각하면 돼. 물론 부모님만이 해 줄 수 있는 일이 있긴 하지만 모든 걸 다 가질 순 없으니까.

VS

부모님이 계시지 않은 어린이는 행복하기 어려워. 부모님만이 주시는 사랑, 보살핌 등 기본적인 것을 받을 수 없잖아. 물론 주변 사람들이 챙겨 줄 수 있지만 부모님이 주시는 만큼은 아닐 거야. 그래도 우리 모두 관심을 가지면 좋겠어.

그거 알아? '결손 가정'이라는 말이 있어. 부모 중 누군가 안 계신 가정을 '부족하다'는 뜻으로 부르는 말이야. 그런데 이 말에 차별적 의미가 들어 있어 되도록 쓰지 말아야 한다는 의견이 많아. 실제로 사람들은 결손 가정 아이는 불행하고 잘 크지 못할 거라는 생각을 하기도 해. 네가 생각하기엔 어때?

2월 16일

상상

씻겨 주는 로봇이 있다면 사겠다.
VS
사지 않겠다.

| 어떤 것을 선택할 거야? | 이유를 말해 줘. (1~2개) | 그걸 선택한다면 포기해야 하는 것은? (문제점은?) | 그건 어떻게 해결할까? |

씻겨 주는 로봇이 있다면 살 거야. 아침에 잠이 덜 깨서 대충 씻기도 하는데 로봇이 해 주면 꼼꼼히 씻겨 줄 것 같아. 기계 오류가 나면 너무 오래 씻길 수 있으니까 점검을 항상 잘하면 돼.

씻겨 주는 로봇이 있어도 사지 않을 거야. 내 몸을 로봇이 본다는 게 부끄러워. 기계니까 물에 닿으면 내가 감전될 수도 있어. 씻기 귀찮은 날도 있겠지만 나 스스로 해야 부지런해져.

생각 열기

누구나 한 번쯤은 해 보았을 생각, 씻겨 주는 로봇이 있다면 어떨까? 아침에 잠이 덜 깼는데 일어나 씻으려면 참 귀찮으니 좋은 점이 있을 거야. 양치, 세수, 머리 감기, 발 닦기, 또는 샤워까지! 그런데 기계가 해 주는 거니 불편한 점도 있을 것 같아. 여러 가지 측면을 생각해서 너의 생각을 말해 봐.

11월 11일 — 어린이 인권

부모님이 하지 말라고 하는 것은 안 하는 것이 좋다.
vs
경험해 보는 것이 좋다.

| 너의 의견은 뭐야? | 이유를 말해 줘. (1~2개) | 그렇게 했을 때 문제점은 뭐야? | 그건 어떻게 해결할까? |

부모님이 하지 말라고 하는 것은 안 하는 것이 좋아. 친구와 싸우지 말라고 하거나 위험한 일을 주로 못 하게 하시는데 그게 옳으니까. 그래도 하고 싶은 마음이 들면 자제하는 연습을 해야 해.

VS

부모님이 하지 말라고 해도 때로는 경험해 보는 것이 좋아. 그래야 다양한 경험을 할 수 있고 뭐가 좋고 나쁜지 스스로 깨달을 수 있어. 물론 위험한 일도 있을 수 있으니 그건 스스로 조심하도록.

생각 열기

부모님은 너를 보호하기 위해 어떤 일을 금지할 때가 있어. 그런데 네 입장에선 왜 하지 말라고 하는지 이해되지 않거나 이해되더라도 꼭 경험해 보고 싶을 수 있지. 부모님이 하지 말라고 하는 일을 딱 한 가지만 떠올려 봐. 그럼 그것을 하지 않는게 좋은지 그래도 해 보는 게 좋은지 답이 나올 거야.

2월 17일

상상

길을 가다 비가 오면 맞으면서 가겠다.
vs
그칠 때까지 피하겠다.

| 어떤 것을 선택할 거야? | 이유를 말해 줘. (1~2개) | 그걸 선택한다면 포기해야 하는 것은? (문제점은?) | 그건 어떻게 해결할까? |

길을 가다가 비가 오면 맞으면서 갈 거야. 지난 번에 우산이 없어서 비를 맞았는데 너무 시원하고 무언가 해방되는 기분이었어. 옷이 다 젖고 발도 젖겠지만 그저 한번 씻으면 될 뿐이야.

난 그칠 때까지 피할 거야. 요즘 비는 깨끗하지 않아서 몸에 안 좋아. 낮에 씻고 옷을 갈아입는 일은 너무도 번거롭지. 시원함을 느껴 보는 신선한 경험을 하지 못해 아쉽다면 비가 오는 날 놀러 갔을 때 한번쯤 해 보면 돼!

생각 열기

학교 마치고 집에 가는데 갑자기 비가 내려. 비를 맞으면 낭만적인 느낌도 들지만 한편으론 걱정되는 것도 있을 거야. 그래서 몸을 피해 비가 그칠 때까지 기다리면, 비가 언제 그칠지 모르니 또 걱정되겠지? 우리 일상에서 이렇게 갈등되는 순간이 참 많아. 너는 어떻게 할 거야?

11월 10일

어린이 인권

일기 검사는 인권 침해다.
VS
아니다.

- 너의 의견은 뭐야?
- 이유를 말해 줘. (1~2개)
- 그렇게 했을 때 문제점은 뭐야?
- 그건 어떻게 해결할까?

일기 검사는 인권 침해야. 사생활이 담긴 기록을 선생님이 보시는 거잖아. 부모님도 마찬가지고. 물론 글쓰기 지도를 위해 필요할 수도 있지만 그건 다른 글쓰기로도 가능해.

 VS

인권 침해가 아니야. 일기 검사를 한다고 하면 사실 너무 비밀스러운 이야기는 쓰지 않기 때문이지. 물론 원하지 않는 사생활이 공개될 수 있지만 오히려 선생님이 아이를 더 잘 이해하는 계기도 되지 않을까?

그거 알아? 국가인권위원회는 오래전 이미 일기 검사는 사생활 침해라고 결론을 지었어. 하지만 아직도 일기 검사가 사생활 침해이자 인권 침해인지에 대해선 여러 입장이 오가고 있어. 네가 만약 일기를 쓰고 그걸 어른이 검사하고 지도해 준다면 어떨 것 같아?

2월 18일 　　　　　　　　　　　　　　　　　　　　　상상

바로 어른이 될 수 있다면 되겠다.
vs
되지 않겠다.

| 어떤 것을 선택할 거야? | 이유를 말해 줘. (1~2개) | 그걸 선택한다면 포기해야 하는 것은? (문제점은?) | 그건 어떻게 해결할까? |

될 수 있다면 바로 어른이 될 거야. 어른들은 공부도 안 하고 하고 싶은 일을 하는 것 같아. 나도 어른이 되어 얼른 내 맘대로 해 보고 싶어. 물론 돈 버는 일이 좀 힘들어 보이긴 하는데 내가 쓰는 거니까 꾹 참고 하면 돼.

 VS

난 바로 어른이 되지 않을 거야. 어린이로 누릴 수 있는 일을 못하잖아. 어린이날을 즐기고, 방학도 너무 좋아. 공부를 차근차근 해야 어른이 되어도 잘 살 것 같아. 어른들만 하는 것은 못하겠지만 10년만 기다리면 되는 걸!

그거 알아? 빨리 어른이 되고 싶어하는 어린이들이 있어. 그런데 혹시 '키덜트'라고 들어 봤어? 키덜트는 키드(kid·아이)와 어덜트(adult·어른)를 합쳐 만든 말인데 어른이 되어도 어릴 때의 마음과 느낌을 가지고 사는 사람을 말해. 왜 어떤 어린이는 어른이 되고 싶어하고 어떤 어른은 계속 어린이의 마음으로 살고 싶어할까?

11월 9일

어린이 인권

부모가 아이를 주인공으로 유튜브를 하는 것은 아동 노동이다. vs 아니다.

| 너의 의견은 뭐야? | 이유를 말해 줘. (1~2개) | 그렇게 했을 때 문제점은 뭐야? | 그건 어떻게 해결할까? |

부모가 아이를 주인공으로 유튜브 채널을 운영하는 건 아동 노동이야. 영상을 위해 무언가를 하게 하거나 시킬테니까. 수익을 얻으면 더욱 그래. 물론 아이도 좋아할 수 있지만 아직 몰라서 그럴 수도 있어.

아동 노동이 아니야. 가족과의 추억을 다른 사람에게 보여 주는 것뿐이니까. 만약 아동 노동이라고 할 만한 영상을 찍는다면 그건 유튜브 회사에서 규정을 마련해 그것만 처벌하면 돼.

그거 알아? 아이가 주인공인 어느 유튜버의 아동 학대 혐의가 인정된 일이 있었어. 아이가 장난감 자동차를 타고 실제 도로를 주행하게 하는 등의 위험한 영상들이 있었거든. 그런데 아이가 주인공인 다른 유튜버들도 그런 비판을 종종 받고 있어. 부모가 아이를 주인공으로 유튜브 영상을 만드는 것이 아동 노동일까?

2월 19일

상상

거인과 하루 놀 수 있다면 놀겠다.
vs
놀지 않겠다.

| 어떤 것을 선택할 거야? | 이유를 말해 줘. (1~2개) | 그걸 선택한다면 포기해야 하는 것은? (문제점은?) | 그건 어떻게 해결할까? |

거인과 하루 놀 수 있다면 놀 거야. 거인한테 태워 달라고 해서 학교도 가고 저 멀리 놀러 갔다 오는 신기한 경험을 해 보고 싶어. 거인이 나를 못 봐서 밟을 수는 있겠지. 그러니까 거인의 어깨에 타고 다니려고!

 VS

난 거인과 놀지 않을 거야. 그 큰 거인이 나를 어떻게 할지 모르잖아. 멀리 갔다가 집에 안 데려다 주면 어쩌지? 으악! 생각만 해도 무서워. 신기한 경험을 못 해 아쉽다면 차라리 놀이공원을 가도록 하자!

그거 알아? 기네스북에 인류 역사상 가장 키가 큰 사람으로 기록된 인물이 있는데, 그의 키는 무려 272cm였다고 해. 수술을 받은 후 성장 호르몬이 너무 많이 나와 말단비대증에 걸렸다고 하지. 성장판이 닫힌 후에 호르몬이 계속 나오면 말단비대증, 그 이전에 나오면 거인증이라고 해.

11월 8일

어린이 인권

착한 어린이가 되어야 한다.
vs
꼭 그렇지는 않다.

| 너의 의견은 뭐야? | 이유를 말해 줘. (1~2개) | 그렇게 했을 때 문제점은 뭐야? | 그건 어떻게 해결할까? |

어린이는 착해야 해. 어린이 시절에 착한 행동과 마음을 가져야 어른이 되어서도 그럴 수 있거든. 착한 사람 되기가 쉽지 않다고 느껴지면 동화 속 착한 주인공을 떠올리고 따라해 봐.

꼭 착할 필요는 없어. 너무 착하면 만만하게 보고 함부로 대하는 친구들이 있어. 또 세상 모든 사람이 착하진 않잖아. 물론 착한 사람이 다른 사람에게 모범이 되겠지만 그것도 선택의 문제야.

그거 알아? 많은 어른들이 어린이에게 '착하다'면서 칭찬을 하고는 해. 그런데 착하다는 것은 뭘까? 사전에는 '언행이나 마음씨가 곱고 바르며 상냥하다.'고 나와 있는데, 모든 어린이가 이렇게 해야 할까? 상냥하고 곱지 않은 거라면 나쁜 걸까? 단어의 의미부터 잘 생각해 보면 입장이 정해질 거야.

2월 20일

상상

달 탐험을 할 수 있다면 다녀오겠다.
vs
다녀오지 않겠다.

| 어떤 것을 선택할 거야? | 이유를 말해 줘. (1~2개) | 그걸 선택한다면 포기해야 하는 것은? (문제점은?) | 그건 어떻게 해결할까? |

달 탐험을 할 수 있다면 다녀올 거야. 달이 정말 사진으로 보던 그 모습인지 궁금해. 밟아 보고 싶고, 사람이 살 수 있나 보고 싶기도 해. 문제가 생겨 못 돌아오는 일이 생기지 않도록 준비는 철저히 해야겠지!

나는 다녀오지 않을 거야. 일단 가는 도중에 안전하다는 보장이 없고, 너무 무서울 것 같아. 예상치 못한 일이 벌어지면 엄마, 아빠를 못 보잖아. 못 가서 아쉽다면 유튜브로 과거에 갔던 사람들 영상을 찾아보지 뭐.

그거 알아? 달은 밤에는 약 영하 170℃, 낮에는 약 영상 130℃나 된대. 달의 표면은 고운 먼지흙으로 되어 있고, 바다나 호수 같은 물이 없어. 공기도 없지. 자, 이런 달을 탐험해 볼 수 있다면 어떻게 할 거야? 너의 선택이 궁금해!

11월 7일

어린이 인권

초보자에게 '~린이'라는 말을 써도 된다. vs 안 된다.

| 너의 의견은 뭐야? | 이유를 말해 줘. (1~2개) | 그렇게 했을 때 문제점은 뭐야? | 그건 어떻게 해결할까? |

'~린이'라는 말을 써도 돼. 나쁜 뜻 없이 초보자를 편하게 부르는 말이야. 유행어라서 언젠가 또 없어질거고. 물론 어린이들이 기분 나빠할 순 있으니까 어린이 앞에서는 쓰지 않으면 좋겠어.

VS

'~린이'라는 말은 쓰면 안 돼. 아이들을 은근히 무시하는 마음이 깔려 있어. 아이들은 뭐든 부족하다는 마음이 느껴져 기분이 나빠. 초보자를 쉽게 표현할 수 있는 말이긴 하지만, 다른 말도 충분히 만들 수 있어.

그거 알아?

여러 분야에서 '어린이'라는 단어에 '초보'라는 의미를 합쳐서 헬린이, 요린이, 주린이 등의 단어를 만들어 쓰고 있어. 그런데 국가인권위원회에서 그건 아동을 비하하는 것이라고 판단했어. '~린이'라고 표현하면 아이들을 불완전하게 보는 거라 차별이라는 거지.

2월 21일 — 상상

투명 인간이 될 수 있다면 되어 보겠다.
vs
되어 보지 않겠다.

| 어떤 것을 선택할 거야? | 이유를 말해 줘. (1~2개) | 그걸 선택한다면 포기해야 하는 것은? (문제점은?) | 그건 어떻게 해결할까? |

투명 인간이 되어 볼 거야. 우리 부모님 회사에 가서 살짝 보고 응원의 음료수도 드리고 싶고, 너무 미운 내 친구를 살짝 간지럽혀 주고 싶어. 그날 하루 종일 나를 찾는 사람들이 있겠지만 미리 편지를 써 놓으면 돼.

난 되어 보지 않을 거야. 내가 없다고 생각한 사람들이 나에 대해 나쁘게 말하는 것을 들으면 슬플 것 같아. 투명 인간이 되어 미운 친구를 살짝 혼내 주지 못하는 게 아쉬울 순 있겠지. 하지만 그건 원래 하면 안 되는 일이잖아?

생각 열기

투명 인간이 된다면? 언뜻 생각하기엔 평소 하지 못한 것을 해 보면 좋을 것 같지만 우선 그것도 해도 되는 일, 해서는 안 되는 일로 나누어 생각해 보아야겠지? 《투명 인간이 된 스탠리》(제프 브라운 글, 시공주니어)라는 책을 한번 읽어 봐. 투명 인간으로 사는 것에 대해 더 깊이 생각하게 될 거야.

11월 6일

어린이 인권

어린이의 꿈은 스스로 정해야 한다.
vs
부모님과 의논해 정해야 한다.

| 너의 의견은 뭐야? | 이유를 말해 줘. (1~2개) | 그렇게 했을 때 문제점은 뭐야? | 그건 어떻게 해결할까? |

꿈은 스스로 정해야 해. 내 인생의 주인공은 나잖아. 내가 원하는 걸 하고 살아야 행복해. 부모님이 자녀의 꿈대로 살지 않는 것처럼 말이야. 부모님이 만약 내 꿈을 강요하신다면 설득해야지.

부모님과 의논해 꿈을 정해야 해. 부모님은 나를 낳아 주시고 키워 주셔서 나를 가장 잘 아시는 분이거든. 만약 부모님의 의견이 나와 맞지 않는다 해도 어른이니까 믿고 따라 봐.

생각 열기
'꿈'은 꼭 '직업'을 말하는 것은 아니야. 평생 하고 싶은 일, 좋아하는 일을 말하기도 해. 그렇다면 이런 꿈은 자신의 의견이 중요할까, 부모님의 의견도 들어 보아야 할까? 만약 너의 꿈이 있는데 부모님이 반대하시면 어떻게 해야 할까? 부모님이 원하는 꿈을 가지라고 하면 어떤 문제가 생길까?

2월 22일 — 상상

부모님 없이 혼자 여행할 기회가 있다면 하겠다.
vs
하지 않겠다.

| 어떤 것을 선택할 거야? | 이유를 말해 줘. (1~2개) | 그걸 선택한다면 포기해야 하는 것은? (문제점은?) | 그건 어떻게 해결할까? |

기회가 있다면 혼자 여행해 볼 거야. 부모님 없이 나 혼자 무엇을 할 수 있는지 경험해 보고 싶어. 그럼 자신감이 쑥 올라갈 것 같아. 물론 당황스러운 순간도 있을테지. 그럴 때만 살짝 전화해서 도움을 요청하면 돼.

VS

혼자 여행하지 않을 거야. 어린이가 어른 없이 다니면 나쁜 사람들에게 힘든 일을 당할 수 있어. 여행은 어른이 되어서 혼자 다녀야 해. 내 마음대로 놀고 먹고 자는 일은 못하겠지만, 그건 하루 허락받고 집에서 해 보면 돼.

생각 열기 — 초등학생이 혼자 여행가기는 쉬운 일이 아니야. 교통수단을 이용하는 일부터 혼자 밥을 먹는 일, 목적지 찾아가기 등 모든 것이 어렵지만 사실 위험하기도 하지. 그럼에도 가까운 곳으로 혼자 여행할 기회가 생기면 어떻게 할 거야?

11월 5일

어린이 인권

어린이는 꼭 훌륭한 사람이 되어야 한다. vs 아니다.

- 너의 의견은 뭐야?
- 이유를 말해 줘. (1~2개)
- 그렇게 했을 때 문제점은 뭐야?
- 그건 어떻게 해결할까?

어린이는 꼭 훌륭한 사람이 되어야 해. 그래야 스스로도 행복하고 이 나라도 좋은 나라로 가꾸어 갈 수 있어. 물론 어떤 사람이 훌륭한 사람인지 헷갈릴 수는 있겠지만 내가 내 인생의 최선을 다하면 훌륭한 사람 아닐까?

꼭 훌륭한 사람이 되려고 하지 않아도 돼. 사람은 그냥 그 사람 자체로 소중한 거라고 우리 부모님이 그러셨어. 만약 훌륭한 사람이 되어야 한다는 말을 듣는다면, 왜 그래야 하는지 반문해 보는 것은 어때?

생각 열기

'썩 좋아서 나무랄 것이 없는 것'을 '훌륭하다'고 해. 네가 생각하는 훌륭한 사람에 대한 정의를 먼저 내려 봐. 네가 훌륭하다고 생각하는 사람도 떠올려 봐. 그렇다면 어린이는 꼭 훌륭한 사람이 되어야 하는지 입장이 정해질 거야.

2월 23일

상상

하루 동안 엄마, 아빠와 역할을 바꿀 수 있다면 바꾸겠다. vs 아니다.

| 어떤 것을 선택할 거야? | 이유를 말해 줘. (1~2개) | 그걸 선택한다면 포기해야 하는 것은? (문제점은?) | 그건 어떻게 해결할까? |

바꾸어 볼 거야. 엄마, 아빠 일을 대신 해 보면 엄마, 아빠 마음을 잘 이해할 것 같아. 물론 부모님도 나를 더 이해해서 더 다정한 사이가 될 거야. 예상치 못하게 힘든 일을 해야 할 수 있으니까 다시 나로 돌아오는 버튼을 잘 준비하기!

VS

바꾸지 않을 거야. 엄마, 아빠가 내가 하는 숙제와 공부를 대신 해 보고 나서 어렵지 않다고 생각하면 너무 곤란하잖아. 나도 그렇고. 서로의 인생을 살아 보는 환상은 동화를 읽고 만족하는 걸로 해!

생각 열기

부모님은 1년에 한 번이지만 '부모 참여 수업'이라는 이름으로 너의 수업 모습을 볼 수 있어. 그런데 네가 학교에 있는 동안 부모님이 하시는 일을 너는 온전히 볼 수 없지. 부모님께 먼저 어떤 하루를 보내시는지 자세히 여쭤 봐. 그리고 그 하루를 보내고 싶은지 아닌지 너의 생각을 말해 봐.

11월 4일

어린이 인권

급식 카드로 편의점 간식도 살 수 있어야 한다.
vs
밥이 될 음식만 사야 한다.

| 너의 의견은 뭐야? | 이유를 말해 줘. (1~2개) | 그렇게 했을 때 문제점은 뭐야? | 그건 어떻게 해결할까? |

급식 카드로 편의점의 모든 음식을 살 수 있게 해야 해. 결식이 걱정되어서 주는 혜택이라면 무엇을 먹을지에 대한 자유도 주어야지. 물론 사탕, 초콜릿만 너무 사 먹을 수 있지만 그것도 아이의 자유야.

 VS

급식 카드로는 식사가 될 수 있는 음식만 사게 해야 해. 그래야 한 끼를 든든히 먹고 공부도, 놀이도 잘할 수 있어. 물론 자유가 제한되는 느낌이겠지만 어린이를 위한 일이니까 받아들여야 해.

그거 알아? 급식 카드는 밥을 먹지 못할 것이라고 판단되는 비교적 어려운 가정의 아이에게 주는 카드야. 매월 정해진 금액만큼 음식을 사 먹을 수 있는데 급식 카드로 간식은 사지 못하게 되어 있어. 밥이 되는 것을 사도록 하는 건데 먹고 싶은 것을 사지 못하는 아쉬움도 있어. 어떻게 해야 할까?

2월 24일

상상

잔소리 없는 날이 있으면 좋겠다.
vs
없어도 된다.

| 어떤 것을 선택할 거야? | 이유를 말해 줘. (1~2개) | 그걸 선택한다면 포기해야 하는 것은? (문제점은?) | 그건 어떻게 해결할까? |

잔소리 없는 날이 있으면 좋겠어. 내 소원이 잔소리 없는 나라에서 사는 건데 그런 나라가 없으니 단 하루라도 없으면 좋겠어. 그럼 내 마음대로 놀 수도 있어. 물론 할 일 안 해서 다음 날 힘들겠지만 벼락치기하면 더 잘돼.

VS

잔소리 없는 날은 없어도 돼. 나는 누가 시키지 않으면 안 해서 뒹굴뒹굴할 걸. 다음 날 잔소리가 두 배 될 것 같아 무섭기도 해. 아쉬울 순 있지만 지금도 어차피 잔소리는 한 귀로 흘리니까 괜찮아!

생각 열기

잔소리에 대해 조사를 한 적이 있는데 아이들은 평소 부모님이 하신 말씀을 참고해서 어떤 선택을 하고 참을 줄도 안다고 해. 그런데 매일 반복되는 잔소리는 어린이 스스로가 자신은 참을성이 부족하다고 생각하고 책임을 피하게 만든다고 해. 잔소리는 하는 것, 안 하는 것보다 '어떻게' 하는지가 중요하다는 거지.

11월 3일

어린이 인권

어린이는 자기 생각을 주장할 권리가 있다.
vs
되도록 어른 뜻에 따라야 한다.

| 너의 의견은 뭐야? | 이유를 말해 줘. (1~2개) | 그렇게 했을 때 문제점은 뭐야? | 그건 어떻게 해결할까? |

어린이는 자기 생각을 주장할 권리가 있어. 식사 메뉴를 택할 때, 여행 장소를 정할 때 모두 어린이가 참여하기 때문에 당연히 생각을 표현해야 해. 받아들여지지 않을 수 있지만 말한다는 자체가 중요해.

VS

어린이는 되도록 어른 뜻에 따라야 해. 어른은 어린이보다 오래 살았기 때문에 판단과 결정이 더 나을 때가 많잖아. 만약 어른의 생각이 다 옳지 않다고 생각되면 우리가 어른이 되어 그렇게 하지 말자고 다짐하면 돼.

그거 알아? 제2차 세계 대전 당시 독일의 나치는 유태인이라면 아이들까지도 희생시켰어. 그러자 폴란드의 의사였던 야누슈 코르착은 의사를 그만두고 유태인 아이들을 돌보는 고아원 원장이 되었지. 그는 아이들과 함께 강제 수용소에서 목숨을 잃고 말아. 40여 년 후 그의 생각을 근거로 1989년 'UN 아동 권리 협약'이 선포되었어.

2월 25일 — 상상

무인도에서 한 달 살게 된다면 살아 보겠다.
vs
살지 않겠다.

- 어떤 것을 선택할 거야?
- 이유를 말해 줘. (1~2개)
- 그걸 선택한다면 포기해야 하는 것은? (문제점은?)
- 그건 어떻게 해결할까?

무인도에서 한 달 살아 볼 거야. 물고기도 잡고 풀도 뜯어먹으면서 생존력을 높이면 앞으로 이 세상 살면서 못할 일은 없을 듯! 예상치 못한 일이 발생할 수 있으니까 무인도 생존에 대한 책을 꼭 미리 읽고 가기!

VS

무인도에서 살아 보지 않을 거야. 먹을 것을 못 구하면 못 사는 거잖아. 부모님도 못 보고 무엇보다 너무 외로워서 매일 울 것 같아. 극한 경험이 생존력을 키워 준다고? 그건 방학 때 여러 가지 체험을 해 보아도 충분해!

그거 알아? 우리나라는 무인도가 총 2800여 개, 사람이 사는 유인도는 470여 개, 총 3,300여 개의 섬이 있다고 해. 생각보다 많지? 그런데 이렇게 많은 무인도에 가 본 적 있어? 무인도에 사는 사람도 있고, 무인도에서 많은 강아지를 키우며 사는 사람도 있어. 그 사람들이 어려워하는 것은 뭘까? 궁금하면 더 찾아봐!

11월 2일

어린이 인권

처음 보는 어린이의 머리를 쓰다듬어도 된다. vs 안 된다.

- 너의 의견은 뭐야?
- 이유를 말해 줘. (1~2개)
- 그렇게 했을 때 문제점은 뭐야?
- 그건 어떻게 해결할까?

처음 보는 어린이의 머리를 쓰다듬어도 돼. 귀엽거나 기특하다는 뜻이잖아. 남의 몸에 함부로 손을 대는 것은 옳지 않지만 그 정도는 자연스러운 터치라고 생각해도 좋을 것 같아.

VS

처음 보는 어린이의 머리를 쓰다듬으면 안 돼. 다른 사람의 신체에 손을 함부로 대는 것은 안 되는 일이야. 더구나 모르는 사람이잖아. 귀엽다거나 기특하다면 말로 전하는 게 나아.

생각 열기

예전에 청와대 국민 청원 게시판에 길거리에서 남의 아이를 함부로 만지지 못하게 하는 법을 만들어 달라는 청원이 올라왔어. 화장실 옆 칸에서 나온 아주머니가 아이를 불쑥 만졌다면서 말이야. 어린아이일수록 귀엽다며 머리를 쓰다듬거나 만지는 사람들이 종종 있어. 어떻게 생각해?

2월 26일 상상

친구의 비밀을 알 수 있는 마법이 생기면 알아보겠다.
vs
아니다.

| 어떤 것을 선택할 거야? | 이유를 말해 줘. (1~2개) | 그걸 선택한다면 포기해야 하는 것은? (문제점은?) | 그건 어떻게 해결할까? |

친구의 비밀을 알아볼 거야. 친구의 비밀을 알게 되면 덕분에 친구를 잘 알고 이해하는 계기가 될 것 같아. 너무 큰 비밀을 알아 충격받게 되는 것을 대비해 미리 마음을 단단히 하도록!

 VS

친구의 비밀을 알아보지 않을 거야. 나도 비밀이 있는데 그걸 누가 알게 된다고 생각하면 너무 끔찍해. 너무 궁금해서 견딜 수 없다면 차라리 추리력을 발휘해서 지금부터 잘 관찰해 봐!

생각 열기

누구에게나 비밀은 있어. 너도 비밀이 있지? 남에게 들키고 싶지 않은 비밀, 혹은 들켜서는 안 되는 비밀 말이야. 너의 비밀을 한 가지 떠올려 봐. 만약 그걸 남이 알게 된다면 어떻게 될까? 그럼 친구의 비밀 또한 네가 아는 것이 좋을지 아닐지 판단하게 될 거야.

11월 1일

어린이 인권

모르는 어른이 어린이에게 반말을 해도 괜찮다. vs 아니다.

- 너의 의견은 뭐야?
- 이유를 말해 줘. (1~2개)
- 그렇게 했을 때 문제점은 뭐야?
- 그건 어떻게 해결할까?

어른이 어린이에게 반말을 해도 괜찮아. 어른은 윗사람이기 때문이야. 반말은 나쁜 말이 아니기도 하고. 가끔은 기분이 안 좋을 수도 있지만 그럴 땐 반말이 '높이지도 낮추지도 않는 말'이라는 사전의 뜻을 기억해 봐.

모르는 어른이 어린이에게 반말을 하면 안 돼. 어린이, 어른을 떠나서 처음 보는 사람에게는 우선 존대를 하는 게 맞다고 봐. 좀 어색하게 느껴질 수는 있겠지만 그런 어색함도 이겨 내야 존댓말을 하는 것이 상식으로 여겨질 거야.

그거 알아? 해외 다큐멘터리 <그레타 툰베리>가 방송되면서 논란이 있었어. 기후 운동가 그레타 툰베리가 어른에게 하는 말은 존댓말로 번역되었고, 어른이 툰베리에게 하는 말은 반말로 번역되었거든. 어른이 어린이에게 반말하는 것, 어린이가 어른에게 존댓말 쓰는 것을 매우 당연하게 생각한다는 것을 보여 주는 사례였지.

2월 27일 상상

조선 시대 양반으로 살아 볼 수 있다면 경험해 보겠다.
vs
아니다.

| 어떤 것을 선택할 거야? | 이유를 말해 줘. (1~2개) | 그걸 선택한다면 포기해야 하는 것은? (문제점은?) | 그건 어떻게 해결할까? |

조선 시대 양반으로 살 수 있다면 살아 볼 거야. 양반들은 뒷짐 지고 다니고 큰소리를 쳤던 것 같은데, 나도 해 보고 싶거든. 물론 공부를 해서 관리가 되는 건 힘들겠지만 노비보다 낫지 않겠어?

VS

나는 양반으로 살고 싶지 않아! 지켜야 할 것도 많고 체면도 차려야 해. 난 마구 뛰어놀고 싶어. 물론 양반으로 살면 대접 받을 순 있겠지만 그게 중요하다고 생각하지 않으면 되는 걸.

그거 알아? 조선 시대 양반은 나라로부터 땅을 받기도 하고, 과거 시험을 봐서 관직에 오를 수도 있었어. 땅을 농민에게 빌려주기도 했지. 조선 후기로 가면서는 양반들의 힘이 약해져 신분을 팔아넘기는 일까지 있었대. 가난한 양반도 많아졌고. 너는 양반의 삶이 어떠했을 것 같아?

11월

어린이 인권

> 어린이의 꿈은 누가 정하는 걸까?
> 손 들고 5분 서 있기 체벌 정도는 가능할까?
> 스마트폰 사용 시간은 누가 정할까?

이달에는 어린이의 삶과 인권 문제에 대해
이야기 나눠 보려고 해요.

4개의 질문에 순서대로 대답하며,
평소 생각지 않았을지도 모르는 진지한 주제로
의미 있는 이야기 시간을 만들어 보세요.

2월 28일

상상

강아지로 하루 살아 볼 수 있다면 살아 보겠다.
VS
아니다.

| 어떤 것을 선택할 거야? | 이유를 말해 줘. (1~2개) | 그걸 선택한다면 포기해야 하는 것은? (문제점은?) | 그건 어떻게 해결할까? |

강아지로 하루 살아 볼 거야. 우리 집 강아지처럼 매일 먹고 놀고 자고 산책하면 너무 행복할 것 같아. 내가 하는 말을 엄마가 못 알아들어서 좀 답답하겠지만 열심히 짖어 보지 뭐.

VS

강아지로 살아 보지 않을 거야. 귀엽다고 가족이 너무 뽀뽀를 해서 귀찮을 것 같아. 말도 못해서 답답하고 또 개밥을 먹어야 하잖아. 강아지가 받는 사랑이 궁금하다면 강아지처럼 애교를 떨어 보면 어때?

생각 열기 강아지가 되어 본다면 우선 어디에 사는 어떤 강아지가 될지 떠올려 보면 좋겠어. 강아지들도 사람처럼 삶이 정말 다양하거든. 가정에서 사랑 받으며 사는 강아지, 길을 떠돌아다니는 강아지, 유기견 보호소의 강아지, 시골에서 줄에 묶여 사는 강아지 등 다양한 강아지를 떠올린 뒤 입장을 정해 봐.

10월 31일   친구

단짝 친구는 꼭 있어야 한다. vs 아니다.

| 너의 의견은 뭐야? | 이유를 말해 줘. (1~2개) | 그렇게 했을 때 문제점은 뭐야? | 그건 어떻게 해결할까? |

단짝 친구는 꼭 있어야 해. 그래야 나의 모든 것을 이야기할 수 있고 언제든 만날 수 있어 외롭지 않거든. 만약 노력해도 단짝 친구가 안 생긴다면 그땐 나만의 방법으로 외로움을 달래면 돼.

VS

단짝 친구가 꼭 있을 필요는 없어. 두루두루 사귀면 오히려 다양한 경험도 하고 좋아. 단짝은 너무 붙어 있어 더 싸우게 돼. 나만 단짝 친구가 없는 걸까 고민될 수 있겠지만 생각보다 많은 사람이 그럴 거라고 생각해.

생각 열기

둘도 없는 단짝 친구, '베스트 프렌드'라고도 하지. 아이가 단짝 친구가 없으면 걱정하시는 부모님들도 계셔. 사회성이 부족하거나 다른 문제가 있을까 봐 염려하는 거지. 그런데 단짝이 없어도 아무렇지 않게 잘 지내는 아이들도 있어. '단짝' 친구 꼭 필요할까?

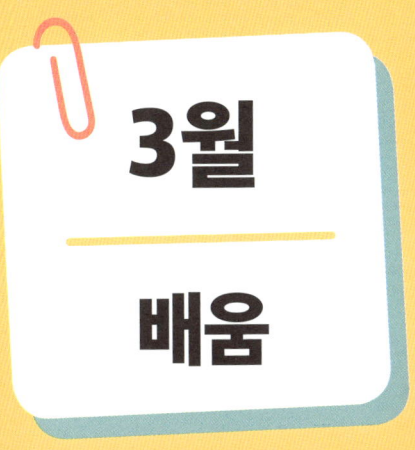

> 운동 학원을 다닐까, 말까?
> 공부는 거실에서 할까, 방에서 할까?
> 선행 학습을 할까, 말까?

새 학기를 맞아 공부, 숙제, 학습 어떻게 할까요?
이달에는 '배움'과 관련한 이야기를 나눠 보려고 해요.

4개의 질문에 순서대로 대답하면서
공부를 대하는 나의 마음을 점검해 보세요.

10월 30일 — 친구

친구와 싸우면 절교해도 된다. vs 아니다.

| 너의 의견은 뭐야? | 이유를 말해 줘. (1~2개) | 그렇게 했을 때 문제점은 뭐야? | 그건 어떻게 해결할까? |

친구와 싸우면 절교해도 돼. 너무 심하게 싸우면 반복이 돼. 말하기 싫고 그 친구도 변하지 않아. 물론 잦은 절교는 친구를 사라지게 하지만 다른 친구를 사귀면 돼.

VS

친구와 싸워도 되도록 절교는 하지 않는 것이 좋아. 친구들 싸움은 하루만 자고 일어나면 잊을 정도로 자주 있어. 계속 절교하면 친구가 없을 거야. 만약 마음이 많이 상할 정도로 싸우면 당분간 멀리하면 돼.

생각 열기

서로 잘 지내던 관계를 끊는 것을 '절교'라고 해. 요즘 어른들은 '손절'이라는 말을 많이 사용해. 사람은 새로 만나기도 하지만 서로 문제가 있다면 관계를 마무리하기도 하지. 친구 관계에서 만약 절교를 꼭 해야 한다면 그 기준은 무엇일까? 절교는 해도 좋은 걸까?

3월 1일 삼일절　　　　　　　　　　　배움

운동 학원을
꼭 다녀야 한다.
vs
꼭 다닐 필요는 없다.

| 너의 의견은 뭐야? | 이유를 말해 줘. (1~2개) | 그렇게 했을 때 문제점은 뭐야? | 그건 어떻게 해결할까? |

운동 학원은 꼭 다녀야 해. 나는 태권도를 다니는데 강해지는 기분, 튼튼해지는 기분이 들고 위험한 상황일 때 써 볼 수도 있어. 운동이 좀 힘들긴 하지만 오히려 운동 덕분에 체력이 키워지는 거야!

VS

운동 학원을 꼭 다닐 필요는 없어. 운동은 하나의 취미잖아. 나는 운동에 취미가 없어서 해도 재미가 없더라고. 누워서 내가 하고 싶은 걸 하는 게 행복해. 체력이 걱정된다면 동네 산책을 더 열심히 하지 뭐.

생각 열기

태권도, 줄넘기, 축구, 검도, 수영, 요가, 주짓수 등 운동 학원도 정말 많아! 운동은 꼭 필요한 것이지만 학원을 등록해서 다니는 것에 대해선 어떻게 생각해? 운동을 해야 하는지에 대한 토론이 아니라, '운동 학원'에 대해 토론하는 거니 논점에서 벗어나지 말고 잘 생각해 봐!

10월 29일

친구

좋은 친구는
오래 사귄 친구다.
vs
요즘 자주 만나는 친구다.

| 너의 의견은 뭐야? | 이유를 말해 줘. (1~2개) | 그렇게 했을 때 문제점은 뭐야? | 그건 어떻게 해결할까? |

오래 사귄 친구가 좋은 친구야. 4년 동안 사귄 친구가 있는데 다른 친구들에 비해 잘 맞고 나를 이해해. 최근에 만난 친구도 물론 좋지만 나는 함께한 시간의 힘을 믿어.

 VS

오래 사귀지 않았어도 요즘 만나는 친구가 좋은 친구야. 얼마 안 만났어도 성향만 맞으면 되기 때문이야. 물론 오래 사귄 친구도 당연히 좋은 친구일 수 있으니 놓치지 말도록 해야지!

그거 알아? 좋은 친구란 어떤 친구인지, 10대에게 묻는 설문 조사에서 '오래 사귄 친구'라는 답이 있었어. 그 비율은 다른 것에 비해 가장 적기는 했는데 함께한 시간을 무시하지는 못하니 그런 답이 나왔을 거야. 너는 어때?

3월 2일 — 배움

숙제는 평일에 해야 한다.
vs
주말에 몰아서 해도 된다.

| 너의 의견은 뭐야? | 이유를 말해 줘. (1~2개) | 그렇게 했을 때 문제점은 뭐야? | 그건 어떻게 해결할까? |

숙제는 평일에 해야 해. 매일 매일 숙제를 해야 밀리지 않고, 또 해 놓아야 주말에 쉴 수 있어. 물론 날마다 정해진 일을 하는 건 정말 쉽지 않아. 하지만 우리 엄마가 매일 해야 하는 일도 해야 책임감 있는 어른이 된다고 했어.

VS

숙제는 주말에 몰아서 해도 돼. 주말에 시간 여유가 있어서 천천히 제대로 할 수 있어. 평일은 학원과 학교 때문에 너무 바쁘기도 하고. 물론 주말에 놀러 갈 때가 많아 못 한다면 미리 해 두고, 가져가서 자기 전에 해도 돼.

그거 알아? 프랑스는 1956년부터 쓰기 숙제가 법으로 금지되어 있다고 해. 간단한 시 암송 같은 것만 있지. 너무 많은 학습을 하면 신체적, 지적으로 발달하는 데 방해가 된다고 생각해서래. 그래서 방과 후에는 예체능 활동이나 문화 활동을 주로 하지. 너도 숙제의 장단점을 고민해 봐.

10월 28일 — 친구

음식 선택은 친구가 먹고 싶은 것으로!
VS
내가 먹고 싶은 것으로!

| 너의 의견은 뭐야? | 이유를 말해 줘. (1~2개) | 그렇게 했을 때 문제점은 뭐야? | 그건 어떻게 해결할까? |

친구가 먹고 싶은 음식을 고르는 것이 좋아. 어린이들이 좋아하는 음식은 대부분 비슷하기 때문에 큰 문제가 없거든. 만약 내가 정말 먹고 싶은 음식이 있다면 다음날을 기약하기!

VS

내가 먹고 싶은 음식으로 정하는 것이 좋아. 내 기분이 좋아야 친구한테도 잘 대해 줄 수 있잖아. 만약 친구가 먹고 싶은 것이 나랑 다르면 내가 추천한 음식이 얼마나 맛있는지 설명하면 돼.

생각 열기

음식 정하는 문제는 참 예민할 수 있지? 만약 서로 먹고 싶은 음식이 다르면 어떻게 해야 서로가 좋은 결과를 얻게 될까? 너의 경험을 떠올려 봐.

3월 3일

배움

교과서를 학교에 두고 다녀도 된다.
vs
가지고 다녀야 한다.

| 너의 의견은 뭐야? | 이유를 말해 줘. (1~2개) | 그렇게 했을 때 문제점은 뭐야? | 그건 어떻게 해결할까? |

교과서를 학교에 두고 다녀도 돼. 교과서를 다 가지고 다니면 가방이 너무 무거워. 또 집에 가져가도 잘 보지 않기 때문에 가지고 다닐 이유가 없어. 갑자기 봐야 하는 경우가 생기면 친구한테 전화해서 물어보면 돼.

VS

교과서는 가지고 다녀야 해. 교과서는 공부의 기본이기 때문에 집에 가서 복습해야 하거든. 너무 무겁다면 가방을 튼튼하고 좋은 것으로 사서 어깨에 부담을 덜 주면 돼.

생각 열기

요즘 교과서가 참 무겁지? 수학은 익힘책, 과학은 실험 관찰책도 있어 2권이야. 학생이기 때문에 가지고 다녀야 한다는 의견과 필요한 것만 가지고 다녀도 된다는 의견이 있을 수 있어. 또는 교과서를 따로 사서 집에 한 권씩 더 두는 방법도 있지. 너는 어떻게 생각해?

10월 27일   **친구**

사람과 로봇은 친구가 될 수 있다. vs 없다.

| 너의 의견은 뭐야? | 이유를 말해 줘. (1~2개) | 그렇게 했을 때 문제점은 뭐야? | 그건 어떻게 해결할까? |

사람과 로봇은 친구가 될 수 있어. 서로 이야기하고 놀 수 있으면 친구인데 로봇도 그게 가능하잖아. 물론 좀 차갑다는 느낌이 들 수 있겠지만 앞으로 나오는 로봇은 사람 같으니 괜찮을 거야.

 VS

사람과 로봇은 친구가 될 수 없어. 친구는 우정이 바탕이고 그 우정은 심장이 느끼는 것인데 로봇은 심장이 없잖아. 만약 미래 사회에 로봇이 매우 흔해진다면 그때 생각해 보지 뭐.

 **그거 알아?**

농촌 곳곳에 AI 로봇을 주는 사업을 하고 있어. 말동무도 해 주고 운동도 하게 도와주고 게다가 건강 관리까지 도와주어서 어르신들이 좋아한다고 해. 이런 로봇이 너의 친구라면 어떨 것 같아?

3월 4일

배움

악기 하나 정도는 다룰 줄 알아야 한다.
vs
꼭 다룰 필요는 없다.

| 너의 의견은 뭐야? | 이유를 말해 줘. (1~2개) | 그렇게 했을 때 문제점은 뭐야? | 그건 어떻게 해결할까? |

악기 하나 정도는 다룰 줄 알아야 해. 내가 피아노를 배우는데 피아노를 치는 시간에는 마음이 편안해지고 스트레스가 풀리는 기분이야. 다른 사람이 멋지다고 칭찬도 해 주지. 할 일이 많다면 주말에만 배우는 건 어때?

 VS

악기를 꼭 다룰 필요는 없어. 사람은 누구나 잘하는 것과 하고 싶은 것이 달라. 그걸 찾는 게 더 중요하지. 악기를 잘 다루는 사람이 너무 멋져 보여 부럽다면, 그럴수록 나만의 잘하는 것을 찾아봐. 그것을 잘할 때까지 하는 거야!

생각 열기

피아노, 바이올린, 첼로 등 다양한 악기가 있지. 악기를 연주하는 사람을 보면 멋지다는 생각이 들기도 해. 모차르트와 슈베르트의 고향인 음악의 나라 오스트리아에 가면 거리에서 악기 연주하는 사람들을 자주 볼 수 있어. 악기를 직접 연주할 줄 아는 것, 필요한 일일까?

10월 26일 — 친구

친구를 무조건 믿어야 한다. vs 아니다.

| 너의 의견은 뭐야? | 이유를 말해 줘. (1~2개) | 그렇게 했을 때 문제점은 뭐야? | 그건 어떻게 해결할까? |

친구는 무조건 믿어야 해. 사람은 누구나 조금씩은 잘못이나 실수를 하는데 누군가 믿어 주어야 스스로 반성하고 더 잘할 수 있거든. 물론 너무 나쁜 일을 할 수도 있지만 믿어 주면 스스로 깨닫는 날이 올 거야.

VS

친구를 무조건 믿을 수만은 없어. 그럼 배신을 당할 수 있어. 바빠서 나하고 못 논다던 친구가 다른 아이랑 노는 것을 보고 마음이 아픈 적이 있어. 물론 못 믿는 마음이라 생각할 수 있지만 못 믿는 것이 아니라 신중한 거야.

그거 알아? 옛날 중국에 관중이 전쟁터에 나갔을 때 세 번 도망을 갔는데 사람들은 그를 비겁하다고 했어. 그런데 포숙은 늙으신 어머님 때문일 거라고 믿어 주었지. 관중은 그런 포숙을 고마워했고. 이렇게 관중과 포숙 같은 친구 사이를 '관포지교'라고 불러.

3월 5일

배움

부모님이 아이에게 공부를 가르쳐도 좋다. vs 아니다.

| 너의 의견은 뭐야? | 이유를 말해 줘. (1~2개) | 그렇게 했을 때 문제점은 뭐야? | 그건 어떻게 해결할까? |

부모님이 아이에게 공부를 가르쳐도 좋아. 모든 것을 학교와 학원에서 배울 순 없고, 배워도 어려운 게 있어. 늘 옆에 계시는 분이니까 더 잘 가르쳐 주시기도 해. 부모님도 모르는 건 바로 학교 선생님께 여쭤보면 돼!

 VS

부모님은 아이에게 공부를 가르치지 않는 것이 좋아. 가르치다 보면 화가 나서 서로 감정이 상하거든. 나도 몇 번 혼난 적이 있어. 모르는 걸 물어볼 사람이 없으면 학교 선생님께 여쭤봐. 원래 공부를 잘 가르쳐 주시는 분이니까.

그거 알아? 《논어》에 보면 '군자는 자기 자식을 가르치지 않는다.'는 글이 있어. 가르치기 어려워서이기도 하지만, 가르치기 전에 어떻게 할지 정확한 교육관이 있어야 제대로 가르칠 수 있다는 의미도 담고 있지. 부모님과 공부해 본 적 있지? 좋은 점이 더 많았는지 아닌지 떠올려 보고 논어의 글도 생각해 봐.

10월 25일 — 친구

친구에게 돈을 빌려주어도 된다. vs 아니다.

| 너의 의견은 뭐야? | 이유를 말해 줘. (1~2개) | 그렇게 했을 때 문제점은 뭐야? | 그건 어떻게 해결할까? |

친구에게 돈을 빌려주어도 돼. 학용품이나 간식 등 무언가 필요해서 빌릴 가능성이 높기 때문이야. 금액도 크지 않을 거야. 만약 큰 금액이라면 거절해야지.

 VS

친구에게 돈을 빌려주지 않는 것이 좋아. 빌려주다 보면 습관이 되어 계속 부탁할 수 있어. 그럼 사이도 안 좋아져. 만약 친구가 정말 급한 경우라면 부모님께 여쭈어 보고 빌려주는 게 좋을 것 같아.

생각 열기 — 온라인에서 친구 사이의 돈 문제에 대해 검색해 보면 빌려 간 돈을 갚지 않아 고민이라는 글이 정말 많아. 그만큼 친구 사이에 돈 때문에 문제가 생기는 경우가 많다는 뜻이겠지. 친구가 돈을 빌려달라고 하면 너는 어떻게 할 거야?

3월 6일   배움

공부는 거실에서 하는 것이 좋다.
vs
방에서 하는 것이 좋다.

| 너의 의견은 뭐야? | 이유를 말해 줘. (1~2개) | 그렇게 했을 때 문제점은 뭐야? | 그건 어떻게 해결할까? |

공부는 거실에서 하는 것이 좋아. 거실은 공간이 넓어서 생각이 더 넓혀지고 창의적이 되거든. 물론 거실에 다른 가족이 있으면 불편할 수 있으니까, 귀마개를 하거나 다 같이 공부하는 시간을 정해서 하면 좋겠어.

방에서 하는 것이 좋아. 조용한 곳에서 해야 집중할 수 있어. 다른 사람의 움직임이 신경 쓰이지 않아 좋고. 그런데 혼자 하다 보면 나도 모르게 딴짓을 하게 되는 순간이 있긴 하겠지? 그럼 30분마다 알람을 해 두자!

생각 열기

공부를 어디서 할지는 여러 상황이 고려되어야 할 거야. 부모님과 서로 대화하고 소통하며 공부하길 좋아하는 아이, 혼자 조용히 하길 좋아하는 아이 등 성향을 먼저 생각해야 해. 가족 구성원에 따라서도 달라질 거고 집 구조에 따라서도 그렇겠지. 너는 어느 쪽이야?

10월 24일 친구

친구 생일에 선물을 꼭 해야 한다.
VS
아니다.

| 너의 의견은 뭐야? | 이유를 말해 줘. (1~2개) | 그렇게 했을 때 문제점은 뭐야? | 그건 어떻게 해결할까? |

친구 생일에 선물을 꼭 해야 해. 눈으로 보이는 것이 마음을 표현하는 적극적인 수단이야. 선물을 받고 기뻐하는 친구의 모습을 상상하면 정말 뿌듯해. 물론 부담될 수 있으니 다이소 같은 곳을 활용해 봐.

 VS

친구 생일에 꼭 선물을 할 필요는 없어. 어린이는 돈이 없을 수 있으니까. 선물 고르는 것이 어렵기도 하고. 진실된 마음으로 축하하는 게 더 중요해. 그럼 좀 섭섭할 수는 있으니 편지를 써 주면 돼.

생각 열기

선물의 의미는 뭘까? 축하해 주면서 마음을 표현하는 거겠지? 그렇다면 선물을 주지 않으면서 마음을 표현할 방법은 없을까? 여러 면에서 고민해 보자.

3월 7일   배움

공부할 때 음식을 먹으며 해도 된다.
vs
먹지 않아야 한다.

| 너의 의견은 뭐야? | 이유를 말해 줘. (1~2개) | 그렇게 했을 때 문제점은 뭐야? | 그건 어떻게 해결할까? |

공부할 때 음식을 먹으며 해도 돼. 먹으면 기분이 좋아서 공부가 잘 돼. 공부할 때는 왠지 달달한 것이 당기던데? 배고프지 않아야 집중도 잘 되지. 물론 너무 먹으면 졸릴 수 있으니까 적당히 먹자.

 VS

공부할 때 음식을 먹지 말아야 해. 공부가 힘든 일이기 때문에 음식의 맛도 제대로 느낄 수 없어. 음식을 먹다 보면 집중력도 흩어지고. 물론 배고플 수 있지만 빨리 먹고 공부하면 돼.

 **그거 알아?** 고등어는 두뇌 발달에 좋다고 해. 견과류는 집중력 향상에 도움이 되고 미역은 기억력 향상에 좋지. 물론 과일, 우유, 과자 등의 간식도 먹는 즐거움을 줘. 그렇다면 이런 음식을 '공부하면서 먹는 것'에 대해선 어떻게 생각해?

10월 23일

친구

친구 성격이 나와 비슷하면 좋다.
##
나와 반대가 좋다.

| 너의 의견은 뭐야? | 이유를 말해 줘. (1~2개) | 그렇게 했을 때 문제점은 뭐야? | 그건 어떻게 해결할까? |

친구와 내 성격이 비슷하면 좋아. 내 친구가 나처럼 활달해서 같이 할 수 있는 것도 많고 항상 즐거워. 너무 비슷해서 때론 단조롭다는 느낌이 들지만 친구 사이가 늘 새롭기만 하지는 않잖아?

VS

나와 반대 성격의 친구를 사귀는 게 좋아. 성격이 다르면 서로 하는 일, 좋아하는 것이 달라 새로운 경험을 하기 참 좋거든. 너무 달라 오해가 생기거나 다툼이 생긴다면 그걸 해결하는 과정에서 더 친밀해지지 않을까?

생각 열기

너의 친한 친구를 떠올려 봐. 그리고 그 친구와 너는 성격이 비슷한지, 반대인지 떠올려 봐. 그럼 바로 입장이 정해질 거야!

3월 8일

배움

모든 과목을 잘해야 한다.
vs
아니다.

| 너의 의견은 뭐야? | 이유를 말해 줘. (1~2개) | 그렇게 했을 때 문제점은 뭐야? | 그건 어떻게 해결할까? |

모든 과목을 잘해야 해. 수능에서 모든 과목을 다 보아야 하기 때문이야. 초등학생 때부터 준비하지 않으면 나중에 너무 어렵다고 했어. 대신 너무 힘들고 시간이 부족할 수 있으니까 계획을 잘 짜서 하면 돼.

VS

모든 과목을 잘할 필요는 없어. 인생에 공부뿐 아니라 중요한 건 많아. 공부 안 하고 잘 사는 사람도 많지. 물론 학교에서 수업을 따라가기 힘들 수 있으니까 최소한의 공부만 하면 돼.

생각 열기

초등 1, 2학년은 국어, 수학, 통합 교과를 배우고 3~6학년은 국어, 수학, 과학, 사회, 영어 등을 배우지. 이 모든 과목을 잘하려면 여러 가지 노력이 필요해. 이 과목을 다 잘해야 한다면 그 이유는 뭘까? 꼭 잘하지 않아도 된다면? 초등학교에서 여러 과목을 배우는 이유, 여러 과목이 너에게 도움이 될지 등을 생각해서 답해 봐.

10월 22일 — 친구

친구가 내 험담을 하고 다니면 따져야 한다.

모른 체하는 것이 좋다.

- 너의 의견은 뭐야?
- 이유를 말해 줘. (1~2개)
- 그렇게 했을 때 문제점은 뭐야?
- 그건 어떻게 해결할까?

친구가 내 험담을 하고 다니면 따져야 해. 나의 이야기를 함부로 하는 것은 옳지 않은 일이니까 그 아이도 깨달아야 하거든. 그 이야기를 해서 만약 사이가 안 좋아진다 해도 그건 감당해야지.

모른 체하는 것이 좋아. 서로 사이만 안 좋아지거든. 시간이 지나면 그 친구도 자기 행동의 문제를 깨닫게 될 거야. 만약 험담으로 인해 다른 친구가 나를 오해하는 일이 생긴다면 그 친구에게 아니라고 말하면 돼.

생각 열기 — 남의 흠을 들추어서 헐뜯는 것을 '험담'이라고 해. 뒤에서 함부로 이야기하는 것은 '뒷담화'라고 하지. 친구 관계에서 이 문제로 고민하는 아이들이 은근히 많아. 험담하는 아이의 심리는 무엇일까? 험담으로 인해 너에게는 어떤 문제가 생길까? 잘 생각해 보고 입장을 정해 봐.

3월 9일   배움

공부는 교과서로 한다.
vs
문제집으로 한다.

| 너의 의견은 뭐야? | 이유를 말해 줘. (1~2개) | 그렇게 했을 때 문제점은 뭐야? | 그건 어떻게 해결할까? |

공부는 교과서로 해야 해. 교과서에 정리가 잘 되어 있고 학교에서 배운 거라 기본이 되기 때문이야. 물론 문제집에 비해 쉬울 수 있으니까 옮겨 쓰기를 하거나 문제를 스스로 만드는 방식으로 공부하면 좋아.

VS

공부는 문제집으로 해야 해. 문제집에는 개념 문제, 다양한 유형, 응용 문제, 심화 문제까지 나와서 제대로 공부가 돼. 문제를 풀면 내가 얼마나 아는지 모르는지도 알 수 있어. 어려울 수 있지만 문제집 선택을 잘하면 돼.

생각 열기

교과서는 공부할 때 가장 기본인 책이야. 교과서를 만들기 위해 많은 전문가가 노력하지. 그런데 서점에 가면 수많은 문제집들이 있어. 실력을 점검하기 위해 문제집도 활용하면 좋아. 너는 무엇이 더 도움이 된다고 생각해? 교과서를 한 번 읽어 보고 문제집도 한 페이지 풀어 본 후 답해 봐.

10월 21일 — 친구

친구 사귈 때 중요한 것은 성격이다. vs 취미이다.

| 너의 의견은 뭐야? | 이유를 말해 줘. (1~2개) | 그렇게 했을 때 문제점은 뭐야? | 그건 어떻게 해결할까? |

친구 사귈 때 중요한 것은 성격이야. 서로 비슷한 성격일 때 하고 싶은 일이나 놀이가 같을 수 있어. 물론 너무 같으면 오히려 좀 심심할 수 있지만 안 맞아서 싸우는 것보다는 낫지 않을까?

 VS

취미가 중요해. 취미가 맞아야 같이 할 수 있는 것이 많아. 나는 자전거 타는 거 좋아하는 친구가 있어서 매일 즐겁게 놀고 있어. 취미가 다른 친구 중에도 좋은 친구가 많을 수 있으니 그런 친구도 적당히 대화하며 지내는 것도 나쁘진 않을 거야.

그거 알아? 어느 회사에서 10대를 대상으로 조사했는데 친구 사귈 때 성격이 중요하다고 답한 친구들이 많았대. MBTI가 비슷해야 좋다고 말한 친구들도 많았어. 그 밖에 취미, 관심사, 외모 등이 있었지. 너는 어때?

3월 10일 — 배움

선행 학습은 필요하다.
vs
현재 학년 공부만 해도 된다.

| 너의 의견은 뭐야? | 이유를 말해 줘. (1~2개) | 그렇게 했을 때 문제점은 뭐야? | 그건 어떻게 해결할까? |

선행 학습은 필요해. 미리 배워 두어야 어렵지 않게 공부를 따라갈 수 있어. 중간에 좀 쉬어가며 할 수도 있고. 물론 공부해야 할 것이 늘어나 힘들 수 있겠지. 그럼 꼭 필요한 과목만 하는 건 어때?

VS

현재 학년 공부만 해도 돼. 미리 배우면 너무 어려워서 어차피 이해도 안 되고 무엇보다 공부 부담이 너무 커져. 자기 학년 공부만 제대로 해도 충분해. 친구들이 모두 선행 학습을 한다고 해도 소신을 지키면 돼.

그거 알아? 선행 학습은 앞으로 배울 학습 과제를 미리 배우는 것을 말해. 2014년에는 '선행 학습 금지법'이 만들어지기도 했어. 주로 수학이나 영어가 어려워질 때를 대비해 미리 배우곤 하지. 너도 만약 선행 학습을 해 보았다면 미리 배우는 것의 장단점을 느껴 봤을 거야. 그걸 떠올려 입장을 정해 보면 어때?

10월 20일 — 친구

친구 사귈 때 공부 잘하는 친구가 좋다.
VS
공부는 중요하지 않다.

| 너의 의견은 뭐야? | 이유를 말해 줘. (1~2개) | 그렇게 했을 때 문제점은 뭐야? | 그건 어떻게 해결할까? |

나보다 공부를 잘하는 친구와 사귀어야 해. 우선 배울 점이 많거든. 모르는 것도 물어볼 수 있잖아. 물론 공부 못한다고 안 좋은 친구라고 할 수는 없으니까 다른 친구들에게도 항상 마음을 열어 두면 돼.

VS

친구 사귈 때 공부는 중요하지 않아. 친구는 서로 마음이 통하는 게 최고거든. 마음이랑 공부는 상관이 없잖아. 공부 잘하는 친구에게 배울 것이 많다고 생각할 수도 있지만 그건 사람을 한 가지로만 평가하는 잘못된 기준이라고 생각해.

생각 열기

친구를 사귀는 기준이 누구나 있을 거야. 인성, 성격, 외모, 성적, 나와의 어울림 등. 새학기가 되면 새로운 친구를 사귀게 될텐데 너는 공부 잘하는지의 여부로 친구를 사귀는 것에 대해 어떻게 생각해?

3월 11일

배움

여름 방학이 공부하기 좋다.
vs
겨울 방학이 공부하기 좋다.

| 너의 의견은 뭐야? | 이유를 말해 줘. (1~2개) | 그렇게 했을 때 문제점은 뭐야? | 그건 어떻게 해결할까? |

여름 방학이 공부하기 좋아. 여름 방학은 너무 더워서 밖에서 노는 것이 힘들어. 시원한 집에서 맛있는 음식을 먹으며 공부하는 게 더 좋을 거야. 신나는 바닷가, 가족 여행이 그립다면 딱 3일만 가 보도록!

 VS

겨울 방학이 공부하기 좋아. 겨울은 너무 추워서 어차피 밖에서 많이 못 놀거든. 그리고 여름 방학보다 길어서 공부도 잘 돼. 너무 지루하다 싶을 때는 책도 보고 영화도 감상하면서 쉬는 시간을 가지면 돼.

그거 알아? 호주, 뉴질랜드는 11월 말~1월 말 정도에 여름 방학을 해서 크리스마스와 새해 첫날이 포함되게 한다고 해. 1년 내내 더운 괌이나 사이판은 5월 3주에 시작해서 8월 중순까지 여름 방학을 하지. 방학(放 놓을 방, 學 배울 학)은 원래 '배움을 놓는다.'는 뜻인데, 지금은 모두가 예습, 복습을 하는 시간을 갖기도 해.

10월 19일

친구

온라인에서 만나도 친구가 될 수 있다. vs 없다.

| 너의 의견은 뭐야? | 이유를 말해 줘. (1~2개) | 그렇게 했을 때 문제점은 뭐야? | 그건 어떻게 해결할까? |

온라인에서 만나도 친구가 될 수 있어. 게임하면서 만난 친구가 있는데 계속 만나니 친해졌거든. 서로 좋은 시간을 보내면 친구지. 실제로 만나지 못해 아쉽지만 그게 온라인 친구의 특징이니까.

VS

온라인에서 만난 사람은 친구가 될 수 없어. 친구는 서로 만나서 대화하고 맛있는 것도 먹으면서 시간을 함께해야 해. 요즘은 게임이나 유튜브도 많이 해서 알게 되는 사람이 있긴 하지만 진정한 친구라고 보긴 어렵지.

그거 알아? SNS나 커뮤니티에서 만난 친구, 게임하다 만난 친구를 '랜선 친구'라고 해. 어린이, 청소년, 어른 모두 요즘은 온라인 활동을 많이 하니 랜선으로 관계 맺는 사람도 많지. 이렇게 만난 사람, 친구가 될 수 있을까? 랜선 친구에 대해 생각해 볼 수 있는 《나랑 딱 맞는 친구 찾아요》(임지형 글. 아르볼) 책을 추천할게.

3월 12일

배움

하기 싫은 공부는 하지 않아도 된다.
vs
해야 한다.

| 너의 의견은 뭐야? | 이유를 말해 줘. (1~2개) | 그렇게 했을 때 문제점은 뭐야? | 그건 어떻게 해결할까? |

하기 싫은 공부는 하지 않아도 돼. 하기 싫은 건 어차피 공부를 해도 머리에 잘 들어오지 않거든. 억지로 하다가 다른 것까지 싫어질 수도 있어. 하고 싶은 것만 해서 성적이 떨어지거나 원하는 대학에 못 가도 다른 길이 있을 거야.

VS

하기 싫은 공부도 해야 해. 공부를 골고루 해야 발전도 하고 학교에서도 힘들지 않아. 하기 싫은 공부를 하는 연습도 해야 어른이 되어서 자기 할 일을 잘 해낼 수 있어. 스트레스가 심하다면 그 공부가 좋아질 방법을 연구해 봐.

그거 알아? 독일은 초등학교 4년을 마친 후, 우리보다 좀 더 일찍 5학년부터 진로를 고려해서 미래를 준비한다고 해. 일반 대학을 준비하는 학생은 30% 정도, 나머지 학생들은 원하는 진로에 따라 실업계 학교나 직업 전문 학교 등을 가지.

10월 18일 — 친구

친구가 사과를 하면 받아 주어야 한다.
vs
받아 주지 않아도 된다.

| 너의 의견은 뭐야? | 이유를 말해 줘. (1~2개) | 그렇게 했을 때 문제점은 뭐야? | 그건 어떻게 해결할까? |

친구가 사과를 하면 받아 주어야 해. 사과하는 것도 용기가 필요한 일이거든. 내 마음이 풀리지 않으면 사과를 받는 것이 쉽진 않겠지만 친구의 용기를 생각해서 받아 주는 것이 좋아.

 VS

친구가 사과를 해도 화가 풀리지 않으면 받아 주지 않아도 돼. 억지로 받으면 어색해서 결국 다시 사이가 안 좋아질 수 있거든. 물론 용기를 낸 친구에게는 좀 미안하지만 마음이 억지로 되는 건 아니니까.

생각 열기 — 친구들끼리 소소하게 다투고 사과하며 화해하는 일은 자주 일어나는 일이지. 그런데 막상 사과는 하는 것도, 받는 것도 쉽지 않아. 감정이 정리되기까지 시간이 걸리잖아. 네 마음과 상관없이 친구가 사과를 한다면, 어떻게 해야 할까?

3월 13일   배움

수학 시간에 계산기를 사용하면 좋겠다.
vs
좋지 않다.

| 너의 의견은 뭐야? | 이유를 말해 줘. (1~2개) | 그렇게 했을 때 문제점은 뭐야? | 그건 어떻게 해결할까? |

수학 시간에 계산기를 사용하면 좋겠어. 단순 계산은 계산기가 해야 실력을 키울 수 있어. 계산 시간을 줄여야 수학 원리와 개념도 공부하지. 습관화되면 생각하지 않으려고 할 수도 있지만 단순 계산 말고도 수학은 계속 생각해야 하잖아.

VS

계산기 사용은 좋지 않아. 기본 연산 문제를 계속 풀어야 기초가 탄탄해지지 않겠어? 계산기에 의존하면 생각하지 않게 되어 결국 수학을 못하게 될 수 있어. 계산기로 하면 문제가 더 잘 풀리겠지만 그건 기계의 도움을 받은 거니 자기 실력이 아니지.

그거 알아? 미국이나 호주는 수학 시간에 계산기 사용을 허용하고 있어. 이런 사례를 들어 찬성하는 사람도 있고 수학 능력이 떨어진다고 반대하는 사람도 있지. 만약 계산기 사용을 한다면 몇 학년부터 해야 할지, 시험 볼 때는 어떻게 해야 하는지도 생각해 보아야 해!

10월 17일   친구

친구가 다른 친구 험담을 하면 맞장구를 쳐 주어야 한다.
VS
하지 말라고 충고해야 한다.

| 너의 의견은 뭐야? | 이유를 말해 줘. (1~2개) | 그렇게 했을 때 문제점은 뭐야? | 그건 어떻게 해결할까? |

친구가 다른 친구 험담을 하면 맞장구를 쳐 주어야 해. 그래야 친구의 마음이 풀리잖아. 물론 험담은 나쁜 거니까 맞장구만 치고 금방 잊으려고 노력하면 돼.

 VS

친구 험담을 하지 말라고 충고해야 해. 친구 뒷담화를 하는 건 정말 예의에 어긋나는 일이야. 나는 그 험담에 동의하지 않을 수도 있고. 물론 충고를 하면 친구가 무안해 할 수 있으니 최대한 다정하게 말해야 해.

생각 열기

갑자기 다른 친구 험담을 들으면 당황할 수도 있겠지? 어느 학교에서는 자신을 험담한 친구를 학교 폭력으로 신고한 사례도 있었다고 해. 그만큼 당사자에게는 상처되는 일일 수 있어. 험담의 대상자 입장도, 험담하는 친구 입장도 잘 고려해서 생각해 봐.

3월 14일

배움

공부할 때 음악을 들어도 좋다.
vs
들으면 안 된다.

| 너의 의견은 뭐야? | 이유를 말해 줘. (1~2개) | 그렇게 했을 때 문제점은 뭐야? | 그건 어떻게 해결할까? |

공부할 때 음악을 들어도 좋아. 음악을 들으면 마음의 평화가 찾아오고 집중이 잘 되거든. 음악 때문에 집중이 안 된다면 그건 음악을 잘못 고른 것이니 신중하게 골라 봐.

VS

공부할 때는 음악을 들으면 안 돼. 공부는 계속 글자를 읽는 것인데 음악과 섞이면 제대로 읽을 수 있을까? 방해만 되고 어느새 음악에 빠져 있게 될 걸? 음악이 정 듣고 싶다면 걸어다닐 때 들어!

그거 알아? 1993년에 '모차르트 효과'가 발표되었어. 모차르트 음악이 공간, 추론 능력을 향상시켜 공부에 도움이 된다는 거야. 그런데 한참 후 다른 연구 팀이 같은 연구를 했지만 효과를 보지 못했다고 해. 공부할 때 음악이 도움이 될지 아닐지에 대해선 아직 명확히 밝혀진 것이 없는 거지.

10월 16일 — 친구

동성 친구가 좋다.
vs
이성 친구가 좋다.

| 너의 의견은 뭐야? | 이유를 말해 줘. (1~2개) | 그렇게 했을 때 문제점은 뭐야? | 그건 어떻게 해결할까? |

동성 친구가 좋아. 동성 친구는 보이지 않는 친밀감이 있거든. 놀이 취향이 비슷해서 놀 거리가 많아. 물론 이성 친구와의 다양한 경험이 부족할 수 있지만 나중에 커서도 충분히 할 수 있어.

VS

이성 친구가 좋아. 동성하고는 다른 매력이 있고 더 다양한 경험을 할 수 있거든. 물론 성이 달라 이해 못하는 면도 있을 수 있지만 그건 서로 맞추어 나가면 돼.

생각 열기 — 성이 같은 동성 친구, 성이 다른 이성 친구, 너는 주로 누구와 노는 편이야? 성향이나 성격에 따라 다르겠지? 동성 친구와 이성 친구의 장단점을 2개씩만 떠올려 봐. 금방 입장이 정해질 거야!

3월 15일   배움

공부는 혼자 해야 한다.
vs
함께 해야 한다.

| 너의 의견은 뭐야? | 이유를 말해 줘. (1~2개) | 그렇게 했을 때 문제점은 뭐야? | 그건 어떻게 해결할까? |

공부는 혼자 해야 해. 혼자 해야 집중이 잘 되고 내 스타일에 맞는 환경에서 할 수 있어. 혼자 하다 보면 좀 심심할 수 있으니까 중간에 조금씩만 유튜브를 보며 휴식하는 것도 나쁘지 않겠지!

공부는 함께 해야 해. 그래야 모르는 것을 물어볼 수도 있고, 재밌어서 공부가 더 잘 돼. 공부할 때 중요한 건 감정이니까. 공부 이야기하다 다른 이야기를 하게 되면 방해가 되니까 그것만 하지 않도록 꼭 약속하고 하기!

그거 알아? 드라마 '스카이 캐슬'에 1인 독서실 책상이 등장하며 많은 사람들의 관심을 끌었어. 우리는 보통 공부를 조용히 혼자 하는 것이라고 생각하는데 비해, 유대인들은 서로 토론하는 과정에서 배움을 얻기 때문에 시끄럽게 한다고 해. 무언가를 암기할 때도 소리 내어 읊는 것이 좋고. 물론 어떤 공부냐에 따라 다르지.

10월 15일 — 친구

부모님이 놀지 말라고 하는 친구와 놀지 않아야 한다.
vs
놀 수도 있다.

| 너의 의견은 뭐야? | 이유를 말해 줘. (1~2개) | 그렇게 했을 때 문제점은 뭐야? | 그건 어떻게 해결할까? |

부모님이 놀지 말라고 하는 친구와는 놀지 않아야 해. 부모님이 보시기에 좋지 않은 점이 있으니까 놀지 말라고 하는 게 아닐까? 물론 내가 정말 좋아하는 친구라면 속상하겠지. 그래도 시간이 흐르면 부모님 판단이 옳았다고 생각하게 될 거야.

부모님이 놀지 말라고 하는 친구와 놀 수도 있어. 내 친구는 내가 결정하는 거잖아. 나도 여러 친구를 만나면서 다양한 경험을 할 권리가 있어. 물론 나쁜 친구와 사귀게 될 수도 있지만 그것도 나의 선택에 따른 결과인 걸.

생각 열기

네가 만나는 친구, 누가 결정해야 할까? 부모님이 친구 관계를 어디까지 개입하실 수 있을까? 놀지 말라고 하는 친구가 있을 때는 먼저 부모님께 이유부터 여쭈어보는 것이 좋아. 이유를 들어 보고 이치에 맞는지 판단해 보면 어때?

3월 16일 　　　　　　　　　　　　　　　　배움

숙제가 너무 많을 때는 다 못 해도 어쩔 수 없다.
vs
무조건 해야 한다.

| 너의 의견은 뭐야? | 이유를 말해 줘. (1~2개) | 그렇게 했을 때 문제점은 뭐야? | 그건 어떻게 해결할까? |

숙제가 너무 많을 때는 다 못 해도 어쩔 수 없어. 밥 먹고 잠자고 쉬는 시간이 있어야 숙제도 되는 거지. 시간 안에 다 못할 정도로 숙제가 많다면 학원을 줄이거나 바꾸는 것도 생각해 보아야 해.

VS

숙제는 무조건 다 해야 해. 안 하면 혼나는데 그 기분이 너무 싫어. 지난번에 수학 선생님한테 혼나서 우울했었어. 숙제하느라고 너무 힘들면 맛있는 걸 먹으면서 하면 돼.

생각 열기

숙제는 공부한 것의 예습, 복습을 위해 학교나 학원에서 내 주는 거야. 그런데 가끔은 시간이 부족할 수도 있어. 그럼 잠을 줄여서라도 해야 하는 것인지, 감당하기 힘드니 덜 해도 되는 것인지 갈등이 될 거야. 숙제의 의미, 학생의 권리 두 측면에서 모두 생각해 보자.

10월 14일 — 친구

친구 사이에 잔소리를 해도 된다. vs 안 된다.

| 너의 의견은 뭐야? | 이유를 말해 줘. (1~2개) | 그렇게 했을 때 문제점은 뭐야? | 그건 어떻게 해결할까? |

친구 사이에 잔소리를 해도 돼. 친구는 서로가 잘되기를 바라는 사이 아닐까? 그러니 꼭 필요한 잔소리는 하는 것이 좋겠지. 물론 그런 경우 나 역시 친구의 잔소리를 잘 들을 마음이 되어 있어야 할 거고.

 VS

친구 사이에는 잔소리를 하지 않는 것이 좋아. 서로 즐겁게 잘 지내야 하는데 잔소리를 하면 기분이 상하잖아. 내 잔소리로 상대가 변할 거라는 생각은 착각이야. 물론 친구가 이상한 말과 행동을 하면, 친구 부모님께 말씀드리자.

생각 열기 — 잔소리를 할 때면 사람들이 흔히 이렇게 말하지. "너 잘되라고 하는 소리야."라고 말이야. 이런 말을 들어 본 적 있다면 그때 어떤 생각을 했어? 잔소리는 상대에게 도움이 될까, 관계만 나빠지게 할까? 특히 친구 사이라면?

3월 17일

배움

영어 공부를 꼭 해야 한다.
vs
꼭 할 필요는 없다.

| 너의 의견은 뭐야? | 이유를 말해 줘. (1~2개) | 그렇게 했을 때 문제점은 뭐야? | 그건 어떻게 해결할까? |

영어 공부는 꼭 해야 해. 지금은 국제화 사회이기 때문에 어디서든 영어가 쓰여. 영어를 하게 되면 들리고 보이는 것도 많아서 생각도 더 커질걸. 물론 잘하는 것이 쉽지 않으니까 자신에게 맞는 방법을 찾아 열심히 해야지.

VS

영어 공부를 꼭 할 필요는 없어. 영어가 꼭 필요한 일을 하면 해야겠지만 모두가 그렇진 않잖아. 여행 가서 불편할 수도 있지만 요즘은 번역해 주는 앱도 정말 많은 걸!

그거 알아? 영어는 영국 언어인데 미국이나 캐나다, 호주, 인도, 필리핀 등 약 70여 개의 국가에서 쓰고 있어. 자기 나라 언어가 없어 빌려서 쓰는 경우, 원래 영어를 쓰는 나라의 식민지인 경우 영어를 써. 인구로 따지면 세계 인구의 4분의 1 정도가 영어로 의사소통이 가능하다고 해.

10월 13일   친구

친구가 나쁜 행동을 하면 충고해 주어야 한다.
VS
모른 체해야 한다.

| 너의 의견은 뭐야? | 이유를 말해 줘. (1~2개) | 그렇게 했을 때 문제점은 뭐야? | 그건 어떻게 해결할까? |

친구가 나쁜 행동을 하면 충고해 주어야 해. 그래야 계속 나쁜 행동을 하지 않으니까. 내 친구를 사랑하는 마음이 잘 전달되면 좋겠어. 친구가 기분 나빠한다면 글로 써서 전해 주면 돼.

친구가 나쁜 행동을 해도 모른 체해야 해. 괜히 이야기했다가 나에게 나쁜 말을 할 수 있어. 그럼 친구가 나쁜 행동을 고치지 못하겠지만 그때는 어른들에게 말씀드리면 돼.

그거 알아? '근묵자흑'이라는 사자성어가 있어. 나쁜 사람 곁에 있으면 물드는 현상을 비유적으로 표현하는 말이야. 친구의 나쁜 행동, 네가 물들지 않으려면 충고해야 할까, 그냥 슬며시 모른 체해야 할까?

3월 18일

배움

학원은 1년 이상 다녀야 한다.
vs
아니다.

| 너의 의견은 뭐야? | 이유를 말해 줘. (1~2개) | 그렇게 했을 때 문제점은 뭐야? | 그건 어떻게 해결할까? |

 학원은 1년 이상 다녀야 해. 그래야 학원의 교육 내용에 따라 제대로 배울 수 있어. 물론 나랑 잘 맞지 않는다는 생각이 들 수도 있을 거야. 그래도 1년은 다녀야 정확히 판단할 수 있지 않을까?

VS

 꼭 1년 이상 다닐 필요는 없어. 나하고 맞지 않는 학원이면 빨리 그만두는 게 좋아. 괜한 시간 낭비만 될 수 있어. 물론 모든 학원을 그렇게 하면 너무 쉽게 그만두는 습관이 생길 수 있으니까 판단은 늘 신중하게 하기!

 **생각 열기** — 학원은 부모님과 함께 선택해서 다니는 곳이야. 부모님은 각자 교육 방향이나 목적에 맞는 곳을 찾기 위해 노력하시지. 학원에 한번 등록하면 어느 정도 다녀 보아야 배움을 얻을 수 있을 거야. 그런데 1년 이상 다니지 않고 그만둔다면 그 또한 이유가 있겠지. 너는 주로 같은 학원을 얼마나 다니는 편이야?

10월 12일 — 친구

친구와 나눈 문자나 카톡을 부모님이 보셔도 된다. vs 안 된다.

| 너의 의견은 뭐야? | 이유를 말해 줘. (1~2개) | 그렇게 했을 때 문제점은 뭐야? | 그건 어떻게 해결할까? |

친구와 나눈 문자나 카톡을 부모님이 보셔도 좋아. 친구하고 노는 모습을 보시는 것과 다르지 않아. 부모님이 보시면 안 되는 내용이 있다는 것이 이상한 것 아닐까? 아주 아주 비밀스러운 것이 있다면 그런 건 편지로 나누도록!

 VS

친구와 나눈 문자나 카톡을 부모님이 보시면 당연히 안 돼. 친구들 사이의 이야기가 있는데 그걸 보는 건 사생활 침해야. 부모님 대화를 내가 다 안 듣는 것처럼 부모님도 나를 존중해 줘야 해. 만약 친구 관계를 궁금해하시면 잘 설명드리면 돼.

생각 열기 — 부모님이 너의 스마트폰을 보는 것에 대해 먼저 생각해 봐. 어떤 앱을 사용하는지, 하루에 얼마나 사용하고 누구와 어떤 대화를 나누는지 보시는 건 너에게 도움이 될까, 아니면 부모님의 간섭일까? 그럼 친구와 나눈 대화 내용을 보시는 것에 대해서도 생각이 정리될 거야.

3월 19일

배움

모르는 문제는 답을 보아도 좋다.
vs
끝까지 스스로 풀어야 한다.

| 너의 의견은 뭐야? | 이유를 말해 줘. (1~2개) | 그렇게 했을 때 문제점은 뭐야? | 그건 어떻게 해결할까? |

모르는 문제는 답을 봐도 돼. 답을 보면 해설도 나와 있어서 읽다 보면 이해가 돼. 그리고 왜 모르는지 알게 되면서 바로 공부가 되지. 물론 자꾸 보는 습관이 들면 안 되니까 한 페이지에서 1개만 본다는 식의 기준을 정해 봐.

 VS

모르는 문제도 끝까지 스스로 풀어야 돼. 혼자 생각하고 푸는 과정에서 공부 실력이 늘어날 거야. 생각을 해도 해도 모르거나 시간이 너무 오래 걸린다면 차라리 선생님께 물어보는 게 나을걸. 그래야 제대로 이해가 되니까.

생각 열기

문제집을 풀다 보면 모르는 문제를 만나기 마련이지! 곁에서 알려 줄 사람이 없다면 답지를 보아야 하나 고민이 될 것 같아. 답을 보는 것과 스스로 끝까지 풀어 보려고 애쓰는 것. 어느 쪽이 더 공부에 도움이 될까? 너는 그동안 어떻게 했어?

10월 11일 — **친구**

친한 친구는 서로 비밀이 없어야 한다. vs 아니다.

- 너의 의견은 뭐야?
- 이유를 말해 줘. (1~2개)
- 그렇게 했을 때 문제점은 뭐야?
- 그건 어떻게 해결할까?

친한 친구는 서로 비밀이 없어야 해. 그래야 더 친밀해지고 서로를 잘 이해할 수 있잖아. 만약 친구가 내 비밀을 누군가에게 말한다면 사과를 받으면 될 거야.

친구끼리라도 서로 비밀이 있을 수 있어. 비밀은 말 그대로 '비밀'이야. 비밀을 모른다고 친해지지 않는 것은 아니야. 만약 친구가 내 비밀을 물어본다면 그때는 정중히 거절하면 돼.

 **생각 열기**

사람과 사람 사이에는 서로 지켜야 하는 경계선이라는 게 있어. 기준은 사람마다 조금씩 다르겠지만 이걸 잘 지켜야 서로 관계가 나빠지지 않아. 그럼 '비밀 말하기'는 너에게는 어떤 의미야? 친구 사이 공유되어야 하는 것, 혹은 너만의 선 안에 있어야 하는 것, 무엇인지 고민해 봐.

3월 20일

배움

학교 공부가 중요하다.
vs
학원 공부가 중요하다.

| 너의 의견은 뭐야? | 이유를 말해 줘. (1~2개) | 그렇게 했을 때 문제점은 뭐야? | 그건 어떻게 해결할까? |

학교 공부가 중요해. 학교는 차근차근 진도에 맞추어 기본적인 것을 가르쳐 주기 때문이야. 물론 학교 공부보다 더 다양한 공부를 학원을 통해서 할 수는 있겠지만 기본이 안 되어 있으면 그것도 의미가 없지.

나는 학원 공부가 중요해. 학교 공부가 나한테는 약간 쉬운 것 같아. 그런데 학원 공부를 중요하게 생각하면 학교에서 좀 집중을 안 할 수 있을 것 같아. 선생님께 조금 더 빨리 진도를 나가 달라고 하면 되지 않을까?

생각 열기

학교는 작은 사회야. 공부뿐 아니라 사회 생활도 배우지. 학원은 주로 공부를 가르치는 것에 초점이 있는 곳이고. 같은 과목을 공부한다고 했을 때, 학교에서 배우는 것과 학원에서 배우는 것 중 어느 것이 더 중요하다고 생각해?

10월 10일 　　　　　　　친구

친구가 놀자고 할 때 되도록 놀아야 한다.
VS
거절해도 된다.

| 너의 의견은 뭐야? | 이유를 말해 줘. (1~2개) | 그렇게 했을 때 문제점은 뭐야? | 그건 어떻게 해결할까? |

친구가 놀자고 할 때는 되도록 놀아야 해. 같이 놀고 싶어서 물어본 거니까 좋은 시간을 보내야지. 만약 시간이 안 되어서 못 논다면 다른 날로 약속을 꼭 정해 두고 그날 놀면 돼.

 VS

내가 원하지 않으면 거절해도 돼. 숙제를 해야 하거나 또는 놀고 싶지 않을 수 있잖아. 친구가 섭섭해한다면 그건 친구의 욕심 때문에 생기는 감정이니 신경 쓰지 않아도 돼.

생각 열기

친구는 서로 노는 사이, 잘 지내는 사이야. 그래서 자연스럽게 같이 만나 놀고 맛있는 것도 먹으면서 사이가 더 깊어지지. 그런데 놀고 싶은 시간이나 마음, 놀 수 있는 상황이 항상 같을 순 없어. 친구 관계가 끊어지지 않으면서도 지혜롭게 지낼 수 있으려면 어떻게 해야 할까?

3월 21일

배움

카페에서 공부해도 된다. vs 안 된다.

| 너의 의견은 뭐야? | 이유를 말해 줘. (1~2개) | 그렇게 했을 때 문제점은 뭐야? | 그건 어떻게 해결할까? |

카페에서 공부해도 돼.
카페는 쾌적하고 음료도 있어서 일단 기분이 좋아져. 다른 사람이 본다는 생각에 더 열심히 하게 되는 효과도 있어. 물론 음악이 좀 시끄러울 수 있으니 귀마개를 꼭 하도록.

카페에서 공부하면 안 돼.
사람도 많고 소리도 시끄러워서 집중을 할 수가 없어. 노는 기분이라 공부도 잘 안 되지. 만약 집이 답답해서 집중이 안 된다면 차라리 도서관을 가면 어때?

생각 열기

카페에서 공부하는 사람들을 '카공족'이라고 해. 주로 대학생 이상인 경우가 많지. 초등학생이 카페에서 공부했을 때 좋은 점과 나쁜 점은 무엇이 있을까? 카페는 무엇을 하는 곳인지, 주로 누가 있는지 생각해 봐. 어른이 아닌 초등학생도 카페 공부가 괜찮을지에 대해서도 생각해 봐.

10월 9일 한글날   친구

욕설을 하는 친구와 가까이 지내면 안 된다. vs 된다.

| 너의 의견은 뭐야? | 이유를 말해 줘. (1~2개) | 그렇게 했을 때 문제점은 뭐야? | 그건 어떻게 해결할까? |

욕설을 하는 친구와 가까이 지내면 안 돼. 나도 그 욕을 배워서 쓰게 될 수도 있거든. 원래 친구한테 잘 배우게 되잖아. 물론 그 친구가 섭섭해할 수 있으니까 서서히 멀어지면 돼.

VS

욕설을 하는 친구하고도 가까이 지낼 수 있어. 내 친구도 욕을 좀 하는 편이지만 마음은 착해. 같이 지내도 내가 배우지 않으면 그만이니까. 만약 부모님이 싫어하신다면 그 친구의 좋은 점을 말씀드리면 돼.

그거 알아? '욕'은 '남의 인격을 무시하는 모욕적인 말. 또는 남을 저주하는 말'이라고 사전에 나와 있어. 요즘 친구들 중에 상대에게 하는 건 아니라고 해도 습관적으로 욕을 쓰는 친구들이 있지. 너는 그런 친구와 어떻게 지내는 편이야? 《욕 좀 하는 이유나》(류재향 글. 위즈덤하우스)라는 책을 읽고 생각해 보아도 좋아!

3월 22일

배움

숙제는
아침에 해야 한다.
vs
밤에 해야 한다.

| 너의 의견은 뭐야? | 이유를 말해 줘. (1~2개) | 그렇게 했을 때 문제점은 뭐야? | 그건 어떻게 해결할까? |

숙제는 아침에 해야 해. 나는 아침이 가장 머리가 맑거든. 학교 가야 해서 오히려 집중해서 빨리 하게 될 수도 있고. 잠이 덜 깨서 졸리다면 찬물로 세수를 해 봐.

VS

숙제는 밤에 해야 해. 아침에 하면 십중팔구 지각할걸? 물론 밤에 하면 하다가 다 못하고 잠들 수도 있어. 그럼 아침에 세수만 빨리 하고 학교에 가서 하면 돼.

그거 알아? 아침 일찍 하루를 시작하는 '아침형 인간', 저녁에 집중이 잘 되는 '저녁형 인간'이 있어. 저녁형 인간의 지능이 더 높게 나왔다는 영국의 연구 결과가 있어. 스페인에서는 아침형 인간은 성적이 좋고, 저녁형 인간은 창의성이 높다는 연구 결과도 얻어냈지. 한편에서는 어떤 유형인지보다 수면 시간이 중요하다고 해.

10월 8일

친구

사람과 동물은 친구가 될 수 있다. vs 없다.

| 너의 의견은 뭐야? | 이유를 말해 줘. (1~2개) | 그렇게 했을 때 문제점은 뭐야? | 그건 어떻게 해결할까? |

사람과 동물은 친구가 될 수 있어. 나는 우리 집 고양이와 가장 친한 친구야. 늘 내 옆에서 나를 위로해 주고 함께 있어 주거든. 종은 다르지만 마음이 통하면 친구가 되는 거지. 물론 사람처럼 대화는 못하지만 대화가 아니어도 통할 수 있어.

VS

사람과 동물은 친구가 될 수 없어. 우선 말이 통하지 않잖아. 그리고 주로 사람이 동물을 보살피는 경우가 많다 보니 친구라고 하긴 어려워. 물론 같이 있으면 편하고 행복하지만 그건 친구라기보다 가족이 더 어울리는 말일 거야.

그거 알아?

《플랜더스의 개》라는 동화, 《스톰 보이》라는 영화처럼 사람과 동물의 우정을 보여 주는 것들이 많아. 그만큼 사람과 동물은 오래전부터 좋은 관계를 맺으며 살아 왔지. 그런데 이런 관계를 '친구'라는 이름으로 부를 수 있을까? '친구'란 무엇인지 먼저 생각해 봐.

3월 23일 배움

글씨는 꼭 예쁘게 써야 한다.
vs
알아볼 정도로만 쓰면 된다.

| 너의 의견은 뭐야? | 이유를 말해 줘. (1~2개) | 그렇게 했을 때 문제점은 뭐야? | 그건 어떻게 해결할까? |

글씨는 꼭 예쁘게 써야해. 글씨가 예쁘면 쓰는 사람도 기분이 좋고 읽는 사람도 읽고 싶은 마음이 들어. 글씨는 그 사람의 얼굴이라고 선생님이 그러셨어. 너무 잘 쓰려고 하면 속도가 느릴 수 있으니 속도 조절하면서 예쁘게 쓰자.

VS

글씨는 알아볼 정도로만 쓰면 돼. 글씨를 너무 잘 쓰려고 하면 글쓰기가 힘들어져. 글 내용에 집중이 안 되거든. 물론 예쁜 글씨가 더 보기 좋긴 하겠지? 그럼 대회에 내거나 정말 중요한 글만 예쁘게 써 보면 어때?

그거 알아? 내 글씨를 폰트로 만들어 문서를 작성할 수 있는 프로그램이 있다. 글씨체를 보면 그 사람의 특징을 알 수 있다고 말하는 필적학자도 있어. 각이 없는 둥근 글씨체를 사용하는 사람은 창조적인 일을 잘하고, 글자가 크고 마무리를 곧게 하는 경우는 무대에 서는 것을 좋아하는 사람이라고 해. 너의 글씨체는 어때?

10월 7일 — 친구

여럿이 노는 것이 좋다.
vs
둘이 노는 것이 좋다.

- 너의 의견은 뭐야?
- 이유를 말해 줘. (1~2개)
- 그렇게 했을 때 문제점은 뭐야?
- 그건 어떻게 해결할까?

여럿이 노는 것이 좋아. 여러 명이 함께 놀면 놀거리도 더 많고 즐거워. 인원이 많아 다툼이 생길 수 있지만 친구 사이에서는 다툼도 놀이의 일부니까.

VS

친구와 둘이 노는 것이 좋아. 그래야 서로 만족할 가능성이 높아. 의견 충돌도 덜 일어나고 여기저기 다니기도 편해. 물론 좀 쓸쓸한 느낌이 들 수 있지만 학교에 가면 친구들이 많잖아!

생각 열기

놀이는 '즐거움'을 목표로 하는 매우 행복한 일이야. 놀이를 하려면 스스로 계획하고 판단하고 자발적으로 해 보아야 해. 그 과정에서 몰입을 경험하고 친구 관계를 잘 이끌어 가거나 의사소통하는 법을 배워. 과정의 소중함도 알게 되지.

3월 24일

배움

행복하려면 공부를 잘해야 한다.
VS
꼭 잘하지 않아도 된다.

| 너의 의견은 뭐야? | 이유를 말해 줘. (1~2개) | 그렇게 했을 때 문제점은 뭐야? | 그건 어떻게 해결할까? |

행복하려면 공부를 잘해야 해. 공부를 잘하면 아무래도 더 나은 대학을 갈 수 있고 그럼 직업 선택 폭도 넓어지잖아. 물론 잘하는 것이 쉽지 않으니, 그럴 때는 내 미래를 생각해 보면 돼.

VS

공부를 잘하지 않아도 행복할 수 있어. 행복은 어차피 자기 만족이니까. 또 공부를 안 해도 행복하게 살 수 있어. 문제는 공부 못한다고 놀림을 좀 당할 순 있겠지? 그럴 때는 너무 못하지만 않으면 돼.

생각 열기

많은 어른들은 직업 선택의 바탕이라거나 살아가는 데 도움이 된다는 등의 이유로 공부의 중요성을 이야기하고 있어. 공부가 학생의 기본이기 때문에 책임감을 기른다고도 생각하지. 그런데 어린이 입장에서 공부는 어떤 의미일까? 공부의 목적을 먼저 생각해야, 그것이 행복으로 연결되는지도 판단할 수 있을 거야!

10월 6일 — 친구

친구 집에서 노는 것이 좋다.
vs
우리 집에서 노는 것이 좋다.

| 너의 의견은 뭐야? | 이유를 말해 줘. (1~2개) | 그렇게 했을 때 문제점은 뭐야? | 그건 어떻게 해결할까? |

 **친구 집에서 노는 것이 좋아.** 친구 집에는 새롭고 신기한 것이 많아 재밌을 것 같아. 우리 집은 너무 익숙해서 가끔은 지루하거든. 물론 친구 집이 지저분해질 수 있으니 꼭 뒷정리는 하고 와야 해.

 VS

 우리 집에서 노는 것이 좋아. 우리 집을 내가 잘 아니까 더 재밌게 놀 수 있거든. 내가 놀이를 주도할 수도 있고. 만약 친구가 우리 집을 낯설어하면 잘 알려 주면 돼.

 **생각 열기**: 친구 집에 놀러 가 본 적 있어? 친구 집에 갈 때의 예절, 반대로 너의 집에 친구가 왔을 때 지켜 주었으면 하는 예절에는 뭐가 있어? 또한 친구 집에서 놀 때와 너의 집에서 놀 때의 차이는 무엇일까?

3월 25일 — 배움

학원이 좋다.
vs
과외가 좋다.

- 너의 의견은 뭐야?
- 이유를 말해 줘. (1~2개)
- 그렇게 했을 때 문제점은 뭐야?
- 그건 어떻게 해결할까?

나는 학원이 좋아. 학원은 내 방보다 크고 집중도 잘 돼. 친구들이 모두 공부하고 있어서 자극도 되어 좋아. 학원을 가야 해서 좀 귀찮다면 가까운 곳을 찾아보면 어때?

VS

과외가 좋아. 일단 과외 선생님이 우리 집으로 오셔서 편해. 그리고 나의 속도와 상황에 맞게 가르쳐 주시니까 더 잘 배울 수 있어. 물론 과외는 학원보다 비싸니까 꼭 필요한 것만 하도록!

생각 열기

학원은 친구들과 같이 수업하는 경우가 대부분이고 과외는 주로 집에서 선생님과 1:1로 하는 경우가 대부분이야. 초등학생은 중·고등학생에 비해 많지는 않지만 인터넷 강의로 공부하는 방법도 있어. 학원, 과외 두 가지 중 수업 내용이나 과목, 그리고 너의 특징이나 공부 실력 등에 따라 어느 쪽이 더 좋은지 생각해 봐.

10월 5일 — 친구

친구와 싸운 후 먼저 사과하는 것이 좋다. vs 아니다.

| 너의 의견은 뭐야? | 이유를 말해 줘. (1~2개) | 그렇게 했을 때 문제점은 뭐야? | 그건 어떻게 해결할까? |

친구와 싸운 후에는 먼저 사과하는 것이 좋아. 사과 안 하고 있으면 마음이 불편하거든. 지는 사람이 이기는 거라고 엄마가 그러셨어. 만약 내가 잘못하지 않아 사과하기 싫다면 그냥 말을 걸어 보는 정도 어때?

내가 잘못한 것 아니면 먼저 사과하지 않는 것이 좋아. 잘못한 사람이 해야지. 만약 먼저 하면 친구의 잘못일 때도 깨닫지 못할 거야. 물론 사과 안 하면 영영 멀어질 수 있으니 너무 길어진다 싶으면 적당히 말을 걸어 보면 돼.

그거 알아? '사과'는 자신의 잘못을 인정하고 용서를 비는 것을 말해. 그런데 만약 서로가 잘못이 없다고 생각하면 사과하기 쉽지 않지. 내가 잘못했다고 생각하지 않는데 관계를 위해 사과를 하면 자존심이 좀 상하는 느낌이 들 수도 있어. 이 어려운 사과를 어떻게 하는 것이 좋을까?

3월 26일   배움

학원은 집에서 가까워야 한다.
vs
멀어도 괜찮다.

| 너의 의견은 뭐야? | 이유를 말해 줘. (1~2개) | 그렇게 했을 때 문제점은 뭐야? | 그건 어떻게 해결할까? |

 **학원은 집에서 가까워야 해.** 학교를 마치고 나서도 바쁘기 때문에 최대한 이동 시간을 줄여야 하거든. 스스로 다닐 수 있어야 부모님도 힘들지 않으시고. 물론 정말 마음에 드는 학원인데 멀리 있다면 근처에서 비슷한 학원을 찾아보면 돼.

VS

 학원은 집에서 멀어도 괜찮아. 오가는 길에 간식도 먹을 수 있고, 마음에 드는 학원이면 조금 시간을 투자해서 갈 가치가 있으니까. 너무 멀면 버스를 타거나 부모님이 도와주셔야 해서 불편함이 생기겠지만 그것도 감수해야 좋은 것을 배우겠지?

 **생각 열기**

부모님은 멀어도 좋은 학원이라고 생각되면 학원 차를 이용하게 하거나, 너를 데려다 주시는 경우가 있어. 고학년은 혼자 버스나 전철을 타고 다니는 경우도 있지. 학원을 다니는 네 입장에선 어때? 만약 부모님이 데려다 주신다면 부모님 입장에서는 어떨까? 장단점을 꼼꼼히 생각해 봐.

10월 4일 친구

친구가 나에게 나쁜 말을 하면 같이 해도 좋다.
VS
똑같이 하면 안 된다.

| 너의 의견은 뭐야? | 이유를 말해 줘. (1~2개) | 그렇게 했을 때 문제점은 뭐야? | 그건 어떻게 해결할까? |

친구가 나에게 나쁜 말을 하면 같이 해도 좋아. 그래야 친구도 그 말을 들으면서 기분이 나빠질 거고 그럼 자기 잘못을 깨닫겠지. 큰 싸움이 되지 않도록 너무 심한 말만 안 하면 돼.

 VS

똑같이 나쁜 말을 하면 안 돼. 그럼 나도 나쁜 말을 하는 사람이 되는 거잖아. 그럴수록 오히려 고운 말을 써서 친구가 깨닫게 해야 해. 물론 계속 그런다면 그때는 관계를 진지하게 고민해야지.

생각 열기

네가 생각하는 나쁜 말 3가지만 떠올려 봐. 이 말을 친구가 했을 때 따라 해도 별 문제가 없을지, 반대로 문제가 생길 것 같은지 상상하면 금방 생각을 정할 수 있을걸!

3월 27일

배움

학원은 하루
1개만 가야 한다.
VS
1개 이상 가도 된다.

| 너의 의견은 뭐야? | 이유를 말해 줘. (1~2개) | 그렇게 했을 때 문제점은 뭐야? | 그건 어떻게 해결할까? |

학원은 하루 1개만 가야 해. 2개 이상 다녀 보니까 너무 집중이 안 되고 숙제도 많아서 힘들었어. 또 어린이는 잘 놀아야 나중에 사회에서도 잘한대. 학원이 2개 이상이면 놀 수 없어. 물론 지능이 좀 떨어질 순 있지만 학교에서 잘 배우면 돼.

 VS

학원은 하루 1개 이상 가도 돼. 학교 마치고 나면 2개 정도 갈 수 있는 시간이 있거든. 그리고 다양한 걸 배워서 좋아. 친구들도 다양하게 만나고. 좀 피곤하다면 요일에 따라 계획을 좀 달리 해 보면 되겠지?

그거 알아? 2023년 초등학생의 사교육 참여율은 85%이고, 초등학생 월 사교육비 지출은 평균 43만 7천 원이라고 해. 거의 대부분 학원을 다니는 거지. 보통 영어, 수학은 일주일에 2,3회를 가다 보니 하루 1개 이상의 학원을 가는 날도 있을 거야. 이 점에 대해 어떻게 생각해? 친구들에게 물어보아도 좋아!

10월 3일 개천절 친구

친구가 좋아하는 놀이를 한다.
vs
내가 좋아하는 놀이를 한다.

| 너의 의견은 뭐야? | 이유를 말해 줘. (1~2개) | 그렇게 했을 때 문제점은 뭐야? | 그건 어떻게 해결할까? |

친구가 좋아하는 놀이를 하는 것이 좋아. 친구가 좋아해야 나도 같이 즐거우니까. 만약 매번 그렇게 하자고 하면 그때는 서로 의논해서 합리적으로 결정하면 돼.

VS

내가 좋아하는 놀이를 하는 것이 좋아. 놀이는 즐거우려고 하는 거니까 나 먼저 즐거워야 하잖아. 친구가 원하지 않으면 그 놀이를 재밌게 하는 법을 알려 주면 돼. 모든 놀이는 재밌으니까!

그거 알아? 세상에서 가장 어려운 것이 인간관계라고 말하고는 해. 서로 오해가 생기기 쉽기 때문이야. 배려라고 생각했지만 상대가 그렇지 않게 받아들이거나 의도하지 않게 상대 마음을 상하게 할 수도 있거든. 친구들 사이에서도 '놀이' 때문에 마찰이 생길 수 있어. 너는 놀이를 할 때 누구의 뜻에 따르는 것이 좋다고 생각해?

3월 28일 — 배움

숙제할 때는 부모님이 옆에 계셔야 한다.
VS
혼자 해야 한다.

| 너의 의견은 뭐야? | 이유를 말해 줘. (1~2개) | 그렇게 했을 때 문제점은 뭐야? | 그건 어떻게 해결할까? |

숙제할 때는 부모님이 옆에 계셔야 해. 나 혼자 하면 자꾸 다른 생각이 나서 오래 걸리거든. 물론 중간에 간섭하셔서 마음이 상할 수 있으니까 성실하게 하는 모습을 보여드리도록.

 VS

숙제는 혼자 하는 것이 좋아. 부모님 옆에서 한 적이 있었는데 좀 불편하고 틀려서 혼나기도 했어. 혼자서 하면 느리게 할 수는 있어. 하지만 그렇게 해 봐야 스스로 잘하지.

생각 열기

스스로 숙제하면 좋겠지만 부모님이 도와주셔야 할 때도 분명히 있을 거야. 혼자 하면 집중을 못하는 친구들도 있고. 너는 어느 쪽이 더 편해? 그리고 편한 것을 넘어 너에게 도움이 되는 건 어느 쪽이야? 입장을 정할 때는 항상 나에게 당장 도움이 되는 것을 말하기보다 객관적으로 생각하는 것이 좋아!

10월 2일 — 친구

친구
여러 명과 이야기하는 것이 좋다.
VS
한 명과 이야기하는 것이 좋다.

| 너의 의견은 뭐야? | 이유를 말해 줘. (1~2개) | 그렇게 했을 때 문제점은 뭐야? | 그건 어떻게 해결할까? |

 친구 여러 명과 이야기하는 것이 좋아. 여러 가지 이야기가 나와서 재밌어. 의견이 안 맞을 때가 좀 있지만 서로 존중하는 법을 배우면 돼.

VS

 친구 한 명하고만 이야기하는 것이 좋아. 딱 한 명에게만 말하고 싶은 것이 있거든. 시끄럽지도 않고. 다른 친구와 말하고 싶다면 그 친구와 또 따로 이야기하면 돼.

그거 알아? 대화에도 기술이 필요하다는 것 알고 있니? 두 가지만 이야기하자면 '공감'과 '경청'이야. 공감해 주는 표정, 경청하는 자세가 있어야 서로 존중하는 대화가 가능해. 말을 자르거나 끼어들지 않는 것도 중요하지. 너는 단둘이 대화하기, 여러 명과 대화하기, 어느 쪽을 더 좋아해?

3월 29일 — 배움

학원 선택은 어린이가 해야 한다.
vs
어른이 해야 한다.

| 너의 의견은 뭐야? | 이유를 말해 줘. (1~2개) | 그렇게 했을 때 문제점은 뭐야? | 그건 어떻게 해결할까? |

학원 선택은 어린이 스스로 해야 해. 그래야 재미를 느끼고 집중도 잘할 수 있어. 어린이가 선택하면 어른이 마음에 안 들어할 수도 있겠지. 그럼 그럴 때만 같이 의논해도 좋을 것 같아.

VS

학원 선택은 어른이 해야 해. 어린이는 아직 좋은 학원을 선택하기에는 경험이 부족해. 잘 가르쳐 주는 것보다 다른 것을 만족시켜 주는 곳을 택할 수도 있어. 부모님이 정하신 학원이 마음에 안 들면 6개월 다녀 보고 부모님과 의논하면 돼.

생각 열기

네가 다니는 학원을 누가 선택했는지 떠올려 봐! 네가 다닐 학원이기 때문에 너의 의견이 중요하다는 건 매우 당연한 것 같아. 그런데 또 한편으로는 어린이는 어른보다 다소 판단력이 부족할 수 있어서 어른이 선택해야 한다는 입장도 생각해 볼 수 있어. 너는 어떻게 생각해?

10월 1일 — 친구

친구에게 물건을 빌려도 좋다.
vs
되도록 빌리지 않는 것이 좋다.

| 너의 의견은 뭐야? | 이유를 말해 줘. (1~2개) | 그렇게 했을 때 문제점은 뭐야? | 그건 어떻게 해결할까? |

친구에게 물건을 빌려도 좋아. 준비물을 안 챙겼다면 너무 난감하잖아. 정말 필요한 순간에 없을 수도 있고. 물론 빌리는 것이 습관이 되면 안 되니까 급한 순간에만 빌려야 해.

VS

되도록 빌리지 않는 것이 좋아. 친구가 원하지 않으면 곤란할 수도 있고, 자꾸 빌리면 내 것을 챙기지 않는 습관이 들 수도 있어. 물론 빌릴 수밖에 없는 급한 상황이라면 어쩔 수 없으니 그럴 땐 꼭 보답을 해야 해.

그거 알아? '공유 경제'라고 들어 봤어? 2008년 미국 하버드대 로렌스 레식 교수가 처음 사용한 말이야. 물건을 여러 사람이 공유해서 쓰는 것을 말해. 너무 많은 물건을 각자 갖고 있지 말고 필요할 때만 빌려 쓰자는 거야. 돈을 아낄 수 있고 환경 문제에도 도움이 되지.

3월 30일

배움

대학은 꼭 가야 한다.
vs
필요한 사람만 가면 된다.

| 너의 의견은 뭐야? | 이유를 말해 줘. (1~2개) | 그렇게 했을 때 문제점은 뭐야? | 그건 어떻게 해결할까? |

대학은 꼭 가야 해. 그래야 직업을 선택할 수 있는 범위가 넓어져. 그리고 우리나라는 대학까지 나와야 존중받는 분위기가 아직 있어. 물론 좋다고 생각하지는 않지만 현실이 그러니까.

VS

대학은 필요한 사람만 가면 돼. 살면서 어떤 일을 하느냐에 따라 대학은 필요할 수도 있고, 아닐 수도 있어. 물론 대학을 가야 더 전문적인 것을 배울 수 있지만 요즘은 학교가 아니라도 배울 곳이 무척 많아.

그거 알아? 미국 대학 진학률이 점점 떨어지고 있다고 해. 대학 학위 없어도 할 수 있는 일이 늘어나고 있기 때문이지. 우리나라는 2022년 2월 졸업생 기준 일반계고의 대학 진학률이 79%로 전년도에 비해 8% 줄어들었다고 해. 대학은 어떤 이유로든 가는 것이 좋을까? 아니면 꼭 필요한 사람만 가야 할까?

10월

친구

> " 놀이 선택을 친구가 해? 내가 해?
> 친구와 싸운 후 누가 먼저 사과해?
> 여럿이 노는 게 좋아? 둘이 노는 게 좋아? "

이달에는 나의 친구 관계를 생각해 볼 수 있는
이야기를 나눠 보려고 해요.

4개의 질문에 순서대로 대답하며,
내 친구들을 떠올려 보고,
든든한 친구 관계를 만들어 가기를 바랄게요.

3월 31일 — 배움

방학 숙제는 필요하다.
VS
없어야 한다.

| 너의 의견은 뭐야? | 이유를 말해 줘. (1~2개) | 그렇게 했을 때 문제점은 뭐야? | 그건 어떻게 해결할까? |

방학 숙제는 필요해. 긴 시간 학교를 나가지 않기 때문에 어느 정도 기본적인 학습은 해야 학교 가도 잘 적응할 수 있어. 물론 노는 시간은 줄어들겠지만 밥 먹는 것처럼 숙제를 기본이라고 생각하면 돼.

VS

방학 숙제는 없어야 해. 방학은 다양한 체험을 하고 휴식을 취하는 시간이야. 그런데 숙제가 있으면 제대로 쉴 수 없어. 기본적인 공부는 해야겠지만 이미 많은 아이들이 학원에서 하고 있어.

생각 열기

방학 숙제는 주로 체험 학습 보고서나 탐구 활동, 독서 등이 많은데 점점 없어지거나 자율 선택으로 하는 분위기이기도 해. 너는 방학 숙제에 대해 어떻게 생각해? 도움이 되는 점, 도움이 되지 않는 점 골고루 생각해 봐!

9월 30일

독서 글쓰기

재미없는 책도 읽어야 한다.
vs
읽을 필요 없다.

| 너의 의견은 뭐야? | 이유를 말해 줘. (1~2개) | 그렇게 했을 때 문제점은 뭐야? | 그건 어떻게 해결할까? |

재미없는 책도 읽어야 해. 그래야 나에게 도움이 되는 것을 많이 얻을 수 있어. 읽다 보면 뜻밖의 재미를 찾아낼 수도 있지. 물론 지금 당장은 읽기 지겨울 수 있으니 그럴 땐 소리 내어 읽어 봐.

VS

재미없는 책은 읽을 필요 없어. 재미가 없어서 어차피 집중이 안 되거든. 물론 재미없는 것도 읽어야 배울 게 많을 수도 있지만 책은 재밌으려고 읽는 거 아닐까?

그거 알아?

책을 대하는 태도를 '독서 태도'라고 해. 어릴 때부터 재미없는 책을 계속 읽어야 했던 어린이들은 독서 태도가 좋지 않대. 그런데 또 억지로라도 읽었더니 얻은 게 많았다는 사람도 있어. 너의 경우는 어때?

4월
학교생활

> ❝ 급식이 맛없으면 남겨도 될까, 다 먹어야 할까?
> 학교에서 학원 숙제를 해도 될까, 안 될까?
> 반장은 1년 동안 해야 할까, 한 학기만 해야 할까? ❞

이달에는 학교생활 속에서 일어나는
여러 가지 일들에 대해 이야기를 나눠 보려고 해요.

4개의 질문에 순서대로 대답해 보고,
학교생활을 더욱 의미 있고, 즐겁게 하기를 바랄게요.

9월 29일 — 독서 글쓰기

종이 책으로 읽어야 한다.
vs
전자책을 읽어도 된다.

| 너의 의견은 뭐야? | 이유를 말해 줘. (1~2개) | 그렇게 했을 때 문제점은 뭐야? | 그건 어떻게 해결할까? |

종이 책으로 읽어야 해.
전자책은 일단 전자파가 발생하고 페이지가 터치로 너무 쉽게 넘어가서 집중력이 흐트러져. 무거워서 갖고 다니기 힘든 책은 집에서 읽고, 가벼운 책만 갖고 다니면 돼.

 VS

전자책으로 읽어도 돼.
주로 패드나 휴대폰으로 보니까 언제 어디서나 쉽게 볼 수 있어. 시력이 나빠질 수는 있지만 너무 가까이에서만 보지 않으면 될 거야.

그거 알아? 초등학생은 전자책이 전자 기기이기 때문에 놀잇감으로 인식한다는 연구 결과가 있어. 페이지를 자유자재로 넘나들지 못해 독서 흥미도 떨어진대. 그런데 정말 책을 안 좋아하는 친구들은 전자책으로라도 흥미를 갖게 해야 한다는 의견도 있지. 너는 어때?

4월 1일 — 학교생활

거짓말을 절대 해서는 안 된다.
vs
상황에 따라 해도 된다.

| 너의 의견은 뭐야? | 이유를 말해 줘. (1~2개) | 그렇게 했을 때 문제점은 뭐야? | 그건 어떻게 해결할까? |

거짓말을 절대 해서는 안 돼. 거짓말은 사실이 아닌 것, 즉 가짜잖아. 부모님께 숙제 안 한 것을 했다고 거짓말 했다가 며칠 양심에 찔려서 결국 고백했어. 나 자신에게 떳떳하지 않아. 정말 거짓말을 해야 할 상황이 있다면 그때만 고민해 봐.

VS

상황에 따라 거짓말을 할 수도 있어. 항상 진실만을 말할 수는 없기 때문이야. 언젠가 친구한테 머리 모양이 이상하다고 했다가 친구가 화를 낸 적이 있거든. 진실이 사라진다고? 그건 마음속에 간직하면 돼.

생각 열기 — 4월 1일은 만우절이야. 가벼운 거짓말로 즐겁게 지내는 날이지. '하얀 거짓말' 들어 봤니? 좋은 뜻으로 하는 선의의 거짓말이야. 네가 거짓말을 했던 상황을 다양하게 떠올려 봐. 그럼 절대 해선 안 되는지, 허용되는 거짓말도 있는지 생각해 볼 수 있을 거야. 오늘은 허용되는 거짓말로 재미있게 지내 보렴.

9월 28일

독서 글쓰기

내가 읽을 책은 내가 빌려 와야 한다.
vs
부모님이 빌려 와도 된다.

| 너의 의견은 뭐야? | 이유를 말해 줘. (1~2개) | 그렇게 했을 때 문제점은 뭐야? | 그건 어떻게 해결할까? |

내가 읽을 책은 당연히 내가 빌려 와야 해. 그래야 내가 원하는 책을 대출하고 반납하는 경험을 하면서 여러 가지를 배울 수 있거든. 시간이 없을 때는 학교 도서관을 이용하고, 동네 도서관은 주말에 가면 돼.

내가 읽을 책을 부모님이 빌려 와도 돼. 어떤 책을 읽고 싶은지 알려드리면 되잖아. 또 학교와 학원 때문에 바빠서 도서관에 갈 시간이 없어. 물론 내가 원하지 않는 책을 빌려 오시면 난감하니 그건 규칙을 정하면 어떨까?

생각 열기

도서관은 시민들에게 책을 빌려주는 참 좋은 곳이야. 그런데 아이들이 바쁘니 오전 중 부모님이 책을 빌려 오고 반납도 부모님이 하시는 경우가 있어. 이런 경우 혹시 문제는 없을까?

4월 2일

학교 생활

쉬는 시간에는 친구들과 놀아야 한다.
vs
다음 시간 준비를 해야 한다.

| 너의 의견은 뭐야? | 이유를 말해 줘. (1~2개) | 그렇게 했을 때 문제점은 뭐야? | 그건 어떻게 해결할까? |

쉬는 시간에는 친구들과 놀아야 해. 공부를 열심히 했으니까 휴식도 취해야 하잖아. 이름도 '쉬는' 시간 이니까 말이야. 물론 너무 놀다가 종이 쳐서 다음 시간 준비를 못할 수 있으니 1분은 준비 시간으로 남겨 두면 어때?

VS

다음 시간 준비를 해야 해. 쉬는 시간은 짧아서 놀기도 애매하고 밖에 나가 놀다가 늦을 수도 있어. 화장실만 다녀와서 다음 시간 준비를 하면 편안하게 공부를 시작할 수 있어. 놀고 싶은 마음은 학교 마치고 놀 수 있다는 기대로 조금만 참아 봐.

그거 알아?

초등학생의 집중 시간은 얼마나 될까? 저학년은 15~20분, 고학년은 30분 이상이라고 해. 학교 수업 시간은 40분이지? 그래서 중간에 쉬는 시간이 있는 거야. 그런데 이 시간은 무엇을 해야 할까?

9월 27일 — 독서 글쓰기

만화책을 읽어도 된다.
vs
되도록 덜 읽으면 좋다.

| 너의 의견은 뭐야? | 이유를 말해 줘. (1~2개) | 그렇게 했을 때 문제점은 뭐야? | 그건 어떻게 해결할까? |

만화책을 얼마든지 읽어도 돼. 일단 재밌어서 나를 행복하게 해. 읽다 보면 웃겨서 스트레스도 풀리고, 도움 되는 학습 만화도 많아. 문제는 사람들이 만화책을 나쁘게 본다는 거야. 그건 그냥 신경 안 쓰면 될 것 같아.

VS

만화책은 되도록 덜 읽으면 좋겠어. 너무 장난스러운 말이 많이 나와서 별로 도움이 안 돼. 또 만화책만 읽으면 줄글 책을 못 읽는대. 그래도 정말 읽고 싶다면 노는 시간을 쪼개서 조금만 읽어 보면 어떨까?

생각 열기 — 만화책은 만화 '컷'으로 이야기가 쭈욱 이어져. 만화책에는 종류가 다양한데 어린이들이 좋아하는 만화는 보통 코믹 만화이고, 학습 내용이 담긴 학습 만화도 많이 읽지. 어른들은 만화책만 읽는 것을 걱정하는 경우가 많은데, 그 이유는 뭘까? 너는 어떻게 생각해?

4월 3일

학교 생활

급식이 맛없으면 남겨도 된다.
vs
다 먹어야 한다.

| 너의 의견은 뭐야? | 이유를 말해 줘. (1~2개) | 그렇게 했을 때 문제점은 뭐야? | 그건 어떻게 해결할까? |

급식이 맛없으면 남겨도 돼. 맛없는 것을 억지로 먹었다가 체한 적이 있어. 맛없는 걸 먹으면 기분도 안 좋아져. 음식을 남기는 건 좋지 않은 일이니까, 맛없는 것이 보이면 받지 않는 것이 어때?

 VS

급식은 맛없어도 다 먹어야 돼. 음식을 남기는 건 낭비야. 그리고 맛없는 것도 먹어야 건강해져. 물론 맛없는 걸 먹는 건 괴로울 수 있지만 숨을 참고 먹어 봐. 그럼 맛이 안 느껴져.

그거 알아?

탄수화물, 비타민, 무기질, 지방, 단백질을 5대 영양소라고 해. 탄수화물은 생활 에너지를 주고, 단백질은 근육을 만들어. 지방은 체온 유지, 비타민과 무기질은 몸의 기능을 조절하는 등 각각의 역할이 있지. 급식은 이런 영양소가 골고루 들어가도록 식단을 짜서 너희들에게 제공돼.

9월 26일

독서 글쓰기

내 글을 남이 보아도 좋다. vs 좋지 않다.

| 너의 의견은 뭐야? | 이유를 말해 줘. (1~2개) | 그렇게 했을 때 문제점은 뭐야? | 그건 어떻게 해결할까? |

내 글을 남이 보아도 좋아. 힘들게 썼으니까 남이 보면서 웃기도 하고 내용에 대해 이야기도 하면 너무 신나. 글씨가 이상하다고 하면 기분이 나쁘니까 그런 말을 안 하는 사람한테만 보여 주면 돼.

VS

내 글을 남이 보는 것은 싫어. 내 마음을 막 보여 주는 기분이거든. 그리고 뭐라고 말할지 몰라서 긴장이 되기도 해. 남이 안 봐야 편하게 쓸 수 있어. 물론 가끔은 보여 주고 싶을 때가 있으니 그럴 때만 보여 주면 돼.

생각 열기

말과 글은 자기 마음과 생각을 표현하는 수단이야. 그런데 말하기와 글쓰기를 별로 좋아하지 않는 사람이 있어. 귀찮거나 필요성을 못 느끼기 때문이야. 그리고 또 한 가지는 나의 마음과 생각을 다른 사람에게 알리기 싫은 경우도 있어. 너는 어때?

4월 4일

학교 생활

친구와 다투면 선생님께 말씀드려야 한다.
vs
둘이 해결해야 한다.

| 너의 의견은 뭐야? | 이유를 말해 줘. (1~2개) | 그렇게 했을 때 문제점은 뭐야? | 그건 어떻게 해결할까? |

친구와 다투면 선생님께 말씀드려야 해. 그래야 공정하게 해결해 주실 수 있어. 친구끼리는 서로 상대방이 잘못했다고 하기 쉽거든. 물론 선생님이 힘들어지실 수 있으니까 둘이 해결 못할 때만 말씀드려야 할 것 같아.

VS

친구와 다투면 둘이 해결해야 해. 왜 다투었는지 두 사람이 가장 잘 알고 있고, 그것을 해결하면서 바람직한 친구 관계를 만들어 가는 거야. 둘이 해결하다 더 싸우게 될 수 있으니까 그럴 때만 선생님께 도와달라고 해야 해.

생각 열기

학교는 친구들이 모여 생활하는 곳이기 때문에 여러 일이 발생하고 그중 친구 간의 다툼도 자주 일어나지. 그 다툼이 아이들끼리 잘 해결될까? 꼭 선생님께 말씀드려야 하는 경우는 어떤 때일까? 친구 잘못을 이야기하는 것을 '고자질한다.'고 하는데 고자질하는 것과 상황을 알리는 것은 무엇이 다를까?

9월 25일

독서 글쓰기

역사책은 꼭 읽어야 한다.
vs
꼭 읽을 필요 없다.

| 너의 의견은 뭐야? | 이유를 말해 줘. (1~2개) | 그렇게 했을 때 문제점은 뭐야? | 그건 어떻게 해결할까? |

역사책은 꼭 읽어야 해. 그래야 우리 조상들이 살았던 모습을 배울 수 있어. 게다가 중학교 가면 역사가 어려워진대. 물론 지겨울 수 있으니 재미있는 역사 영상하고 같이 보면 어떨까?

VS

역사책을 꼭 읽을 필요는 없어. 초등학생이 읽기에는 어려워. 역사를 모른다고 사는 데 문제가 생기지도 않아. 물론 역사책에서 과거 조상의 생활을 알 순 있겠지만 그건 책이 아니어도 교양 방송을 봐도 될 거야.

그거 알아?

영국의 역사 학자 에드워드 카는 '역사는 과거와 현재의 대화'라고 했어. 역사는 아주 오래전부터 지금까지의 이야기라 내용이 아주 많지. 옛 사람들의 하루하루를 신기해하며 좋아하는 친구도 있지만, 정말 재미없어 하는 친구도 있어. 어린이 역사책도 정말 많이 나오는데, 너는 좋아해?

4월 5일 식목일

학교 생활

학교에서 학원 숙제를 해도 된다.
vs
하면 안 된다.

너의 의견은 뭐야? | 이유를 말해 줘. (1~2개) | 그렇게 했을 때 문제점은 뭐야? | 그건 어떻게 해결할까?

학교에서 학원 숙제를 해도 돼. 학원 숙제가 많으면 어쩔 수 없잖아. 쉬는 시간을 잘 이용하면 시간 절약도 되어서 좋아. 물론 학교 공부에 방해가 될 수 있으니까 수업 중에는 절대 하지 않아야지.

 VS

학교에서 학원 숙제를 하면 안 돼. 학교는 학교 공부를 하는 곳이야. 학원 숙제는 집에서 하는 거고. 숙제가 많아서 시간이 부족하다면 학원을 좀 줄여 보는 게 어때?

생각 열기

학원 숙제가 많은 친구들은 가끔 학교에서 학원 숙제를 하곤 해. 주로 쉬는 시간에 틈틈이 하지. 선생님에 따라서는 학교에서 학원 숙제를 못하게 하는 경우도 있어. 학교에서 만약 학원 숙제를 한다면 어떤 문제가 생길까? 반대로 도움이 되는 점도 있을까? 양쪽 입장을 모두 생각해 보자!

9월 24일

독서 글쓰기

책은 거실에 있는 것이 좋다.
vs
방에 있는 것이 좋다.

| 너의 의견은 뭐야? | 이유를 말해 줘. (1~2개) | 그렇게 했을 때 문제점은 뭐야? | 그건 어떻게 해결할까? |

책은 거실에 있는 것이 좋아. 그래야 가족 책을 모두 모을 수 있어. 내 방은 너무 좁기도 하고. 만약 침대에 누워 있다가 책이 읽고 싶을 때는 귀찮겠지만 운동 겸 나오지 뭐!

VS

책은 방에 있는 것이 좋아. 책은 친구이기 때문에 가까이 있어야 보기도 편하고, 또 나만의 아지트를 만드는 느낌이 들어. 물론 방마다 책이 있으면 지저분해 보일 수 있으니 정리는 필수야!

생각 열기

너희 집은 책이 어디에 있어? 가족 모두의 책이 있어, 아니면 몇몇 사람들의 책만 있어? 이건 가족 중 책을 읽는 사람이 누구인지, 각자 독서를 어디에서 하는지에 따라서도 달라질 거야. 너희 집의 특징을 떠올리며 입장을 정해 봐.

4월 6일 / 학교생활

수업 시간에 발표를 잘해야 한다.
vs
꼭 발표할 필요는 없다.

- 너의 의견은 뭐야?
- 이유를 말해 줘. (1~2개)
- 그렇게 했을 때 문제점은 뭐야?
- 그건 어떻게 해결할까?

 **수업 시간에 발표를 잘해야 해.** 발표한다는 것은 내 생각을 말하는 거라서 자신감이 생길 수 있어. 대신 너무 많이 발표하면 친구들이 말할 시간이 부족해질 수 있으니 한두 번만 하는 게 좋겠지?

VS

 수업 시간에 꼭 발표를 할 필요는 없어. 발표가 좋은 친구도 있지만 부끄러운 친구도 있으니까. 발표하지 않아도 잘 듣고 잘 보면서 많은 것을 배울 수 있어. 물론 발표를 안 하면 칭찬을 못 듣겠지만 다른 걸 잘하면 되지.

 **생각 열기**
발표 잘하는 어린이는 왠지 씩씩해 보여. 수업에 잘 참여하는 것처럼 보이기도 하고 실제 그럴 수도 있어. 그런데 발표가 싫은 어린이, 혹은 싫지는 않지만 발표하지 않아도 수업에 잘 참여하는 어린이도 있어. 너는 어느 쪽이야? 발표는 꼭 해야 하는 것일까?

9월 23일

독서 글쓰기

부모님이 책을 읽으면 나도 읽고 싶어진다.
vs
나와는 상관 없다.

| 너의 의견은 뭐야? | 이유를 말해 줘. (1~2개) | 그렇게 했을 때 문제점은 뭐야? | 그건 어떻게 해결할까? |

부모님이 책을 읽으면 나도 읽고 싶어져. 부모님이 본보기가 되거든. 부모님이 독서하고 계실 때 할 일이 없어 같이 보게 되기도 하고. 물론 부모님이 읽어도 나는 안 읽는 경우도 있긴 할 거야. 그건 어쩔 수 없지!

VS

부모님이 책 읽는 것과 나와는 상관이 없어. 우리 부모님은 책을 안 좋아하시지만 나는 좋아해. 사람마다 좋아하는 것이 다를 뿐이야. 만약 부모님이 책을 안 읽어서 도와줄 수 있는 부분이 없다면 사서 선생님이나 다른 사람에게 부탁하면 돼.

생각 열기

많은 사람들이 부모가 먼저 모범을 보여야 아이가 독서를 한다고 말해. 너와 너의 친구들을 잘 봐. 확률로 보았을 때 어떤 것 같아?

4월 7일 — 학교 생활

부모 참여 수업은 꼭 필요하다.
vs
꼭 필요하지는 않다.

| 너의 의견은 뭐야? | 이유를 말해 줘. (1~2개) | 그렇게 했을 때 문제점은 뭐야? | 그건 어떻게 해결할까? |

부모 참여 수업은 꼭 필요해. 부모님이 우리들이 어떻게 공부하는지 보면서 행복해지실 수 있거든. 물론 선생님이 준비하시기 힘들고 뒤에 부모님이 계시면 집중이 안 될 수 있으니까 평소처럼 하자고 마음 먹기!

VS

부모 참여 수업을 꼭 할 필요는 없어. 참관 수업은 너무 떨려서 아이들이 다 얼어 있어. 부모님이 못 오시는 아이는 속상할 수도 있지. 물론 부모님이 우리 학교생활을 볼 수 있다는 좋은 점이 있지만 보지 않아도 이야기를 들어 볼 수 있으니까 괜찮아.

생각 열기

부모 참여 수업(공개 수업)을 하는 까닭은 뭘까? 너의 수업 모습을 직접 보여 드려 학교생활을 잘하고 있는지 알려 드리는 것이 가장 큰 목적일 거야. 부모 참여 수업이 이런 점에서 도움이 되는지 생각해 봐. 단점은 없는지도 말이야. 그리고 너의 생각을 말해 봐!

9월 22일

독서 글쓰기

다 읽은 책은 중고 서점에 팔아도 된다.
VS
잘 보관하는 것이 좋다.

| 너의 의견은 뭐야? | 이유를 말해 줘. (1~2개) | 그렇게 했을 때 문제점은 뭐야? | 그건 어떻게 해결할까? |

다 읽은 책은 중고 서점에 팔아도 돼. 그냥 두어 봐야 집만 좁아질 뿐이야. 중고로 팔았다가 또 읽고 싶어진다면 그때는 도서관에서 빌려 보면 돼.

VS

다 읽은 책도 잘 보관하는 것이 좋아. 그래야 오며 가며 보면서 그 책의 느낌을 계속 간직할 수 있어. 보관할 곳이 부족해서 걱정이라면, 정말 정말 좋은 책만 남겨 놓고 나머지는 사진으로 찍어 보관해 봐.

그거 알아? 책을 많이 간직해 두는 사람을 '장서가'라고 해. 책 자체를 좋아하는 거지. 책을 아끼고 사랑하는 사람을 일컫는 말로는 '애서가'도 있지. 너는 책을 모아 두는 것에 대해 어떻게 생각해?

4월 8일 · 학교생활

교실에서 혼자 앉는 것이 좋다.
vs
짝꿍과 앉는 것이 좋다.

| 너의 의견은 뭐야? | 이유를 말해 줘. (1~2개) | 그렇게 했을 때 문제점은 뭐야? | 그건 어떻게 해결할까? |

혼자 앉는 것이 좋아. 그래야 양옆이 복잡하지 않고 편하게 다닐 수 있어. 괜히 옆자리로 넘어가서 싸울 일도 없어. 물론 좀 심심할 수 있지만 자리가 그리 멀지 않기 때문에 얼마든지 친구와 이야기할 수 있어.

짝꿍과 앉는 것이 좋아. 서로 학용품도 나누어 쓸 수 있고 도란도란 이야기하고 모르는 것도 가르쳐 줄 수 있어. 짝꿍이 나와 맞지 않으면 좀 힘들 수 있으니 그럴 땐 선생님과 의논하면 어때?

생각 열기

요즈음 초등학교에서는 따로따로 앉는 경우가 많아. 코로나 이후로 더욱 그렇게 된 것 같아. 만약 두 명씩 짝을 지어 앉는다면 장단점이 각각 뭐가 있을까? 그럼 혼자 앉는 것이 좋은지, 짝꿍과 앉는 것이 좋은지 판단될 거야!

9월 21일 — 독서 글쓰기

책 읽기가 좋다.
vs
글쓰기가 좋다.

| 너의 의견은 뭐야? | 이유를 말해 줘. (1~2개) | 그렇게 했을 때 문제점은 뭐야? | 그건 어떻게 해결할까? |

나는 책 읽기가 좋아. 새로운 내용을 읽는 것이 재밌으니까. 그리고 책은 누워서 볼 수도 있어서 더 좋아. 읽다 보면 잠들 때도 있지만 그럼 또 책 내용으로 꿈을 꿔서 그것도 나쁘지 않아.

 VS

나는 글쓰기가 좋아. 글쓰기는 내 생각이 나오는 거라서 무언가 만드는 것 같은 기분이야. 누가 읽고 잘 썼다고 하면 자신감도 생겨. 작가가 된 것 같거든. 물론 팔이 엄청 아프니까 잘 써지는 연필로 써야 해.

 **그거 알아?** 듣기, 말하기, 읽기, 쓰기 중에서 가장 먼저 하는 것은 듣기와 말하기야. 그다음에 읽기를 할 수 있고 다음으로 쓰기를 할 수 있지. 네 가지는 그래서 아주 가까운 사이야. 작가가 써 놓은 글을 읽는 것, 반대로 네가 작가처럼 글을 쓰는 것, 어떤 것이 더 좋아?

4월 9일 / 학교생활

반 친구들과 모두 잘 지내야 한다.
vs
모두 잘 지낼 필요는 없다.

| 너의 의견은 뭐야? | 이유를 말해 줘. (1~2개) | 그렇게 했을 때 문제점은 뭐야? | 그건 어떻게 해결할까? |

반 친구들과 모두 잘 지내야 해. 그래야 학교생활이 즐겁고 힘들지 않아. 만약 정말 친하게 지내기 어려운 친구가 있다면 사이가 나빠지지 않을 정도로만 관계를 유지하면 어떨까?

VS

반 친구들과 모두 잘 지낼 필요는 없어. 반은 우리가 정한 것이 아니라 학교에서 만든 거잖아. 같은 반인 것이 친해질 수 있는 기준이 되지 않아. 물론 친하면 더 좋지만 싸우지만 않아도 성공이라고 생각해!

생각 열기

어린이들의 친구 관계를 '교우 관계'라고 해. 학교는 하나의 작은 사회인데 사람과의 관계를 배우는 곳이기도 하지. 그래서 교우 관계가 좋아야 한다고 흔히 말하는데 '좋다'는 의미가 애매한 것 같아. 좋은 감정을 가지고 잘 지내는 것을 의미하는 걸까? 아니면 데면데면하더라도 큰 싸움만 없으면 되는 걸까?

9월 20일

독서 글쓰기

책은 여러 번 읽는 것이 좋다.
vs
한 번만 읽어도 된다.

| 너의 의견은 뭐야? | 이유를 말해 줘. (1~2개) | 그렇게 했을 때 문제점은 뭐야? | 그건 어떻게 해결할까? |

책은 여러 번 읽는 것이 좋아. 그래야 머릿속에 쏙 들어오고 이해가 되지. 읽기 싫은 책을 여러 번 읽으면 지루할 수 있으니 그런 건 시간이 흘러 다시 읽으면 돼.

VS

책은 한 번만 읽어도 돼. 여러 번 읽는 건 너무 지겨워. 세상에 재밌는 책이 많으니 빨리 다른 걸 읽고 싶기도 해. 누군가 여러 번 읽으라고 하면 다른 책을 읽고 싶다고 당당히 말해!

그거 알아?

'다독'은 많이 읽는 것, '정독'은 꼼꼼히 다 이해하며 읽는 것, '재독'은 다시 읽는 것, '발췌독'은 골라 읽는 것, '낭독'은 소리 내어 읽는 것이야. 독서에는 이렇게 다양한 방법이 있어. 너는 재독을 해 본 적이 있어? 재독에 대해 경험해 본 대로 말해 봐!

4월 10일

학교생활

반장은
1년 동안 해야 한다.
vs
한 학기 동안 해야 한다.

| 너의 의견은 뭐야? | 이유를 말해 줘. (1~2개) | 그렇게 했을 때 문제점은 뭐야? | 그건 어떻게 해결할까? |

반장은 학년 초에 뽑아 1년 동안 해야 해. 그래야 우리 반을 잘 알고 안정적으로 이끌 수 있어. 학기마다 뽑으면 서로 적응하기 힘들 것 같아. 물론 반장이 1년 동안 힘들 수 있으니까 곁에서 도와주어야 해.

VS

반장은 학기별로 뽑아 한 학기만 해야 해. 한 학기가 4개월 정도이기 때문에 너무 힘들지 않고 적당히 반장 역할을 할 수 있어. 물론 1년에 두 번 선거를 하는 일이 번거로울 수 있지만 우리 반을 위한 거니까 괜찮아.

생각 열기

학교마다 조금씩 다르긴 하지만 반장 선거는 대체로 1년에 두 번 하지. 후보자가 정해지면 선거 운동을 하고 투표를 해서 반장이 결정돼. 너의 경험을 바탕으로 학기별 반장을 뽑는 것이 어떤 면에서 장단점이 있는지 생각해 봐.

9월 19일 — 독서 글쓰기

글쓰기는 재미있다. vs 재미없다.

| 너의 의견은 뭐야? | 이유를 말해 줘. (1~2개) | 그렇게 했을 때 문제점은 뭐야? | 그건 어떻게 해결할까? |

글쓰기는 재미있어! 내 생각을 쓴다는 것이 신기하고 재밌어. 쓰다 보면 새로운 내용이 막 생각나기도 하는데 그게 신기해. 그런데 좀 팔이 아파. 쓰다가 팔을 주무르면 돼.

VS

글쓰기는 재미없어. 팔도 아프고 왜 쓰는지도 모르겠어. 생각이 안 나면 너무 쓰기가 싫어. 물론 어른들은 글쓰기를 해야 한다고 생각하니, 꼭 써야 하는 것만 쓰면 좋겠어.

생각 열기 — 초등학교 1학년부터 6학년까지 차근차근 글쓰기를 배워. 자기 생각과 마음을 표현하는 것을 기본으로 여러 종류의 글쓰기를 배우지. 편지, 설명글, 주장글, 건의문, 독후감 등 말이야! 너는 글쓰기 재미있어?

4월 11일

학교생활

학교에서 아침 급식을 주면 좋겠다.
vs
주지 않아도 된다.

| 너의 의견은 뭐야? | 이유를 말해 줘. (1~2개) | 그렇게 했을 때 문제점은 뭐야? | 그건 어떻게 해결할까? |

 학교에서 아침 급식도 주면 좋겠어. 아이들이 아침부터 배고프다고 해서 수업에 집중이 안 될 수 있거든. 물론 영양사 선생님이 힘드실 수 있으니까 요리하는 로봇을 개발하면 돼.

VS

 학교에서 아침 급식을 주지 않아도 돼. 아침까지 급식으로 먹으면 집밥 먹을 기회가 줄어들어. 물론 아침 식사 차리는 엄마가 힘드시긴 하지만 내가 도와드리면 돼.

 **생각 열기**

학교에서는 점심 급식을 주고 있어. 그래야 점심 먹고 오후 수업도 하니까. 그런데 혹시 아침 급식을 주면 어떨지 생각해 본 적 있어? 아침 급식을 준다면 몇 시에 주는 것이 좋을까? 안 주는 것이 좋다면 그 이유는 뭘까? 아침 식사는 꼭 해야 할까? 아침 급식을 주면 힘들어지는 사람은? 다양한 면에서 생각해 봐.

9월 18일

독서 글쓰기

독서 학원에 다니는 것이 좋다. vs 아니다.

| 너의 의견은 뭐야? | 이유를 말해 줘. (1~2개) | 그렇게 했을 때 문제점은 뭐야? | 그건 어떻게 해결할까? |

독서 학원에 다니는 것이 좋아. 그래야 여러 가지 책을 읽고 또 읽는 법도 배울 수 있어. 물론 시간이 너무 없을 수 있지. 그럼 온라인 수업이라도 찾아보면 돼.

 VS

독서 학원을 꼭 다닐 필요는 없어. 혼자서 책을 많이 읽다 보면 배우게 되는 게 많아. 게다가 시간도 없는 걸. 물론 학원에 가면 여러 가지 책을 읽고 글쓰기도 배울 수 있지만 그것도 혼자 해 보는 것이 중요해.

생각 열기 — 독서 학원에선 무엇을 할까? 책을 읽기도 하고, 읽어 온 책으로 토론도 하고 글쓰기도 할 거야. 초등학생이 독서 학원에서 배울 점은 무엇일지, 또는 꼭 다닐 필요가 없다면 이유는 무엇인지 생각해 봐.

4월 12일 · 학교 생활

과목은 아이들이 원하는 것도 만들어야 한다.
vs
어른들이 정해야 한다.

| 너의 의견은 뭐야? | 이유를 말해 줘. (1~2개) | 그렇게 했을 때 문제점은 뭐야? | 그건 어떻게 해결할까? |

아이들이 원하는 과목을 만들어 주어야 해. 학교는 아이들을 위한 곳이니까. 그리고 좋아하는 과목이어야 수업도 재밌어 할 수 있어. 물론 아이들마다 원하는 과목이 다를 수 있으니까 투표를 해서 정하면 돼.

VS

과목은 어른들이 정한 대로 해야지. 어른들이 정한 과목은 우리가 무엇을 배워야 하는지 많이 연구해서 만든 거니까. 아이들이 원하는 대로 하면 놀이만 하자고 할걸. 어린이 입장에서 싫은 과목도 있지만 싫은 것이 우리를 성장하게 하지.

생각 열기

국어, 수학, 통합 교과, 과학, 사회, 영어 등 초등학교에서 배우는 과목을 너희들도 잘 알고 있지? 그런데 이런 과목을 공부할 때 어떤 생각이 들어? 모두 필요하다고 생각해? 혹시 네가 원하는 과목을 넣어 준다면 어떤 과목을 원해? 그 과목이 생기면 어떤 면에서 좋을까?

9월 17일 — 독서 글쓰기

책을 읽은 후에 독후감을 쓰는 것이 좋다.
vs
꼭 쓸 필요 없다.

| 너의 의견은 뭐야? | 이유를 말해 줘. (1~2개) | 그렇게 했을 때 문제점은 뭐야? | 그건 어떻게 해결할까? |

 책을 읽은 후에는 독후감을 쓰는 것이 좋아. 그래야 책을 더 깊게 이해할 수 있거든. 글쓰기 실력도 쑥쑥 늘지. 쓰는 건 좀 힘든 일이지만 뭐든 힘든 시간을 겪어야 잘하게 되지 않겠어?

VS

 책을 읽고 독후감을 꼭 쓸 필요는 없어. 쓰는 게 힘들면 오히려 읽은 재미가 날아가거든! 책 읽고 나서 정리하고 싶다면 추천하고 싶은 사람에게 말로 하면 되지!

 **생각 열기**

독후감은 책을 읽은 후 감상을 적은 글이야. 친구들 중에는 독후감 때문에 책 읽기를 싫어하게 되는 경우도 있대. 글쓰기는 쉽지 않거든. 하지만 독후감을 쓰면 읽은 내용의 감동이 더 진해지는 경우도 있어. 너는 독후감을 써 보니 어땠어?

4월 13일 — 학교생활

친구들에게 인기가 있는 것이 좋다.
vs
꼭 그런 것은 아니다.

| 너의 의견은 뭐야? | 이유를 말해 줘. (1~2개) | 그렇게 했을 때 문제점은 뭐야? | 그건 어떻게 해결할까? |

친구들에게 인기가 있는 것이 좋아. 그래야 학교생활이 즐겁잖아. 인기가 많으면 자신감이 생겨서 공부하는 데도 도움이 돼. 물론 인기가 너무 많으면 시샘하는 친구도 있겠지만, 그건 그 친구 마음의 문제일 뿐이야.

VS

친구들에게 꼭 인기를 얻어야 하는 것은 아니야. 그냥 평범하게 지내는 것이 더 행복할 수 있어. 인기가 많으면 너무 많은 친구들을 신경 쓰며 지내느라 피곤할 수도 있어. 인기가 너무 없으면 쓸쓸하겠지만 내 마음을 알아주는 친구 한 명이면 돼.

그거 알아? '인싸', '아싸'라는 말 들어 봤어? 인싸는 '인사이더'의 줄임말로 다른 사람과 잘 어울리는 사람, 아싸는 '아웃사이더'의 줄임말로 다른 사람과 잘 어울리지 못하는 사람을 뜻해. 언젠가부터 이 말이 유행하면서 인싸가 되고 싶어하는 사람도 많아지고 반대로 내가 아싸는 아닐까 걱정하기도 하지.

9월 16일

독서 글쓰기

책은
바른 자세로 읽어야 한다.
vs
편한 자세로 읽어도 된다.

| 너의 의견은 뭐야? | 이유를 말해 줘. (1~2개) | 그렇게 했을 때 문제점은 뭐야? | 그건 어떻게 해결할까? |

책은 바른 자세로 읽어야 해. 일단 그래야 허리도 안 아프고 눈도 나빠지지 않아. 집중도 잘 되지. 앉아서 읽다가 힘들어지면 잠시 운동하고 와서 읽으면 돼.

VS

책은 편한 자세로 읽어도 돼. 내 자세가 편해야 내용도 잘 들어와. 너무 편하게 읽다 보면 다 읽고 일어나기 힘들 수 있다는 건 나도 잘 알아! 그것도 몇 번 경험하면 노하우가 생겨서 힘들지 않을 만큼 조절하게 되지.

그거 알아?

독서하는 바른 자세로, 책상에 앉아 의자에 엉덩이를 붙이고 눈은 책과 30cm 거리를 두는 게 좋다고 해. 그런데 많은 아이들은 누워서 보거나 엎드려 보곤 하지. 두 가지 자세로 모두 읽어 봐. 그리고 너의 입장을 정해 봐!

4월 14일

학교 생활

반장은 공부를 잘해야 한다.
vs
잘하지 않아도 된다.

| 너의 의견은 뭐야? | 이유를 말해 줘. (1~2개) | 그렇게 했을 때 문제점은 뭐야? | 그건 어떻게 해결할까? |

반장은 공부를 잘해야 해. 그래야 모범이 되어서 친구들이 따를 수 있어. 공부를 잘하느라 다른 것이 부족하지 않을까 걱정할 수도 있겠지? 하지만 공부 잘하는 친구가 대체로 모범적인 것 같아.

VS

반장이라고 꼭 공부를 잘해야 하는 건 아니야. 반장에게 중요한 건 리더십이야. 공부가 전부는 아니잖아. 공부 못하면 무시하는 친구가 있다고? 요즘은 꼭 그렇지는 않아. 반장에게 너무 많은 걸 바라는 건 욕심이야!

생각 열기

반장이나 회장을 뽑을 때 네가 가장 중요하게 생각하는 것은 뭐야? 성품, 리더십, 성적, 친구 관계, 성격, 공약 등 여러 가지가 있겠지? 반장(회장)이 해야 하는 일을 잘 떠올려 보면 어떤 것을 보아야 할지 입장이 설 거야. 그중 '공부 잘하는 것'도 반장 뽑는 기준에 포함되는지 생각하게 될 거고!

9월 15일

독서 글쓰기

저학년은 책을 부모님이 읽어 주면 좋다.
vs
스스로 읽어야 한다.

| 너의 의견은 뭐야? | 이유를 말해 줘. (1~2개) | 그렇게 했을 때 문제점은 뭐야? | 그건 어떻게 해결할까? |

저학년은 책을 부모님이 읽어 주면 좋아. 아직 책 읽기가 힘들 수 있거든. 그리고 읽어 주면 더 재밌기도 해. 스스로 읽는 습관이 안 생길까 봐 걱정이 된다면 가끔은 번갈아 읽으면 되지!

 VS

저학년도 스스로 책을 읽어야 해. 내가 1학년부터 스스로 읽었더니 지금은 책을 잘 읽게 되었어. 부모님이 읽어 주는 시간이 그립다면 가끔 부탁해 보는 건 어때?

생각 열기

책을 읽어 주는 것이 좋다는 이야기를 어른들은 많이 해. 이유가 뭘까? 너의 부모님은 언제까지 읽어 주셨어? 어떤 점이 좋았고 아쉬웠는지 떠올려 봐!

4월 15일

학교생활

교실에서 앉을 자리는 선생님이 정해 주셔야 한다.
vs
내가 원하는 자리에 앉고 싶다.

- 너의 의견은 뭐야?
- 이유를 말해 줘. (1~2개)
- 그렇게 했을 때 문제점은 뭐야?
- 그건 어떻게 해결할까?

교실에서 앉을 자리는 선생님이 정해 주시는 것이 좋아. 선생님이 여러 가지를 생각해서 정하실테니까. 마음에 안 들 수 있지만 학교생활 같은 사회생활에서는 정해진 대로 따르는 연습도 필요해.

VS

교실에서 원하는 자리에 앉고 싶어. 각자 공부가 잘 되는 자리가 있을 것 같거든. 나는 창가에 앉아 있으면 시원한 기분이 들어서 집중이 잘 돼. 만약 같은 자리를 원하는 친구들이 있다면 서로 번갈아 가며 앉으면 어때?

생각 열기

새 학기가 되면 어느 자리에 앉게 될까, 누구와 짝꿍을 하게 될까 설레는 어린이도 있을 거야. 지금은 짝 없이 따로 앉는 경우도 많지? 그런데 교실에 앉을 자리를 정할 때 너는 어떻게 하는 것이 좋아? 친구들 성향이나 신체적 특징 등도 고려해서 생각해 봐.

9월 14일

독서 글쓰기

빌린 책이 더 잘 읽힌다.
vs
산 책이 더 잘 읽힌다.

| 너의 의견은 뭐야? | 이유를 말해 줘. (1~2개) | 그렇게 했을 때 문제점은 뭐야? | 그건 어떻게 해결할까? |

빌린 책이 더 잘 읽혀. 도서관에서 빌려서 보면 누가 이 책을 먼저 읽었을까 궁금해지면서 무언가 신기해. 물론 가끔 찢어져 있거나 더러운 것이 묻어 있어서 찜찜하니까 소독기에 잘 소독하고 가지고 와야 해.

VS

산 책이 더 잘 읽혀. 반납 날짜에 쫓기지 않고 편하게 볼 수 있거든. 잃어버릴까 봐 걱정하지 않아도 돼. 사는 건 좀 돈이 많이 드니까 대신 안 보는 책들을 중고로 팔면 돼.

생각 열기

책을 구하는 방법으로는 서점에서 구입하거나, 중고 책 사기, 아는 사람에게 물려받거나 도서관에서 빌리기 등이 있을 거야. 먼저 빌려 보고 마음에 들면 사는 사람도 있지. 너는 빌린 책이 좋아, 산 책이 좋아?

4월 16일 / 학교 생활

수업 시간에 화장실을 가도 된다.
vs
가면 안 된다.

| 너의 의견은 뭐야? | 이유를 말해 줘. (1~2개) | 그렇게 했을 때 문제점은 뭐야? | 그건 어떻게 해결할까? |

수업 시간에 화장실을 가도 돼. 너무 급하면 옷에 실수할 수 있고 그럼 정말 부끄럽잖아. 생리 현상이니까 인정해 주어야지. 물론 아이들이 왔다 갔다 하면 수업 분위기가 흐트러질 수 있으니 적당한 규칙을 정해야 할 것 같아.

수업 시간에는 화장실을 가면 안 돼. 쉬는 시간이 있는 이유가 화장실 때문이기도 하잖아. 계속 가게 하면 기본적인 공동생활의 규칙을 익히지 못해. 물론 갑자기 배가 아프거나 하는 등 정말 급한 경우도 있으니 그럴 때만 허용하면 어떨까?

생각 열기

쉬는 시간은 다음 수업 준비를 하고 화장실에 다녀오는 시간이야. 하지만 어떤 이유로 그러지 못했거나 화장실을 본래 자주 가는 친구도 있을 거야. 여러 상황을 고려해서 너의 입장을 정해 봐.

9월 **13**일

독서 글쓰기

많이 읽는 것이 좋다.
vs
읽고 싶은 만큼 읽어도 된다.

| 너의 의견은 뭐야? | 이유를 말해 줘. (1~2개) | 그렇게 했을 때 문제점은 뭐야? | 그건 어떻게 해결할까? |

책은 많이 읽는 것이 좋아. 많이 읽을수록 시간도 잘 보낼 수 있고 아는 것도 많아져. 눈이 나빠질 수 있으니까 적정 거리를 유지하며 읽으면 돼.

 VS

책은 읽고 싶은 만큼만 읽어도 좋아. 어차피 읽고 싶은 만큼이 넘어가면 집중이 안 되어서 시간만 낭비할 뿐이야. 그럼 너무 적게 읽을 수도 있겠지만 많이 읽는 것보다 재밌게 읽는 것이 중요하다는 것을 기억하면 돼.

생각 열기 책을 많이 읽는 것을 '다독'이라고 해. 책을 좋아하면 많이 읽게 되겠지. 그런데 어떤 사람은 읽는 속도가 느린 편이어서 많이 읽기 힘들 수도 있어. 자신이 읽고 싶은 만큼만 읽게 되겠지. 정답은 없지만 너의 생각이 궁금해!

4월 17일

학교 생활

키 작은 아이가 앞에 앉아야 한다. vs 아니다.

| 너의 의견은 뭐야? | 이유를 말해 줘. (1~2개) | 그렇게 했을 때 문제점은 뭐야? | 그건 어떻게 해결할까? |

키 작은 아이가 앞에 앉아야 해. 뒤에 앉으면 칠판이 보이지 않아서 수업 내용을 이해하기가 쉽지 않아. 그렇게 하면 키가 큰 아이가 불만을 가질 수도 있을테니, 상황에 맞게 자리를 정하는 지혜도 필요하지.

키 작은 아이가 앞에 앉는 것은 역차별이야. 자리는 각자 공부 스타일이나 성향에 맞게 배치해야 하지 않을까? 물론 같은 자리에 앉고 싶어하는 아이들이 있을 수 있으니 그럴 땐 여러 가지를 생각해서 배치해야 해.

생각 열기

키가 작은 아이를 배려하려다가 본의 아니게 키가 큰 아이가 차별을 당할 수도 있는데 이런 현상을 '역차별'이라고 해. 키가 작은 아이도 배려 받고 키가 큰 아이도 차별 받지 않으려면 어떻게 해야 할까?

9월 12일 — 독서 글쓰기

골고루 읽는 것이 좋다.
vs
좋아하는 것을 찾아 읽는 것이 좋다.

| 너의 의견은 뭐야? | 이유를 말해 줘. (1~2개) | 그렇게 했을 때 문제점은 뭐야? | 그건 어떻게 해결할까? |

책은 골고루 읽어야 좋아. 수학책은 수학에 도움이 되고, 역사책을 읽으면 우리 역사를 알 수 있듯이 뭐든 잘하게 되고 잘 알 수 있어. 물론 그러다 보면 시간이 없을 수 있지만 시간을 정해서 읽으면 돼.

 VS

책은 좋아하는 것을 찾아 읽는 게 좋아. 내가 고른 게 재밌을 때가 많아서 읽을 때 행복해. 물론 여러 가지 책을 못 읽으니까 아는 게 부족할 수 있지만 다 잘 알 필요는 없지 않을까?

 **생각 열기**

책을 골고루 읽어야 한다는 말을 들어 봤어? 읽고 싶은 방면의 책만 읽는 것을 '편독'이라고 하는데, 편식이라는 말과 연결되어 좀 부정적인 느낌이지? 그런데 편독은 나쁜 걸까? 너는 편독하는 편이야, 골고루 읽는 편이야?

4월 18일

학교 생활

교실 자리 배치는 앞을 보게 하는 것이 좋다.
vs
둥글게 하는 것이 좋다.

| 너의 의견은 뭐야? | 이유를 말해 줘. (1~2개) | 그렇게 했을 때 문제점은 뭐야? | 그건 어떻게 해결할까? |

교실 자리 배치는 앞을 보게 하는 것이 좋아. 선생님을 바라보아야 수업에 집중이 잘 돼. 선생님 입장에서는 보이지 않는 친구도 있을 수 있으니 위치 조정만 좀 하면 돼.

VS

교실 자리 배치는 둥글게 하는 것이 좋아. 친구들과 얼굴 보고 소통하기도 좋고 선생님도 아이들이 한눈에 들어와 수업하시기 좋을 거야. 물론 서로 장난치거나 떠들 수 있으니 규칙을 잘 정하면 돼.

생각 열기

선생님이 설명하는 수업, 각자 공부하는 수업, 함께 토론하는 수업 등 다양한 학습 방식이 있어. 자리 배치를 하기 위해서는 이런 점도 고려해야 할 거야. 만약 선생님의 설명이 주로 이루어지는 수업이라면, 어떤 배치가 좋을까?

9월 11일

독서 글쓰기

낮에 읽는 것이 좋다.
vs
밤에 읽는 것이 좋다.

| 너의 의견은 뭐야? | 이유를 말해 줘. (1~2개) | 그렇게 했을 때 문제점은 뭐야? | 그건 어떻게 해결할까? |

나는 낮에 읽는 것이 좋아. 낮에 읽으면 정신이 맑고 또 오후 시간이 지루하지 않고 금방 가. 문제는 숙제나 학원 때문에 시간이 없는 날도 가끔 있다는 거지. 그런 날만 자기 전에 읽으면 돼.

 VS

나는 밤에 읽는 게 좋아. 할 일 다 하고 읽으면 마음이 일단 편해. 그리고 자기 전에 누군가랑 이야기하는 기분이야. 읽다가 잠드는 게 문제긴 한데 그런 날은 학교에도 가져가서 읽으면 돼.

그거 알아? 조선 시대 임금은 낮에는 나랏일을 하고 밤에 잠들기 전에 독서를 했대. 주로 밤 9시부터 11시까지였지. '낮에는 밭을 갈고 밤에는 책을 읽는다.'는 뜻의 '주경야독'이라는 사자성어가 있는데 어려운 상황에서도 공부를 놓지 않는다는 의미야.

4월 19일

학교 생활

쉬는 시간에 운동장에 나가 놀아도 된다.
vs
교실에서만 놀아야 된다.

| 너의 의견은 뭐야? | 이유를 말해 줘. (1~2개) | 그렇게 했을 때 문제점은 뭐야? | 그건 어떻게 해결할까? |

쉬는 시간에 운동장에 나가서 놀아도 돼. 운동장에서 마음껏 뛸 수 있잖아. 그래야 다음 시간 공부도 잘할 수 있어. 짧은 시간이라서 많이 못 놀지만 잠깐이라도 논다는 것이 나는 중요해!

VS

쉬는 시간에는 교실에서만 놀아야 해. 10분이라는 시간은 화장실에 다녀오거나 잠깐의 휴식을 취하고 다음 수업을 준비하는 시간이야. 물론 너무 놀고 싶은 마음이 들 수 있지만 그건 점심시간이나 하교 후에 하면 돼.

생각 열기

쉬는 시간에 주로 무엇을 해? 앞 수업 시간에 못한 것 하기, 복도에서 놀기, 다른 반 친구 만나러 가기, 화장실 가기, 수업 준비, 새로 산 학용품 자랑 등 참 다양한 일을 하지? 그런데 이 쉬는 시간에 운동장에 나가 노는 것, 어떻게 생각해? 이것도 괜찮을까?

9월 10일

독서 글쓰기

숙제가 먼저다.
vs
독서가 먼저다.

| 너의 의견은 뭐야? | 이유를 말해 줘. (1~2개) | 그렇게 했을 때 문제점은 뭐야? | 그건 어떻게 해결할까? |

숙제가 먼저야. 숙제는 시간 내에 해야 하는 경우가 많거든. 책이 읽고 싶으면 숙제하고 남는 시간, 학원에서 남는 시간에 읽으면 돼.

VS

독서가 먼저야. 독서는 하면 할수록 행복하거든. 일단 행복하고 기분이 좋아야 숙제도 잘 되어서 빨리 할 수 있어. 시간이 너무 없다면 숙제할 시간을 딱 정해 두고 독서부터 하면 돼.

생각 열기

숙제와 독서, 두 가지를 해야 하는 상황이라면 넌 무엇을 먼저 하고 싶어? 두 가지 중 한 가지가 해야 하는 일, 한 가지가 하고 싶은 일이라면 무엇을 먼저 해야 할까? 만약 둘 다 하고 싶은 일 또는 둘 다 하기 싫은 일이라면?

4월 20일

학교 생활

한 반 인원은 20명 이하가 좋다.
VS
20명이 넘어도 상관없다.

| 너의 의견은 뭐야? | 이유를 말해 줘. (1~2개) | 그렇게 했을 때 문제점은 뭐야? | 그건 어떻게 해결할까? |

한 반 인원은 20명 이하가 좋아. 그래야 아이들이 서로 부딪치지 않을 수 있거든. 싸움도 덜 날 것 같아. 친구가 적어서 대화가 부족하면 옆 반에 가서 하면 돼.

VS

한 반 인원은 20명이 넘어도 상관없어. 그래야 많은 친구를 사귀고 재밌거든. 아이들이 많으면 선생님이 좀 힘드실 수 있으니 보조 선생님도 계시면 좋겠어!

그거 알아?

2022년 기준 공립 초등학교의 한 반 학생 수는 보통 25명~27명 정도야. 1학년은 2023년부터 20명 정도로 낮춘다고 발표했지. 그런데 지역에 따라서는 학생 수가 많아 과밀 학급인 곳도 있고 반대로 20명이 안 되는 곳도 있어. 학생 수에 따라 과목별 수업 시간, 급식 시간 등 어떤 점이 달라질지 생각해 봐.

9월 9일 — 독서 글쓰기

내 책에는 밑줄 그어도 좋다. vs 안 된다.

| 너의 의견은 뭐야? | 이유를 말해 줘. (1~2개) | 그렇게 했을 때 문제점은 뭐야? | 그건 어떻게 해결할까? |

내 책에는 밑줄을 그어도 돼. 그래야 마음껏 재미있게 느끼면서 볼 수 있거든. 책이 지저분해지고 왠지 찜찜한 느낌은 들 수 있지만 당장 잘 읽는 것이 중요하지 않겠어?

VS

내 책이어도 밑줄을 긋는 건 좋지 않아. 책은 깨끗이 보라고 배웠어. 그리고 나중에 중고 서점에 다시 팔아야 할 때 밑줄 때문에 곤란해질 수가 있어. 물론 무언가 꼭 표시하고 싶을 때가 있으니 그럴 땐 포스트잇을 써 보면 어때?

생각 열기

기억하고 싶거나 중요하다고 생각되는 부분에 밑줄을 그으며 읽는 독서 방법도 있어. 그런데, 자신의 책에도 밑줄 긋기를 싫어할 수 있어. 그런 경우에는 밑줄 긋는 대신 긴 포스트잇을 사용해도 좋을 것 같아.

4월 21일

학교
생활

학교에 수영장이 있어야 한다.
vs
있을 필요는 없다.

| 너의 의견은 뭐야? | 이유를 말해 줘. (1~2개) | 그렇게 했을 때 문제점은 뭐야? | 그건 어떻게 해결할까? |

학교에 수영장이 있어야 해. 생존 수영도 배울 수 있고, 여름에는 수영장에서 놀면서 재밌는 수업을 할 수도 있어. 방과 후 수영도 할 수 있고. 물론 물을 바꾸기가 쉽지 않을테니까 함부로 오줌 싸거나 침 뱉지 않게 규칙을 정하면 돼.

 VS

학교에 수영장이 있을 필요는 없어. 수영장 앞을 지나다닐 때마다 수영하고 싶을 것 같아. 너무 많은 아이들이 수영하면 금방 더러워져서 물 갈기도 힘들어. 즐거운 수영 시간을 보낼 수 없겠지만 그건 수영장에 가서 하면 돼.

그거 알아? 2014년부터 초등학교 교육과정에 생존 수영이 포함되었고 2020년부터는 전학년 모두 하게 되었지. 그런데 수영장이 있는 학교가 2022년 기준 1.3%라고 해. 반면 일본은 약 85%의 학교에 있다고 하지. 생존 수영을 위해서라도, 그렇지 않더라도 학교에 수영장이 있다는 것, 어떨까?

9월 8일

독서 글쓰기

책은 매일 읽는다.
VS
시간 날 때 읽는다.

| 너의 의견은 뭐야? | 이유를 말해 줘. (1~2개) | 그렇게 했을 때 문제점은 뭐야? | 그건 어떻게 해결할까? |

책은 매일 읽는 것이 좋아. 재밌는 책이 있으면 어차피 저절로 매일 읽게 돼. 매일 읽으면 매일 재밌는 이야기를 만나는 거니까 기분도 좋아. 물론 너무 바쁘면 힘들 수 있지만 하루 10분이라도 꼭 읽어 봐.

책은 시간 날 때 읽으면 돼. 우리는 할 일이 너무 많잖아. 할 일이 많으면 집중도 안 돼. 만약 시간이 정말 안 난다면 독서를 아예 못할 수 있으니까 한 달 이상 시간이 안 난다면 어떤 일을 줄일지 생각해 보자!

그거 알아? 9월 8일은 유네스코가 제정한 '국제 문해의 날'이야. 글을 이해하고 활용하는 능력인 문해력을 높이기 위해 만들었지. 세종의 한글 창제 정신을 알리기 위해 1989년에는 '유네스코 세종대왕 문해상'을 만들어, 한글을 아끼고 알린 이들에게 매년 시상하고 있어.

4월 **22**일

학교 생활

학교 도서관을 자주 이용해야 한다.
VS
꼭 이용할 필요는 없다.

| 너의 의견은 뭐야? | 이유를 말해 줘. (1~2개) | 그렇게 했을 때 문제점은 뭐야? | 그건 어떻게 해결할까? |

학교 도서관을 자주 이용해야 해. 우리 집보다 책이 많고 좋거든. 도서관에서 문제집을 풀어 봤는데 집중도 잘 돼. 학교 도서관에 갈 시간이 충분히 없다면 쉬는 시간에 잠깐씩 가면 돼.

VS

학교 도서관을 꼭 이용할 필요는 없어. 책은 우리 집에도 많고 동네 도서관에는 더 많아. 학교에서는 도서관에 갈 시간도 없어. 사서 선생님을 못 만나는 점이 좀 아쉽지만 가끔 인사 드리러 가면 돼.

그거 알아? 우리나라 최초의 도서관은 고구려 경당이래. 고려 시대에는 수서원이 있었고, 조선 시대에는 집현전, 규장각 등 많은 왕실 도서관이 있었지. 시대마다 도서관을 만든 이유가 뭘까?

9월 7일

독서 글쓰기

책 읽기가 더 중요하다.
vs
공부가 더 중요하다.

| 너의 의견은 뭐야? | 이유를 말해 줘. (1~2개) | 그렇게 했을 때 문제점은 뭐야? | 그건 어떻게 해결할까? |

책 읽기가 더 중요해. 책을 읽으면 재미도 있고 아는 것이 많아져서 뿌듯해. 그리고 생각 능력이 정말 커지거든. 읽으면서 이해력도 좋아져. 학교 성적을 올려야 할 때는 공부를 해야겠지.

VS

공부가 더 중요해. 공부는 살아가는 데 기본이 되는 지식을 주거든. 학교 성적도 좋아져서 공부 잘하는 아이가 되잖아. 공부하느라 다양한 책을 읽지 못해 아쉽다면 영화를 보는 건 어때?

생각 열기

책 읽기는 말 그대로 책을 읽는 거야. 보통은 각자 좋아하는 종류의 책을 자유롭게 읽지. 우리가 흔히 말하는 공부는 학교에서 배우는 것과 관련된 공부들을 말해. 그런데 어떤 어른들은 책을 읽어야 공부를 잘한다고 말해. 책 읽기와 공부는 어떤 관련이 있을까?

4월 23일

학교 생활

준비물을 안 가져왔으면 부모님이 갖다 주셔야 한다.
vs
아니다.

| 너의 의견은 뭐야? | 이유를 말해 줘. (1~2개) | 그렇게 했을 때 문제점은 뭐야? | 그건 어떻게 해결할까? |

준비물을 안 가져왔으면 부모님이 갖다 주셔야 해. 미술 준비물 같은 것은 없으면 수업이 되지 않을 수 있거든. 물론 매번 잊으면 습관이 될 수 있으니까 정말 중요한 준비물만 부탁하면 될 것 같아.

 VS

준비물을 안 가져왔어도 부모님이 가져다 주시면 안 돼. 자기 스스로 준비하는 습관을 들여야 나중에 커서도 뭐든 혼자 할 수 있어. 안 가져가서 수업에 문제가 있어도 그건 자기가 책임져야 하는 거야.

생각 열기

실내화, 가방 등 기본적인 준비물부터, 수업 때 필요한 것까지 준비물이 다양하게 있을 때가 있어. 준비물을 챙기는 일은 누가 해야 하는 것일까? 준비한 것을 놓고 갔다면 어떻게 해야 할까? 준비조차 잊고 하지 않았다면? 휴대폰이 없어 부모님께 연락할 방법이 없다면? 다양한 상황을 두고 생각해 보자.

9월 6일

독서 글쓰기

책은 틈틈이 읽는다.
VS
시간이 많을 때 읽는다.

| 너의 의견은 뭐야? | 이유를 말해 줘. (1~2개) | 그렇게 했을 때 문제점은 뭐야? | 그건 어떻게 해결할까? |

책은 틈틈이 읽어도 좋아. 시간이 많을 때 읽으려고 하면 더 하고 싶은 일들을 하다가 결국 못 읽게 될 수 있어. 물론 항상 책을 가지고 다니지는 않을 수 있으니까 전자책 같은 걸 읽으면 돼.

 VS

책은 시간이 많을 때 읽어야 해. 시간이 너무 짧으면 집중하기 쉽지 않아. 시간이 많아야 마음도 편안하게 읽을 수 있어. 물론 긴 시간이 잘 안 날 수 있겠지. 그럼 유튜브 시청 시간이나 게임, 또는 노는 시간을 줄여 보면 어떨까?

생각 열기

너는 틈나는 대로 하는 일이 있어? 사람은 정말 좋아하는 일이 있으면 자기도 모르게 틈나는 대로 하게 돼. 그런데 만약 원치 않는 일이라면 틈틈이 하기 쉽지 않아. 독서는 너에게 어떤 의미야? 틈틈이 해야 할까, 긴 시간 내어서 해야 할까?

4월 **24**일

학교 생활

공부는 다정하게 가르쳐야 한다.
vs
무섭게 가르쳐야 한다.

| 너의 의견은 뭐야? | 이유를 말해 줘. (1~2개) | 그렇게 했을 때 문제점은 뭐야? | 그건 어떻게 해결할까? |

 공부는 다정하게 가르쳐야 해. 그래야 공부할 때 편안한 마음으로 배울 수 있어. 이해도 잘 되고 질문도 편안하게 할 수 있어. 물론 지나친 다정함은 긴장감을 떨어뜨릴 수 있으니, 스스로 긴장감을 유지하려고 애써야 해.

VS

 공부는 무섭게 가르쳐야 해. 그래야 긴장하는 마음으로 제대로 배울 수 있어. 더 열심히 하게 되고 말이야. 다만 너무 무서우면 머리가 굳어서 아예 공부가 안 될 수 있으니, 그럴 땐 덜 무섭게 해달라고 부탁해 봐.

 생각 열기

누구나 부모님 혹은 선생님과 공부하며, 다정하게 배워 본 경험 또는 무섭게 배워 본 경험이 있을 거야. 무섭게 했을 때 긴장하고 잘 배우는 친구, 반대로 얼어 버리는 친구가 있을 거야. 다정하게 가르치면 잘 배우는 친구, 너무 편해서 잘 안 하는 친구들도 있을 거고. 친구들 경험도 들어 봐.

9월 5일

독서 글쓰기

위인전은 꼭 읽어야 한다. vs 아니다.

너의 의견은 뭐야? 이유를 말해 줘. (1~2개) 그렇게 했을 때 문제점은 뭐야? 그건 어떻게 해결할까?

위인전은 꼭 읽어야 해. 우리 부모님이 위인전을 읽어야 훌륭한 사람이 된대. 세상을 가꾼 사람들 이야기를 읽으면 세상에 감사하다는 마음도 생겨. 물론 읽기 싫을 수 있으니 얇고 쉬운 거나 만화로 읽어 봐.

 VS

위인전을 꼭 읽을 필요는 없어. 위인은 훌륭한 사람인데, 모두가 훌륭해져야 하는 건 아니니까. 내용이 나랑 맞지 않으면 읽기 힘들 거야. 물론 어떤 책이든 읽고 나면 배울 점은 있겠지만 세상엔 그것 말고도 배울 게 많아!

그거 알아?

위인전은 말 그대로 훌륭한 사람의 이야기야. 현재 살아 있는 분의 이야기도 있지만 아주 오래전 살던 분의 이야기도 있지. 위인전에 등장하는 분들은 분명 세상을 위해 훌륭한 일을 하신 분들인데 조금 과장되는 것도 없지 않아. 그래서 요즘은 인물 이야기라고 한대.

4월 25일

학교 생활

선생님이 아이들에게 존댓말을 쓰면 좋다.
vs
반말도 좋다.

- 너의 의견은 뭐야?
- 이유를 말해 줘. (1~2개)
- 그렇게 했을 때 문제점은 뭐야?
- 그건 어떻게 해결할까?

선생님이 아이들에게 존댓말을 쓰면 좋아. 그래야 아이들도 존중받는 느낌이 들어서 학교생활이 편안할 것 같아. 존댓말이 좀 거리감이 느껴질 순 있지만 사람 사이의 친밀함은 말뿐 아니라 행동으로도 보일 수 있는 거니 상관없어.

 VS

반말도 좋아. 존댓말은 자신보다 나이가 많은 사람에게 쓰는 말이니까. 사전에 보면 반말은 아주 높이지도 낮추지도 않는 말이라고 나와 있어. 물론 반말이 가끔 존중하지 않는 말로 느껴질 수 있지만 그건 반말이 문제가 아니라 말투의 문제야.

생각 열기

존댓말은 보통 윗사람에게 쓰는 말, 반말은 친밀한 사람에게 쓰는 말이야. 학교 선생님은 보통 어른이니까 반말을 써도 된다고 생각할 수 있고, 반대로 많은 아이들 앞이니까 존댓말을 써야 한다고 생각할 수도 있어. 너는 어때?

9월 4일

독서 글쓰기

책 읽기 좋은 곳은 집이다.
VS
도서관이다.

| 너의 의견은 뭐야? | 이유를 말해 줘. (1~2개) | 그렇게 했을 때 문제점은 뭐야? | 그건 어떻게 해결할까? |

책은 집에서 읽는 게 좋아. 집이 가장 편안한 공간이라 편한 자세로 읽을 수 있어. 늦게까지 읽어도 누가 뭐라고 하지 않아. 책 읽기를 방해하는 것이 있다면 방문을 꼭 닫고 읽어 봐.

VS

책은 도서관에서 읽는 게 좋아. 도서관은 조용해서 집중이 잘 돼. 책이 많아 이것저것 골라 읽는 재미도 있어. 물론 편한 자세로 보긴 힘들지만 오히려 바른 자세를 연습하는 데 좋지 않을까?

그거 알아? 공공 도서관은 시민을 위해 열어 두는 곳이야. 앉아서 책을 읽거나 빌릴 수 있지. 서점도 손님을 위해 의자를 마련해 둔 곳이 있어. 공원, 만화방도 책 읽기 좋은 곳이지. 이렇게 읽을 곳이 많은데, 그중에서도 집과 도서관 중 너는 어디에서 읽는 것이 좋았어?

4월 26일

학교 생활

학교는 꼭 다녀야 한다.
vs
꼭 다닐 필요는 없다.

| 너의 의견은 뭐야? | 이유를 말해 줘. (1~2개) | 그렇게 했을 때 문제점은 뭐야? | 그건 어떻게 해결할까? |

 **학교는 꼭 다녀야 해.** 학교는 공부도 배우고 기본적인 사회생활을 하면서 세상을 배우는 곳이거든. 물론 학교의 수업이나 방식이 너무 맞지 않을 수는 있지만 우리가 늘 하고 싶은 것만 할 수는 없잖아?

VS

 학교를 꼭 다닐 필요는 없어. 홈스쿨링을 하면서 아이의 개성과 성향에 맞게 공부하는 것도 나쁘지 않아. 학교에서만 할 수 있는 것, 예를 들어 친구를 사귀는 경험은 못 할 수 있지만 그건 다른 장소에서도 할 수 있어.

생각 열기

학교를 선택하지 않고, 홈스쿨링을 하는 경우가 있어. 이런 경우에는 검정고시를 보아서 학위를 취득해야 해. 학교는 사회를 배우는 중요한 곳이지만, 그 학교를 선택하지 않는다면 그만한 이유가 있겠지? 다양한 측면에서 생각해 보자.

9월 3일

독서 글쓰기

책은
사서 읽는 게 많다.
vs
빌려서 읽는 게 많다.

| 너의 의견은 뭐야? | 이유를 말해 줘. (1~2개) | 그렇게 했을 때 문제점은 뭐야? | 그건 어떻게 해결할까? |

사서 읽는 책이 더 많아. 산 책은 내 것이니 아끼며 집중해서 읽을 수 있어. 빌려서 읽으면 위생상 안 좋을 수도 있어. 매번 사려면 비용 부담이 크니까 그럴 땐 안 읽는 책을 중고로 팔면 돼.

VS

빌려서 읽는 책이 더 많아. 책을 일단 펼쳐 봐야 좋은지 아닌지 알기 때문이고, 다 사기에는 무리가 있어. 물론 도서관에 가는 번거로움, 인기 도서는 빌리기 힘들다는 점이 있지만 그럴 때 바로 사는 거지 뭐!

생각 열기

많은 도서관이 소독기를 비치해서 책을 소독하긴 하지만 그래도 찜찜해하는 사람이 있어. 하지만 책을 좋아한다면 매번 사기에는 부담일 수 있어. 사서 보는 사람, 빌려 읽는 사람, 독자마다 자기만의 방식이 있는데 너는 어느 쪽이야?

4월 27일

학교 생활

싸우는 친구들을 보면 말려야 한다.
vs
모른 체해야 한다.

| 너의 의견은 뭐야? | 이유를 말해 줘. (1~2개) | 그렇게 했을 때 문제점은 뭐야? | 그건 어떻게 해결할까? |

 싸우는 친구들을 보면 말려야 해. 가만히 두면 큰 싸움으로 번질 수 있잖아. 친구들이 서로 잘 지내게 돕는 것도 친구 관계를 잘하는 방법 중 하나가 아닐까? 물론 말리려고 했다가 나까지 휘말리면 좀 억울하니까 한 발자국 뒤에서 말리면 좋겠어.

VS

 싸우는 친구들을 보아도 모른 체해야 해. 끼어들었다가 나까지 싸우게 될 수 있어. 그럼 두 사람은 좀 더 싸우겠지? 하지만 그러다가 결국 화해하게 될 거야. 친구끼리 화해하는 법도 배우면서 스스로 해결하게 놔두어야 해.

 **생각 열기**

학교생활을 하다 보면 친구들의 크고 작은 다툼을 자주 볼 수 있어. 이럴 때 말려야 하는지, 모른 체해야 하는지 다소 난감한 상황을 겪어 보았을 거야. 너는 주로 어떻게 하는 편인지, 그랬던 이유는 무엇인지 떠올려 봐. 그 행동의 이유까지 떠올려 보면 입장이 정해질 거야.

9월 2일 — 독서 글쓰기

내가 읽을 책은 스스로 고르는 것이 좋다.
vs
누군가 골라 주는 것이 좋다.

- 너의 의견은 뭐야?
- 이유를 말해 줘. (1~2개)
- 그렇게 했을 때 문제점은 뭐야?
- 그건 어떻게 해결할까?

책은 스스로 골라 읽어야 해. 그래야 나의 관심과 연결된 책을 읽을 수 있고, 그런 책이 도움도 많이 돼. 더 폭넓게 못 읽을 수도 있겠지. 그럼 한 달에 한 권 정도는 다른 사람에게 추천을 받으면 어떨까?

VS

책은 누군가 골라 주는 것을 읽어야 해. 초등학생은 아직 어려서 책 고르기 어려워. 그러니 어른들이나 친구들 도움을 받으면 다양하게 볼 수 있어 좋아. 물론 스스로 고르는 힘을 못 키울 수 있으니 한 달에 한 번은 도서관에 가서 골라 보면 어때?

생각 열기 — 어린 독자들은 보통 어른들의 권유에 의해 책을 읽게 되는 경우가 많아. 물론 스스로 잘 고르는 어린이도 있고. 책을 고르려면 많이 골라 보아야 되고, 종류별 책이 다 있는 도서관도 많이 가 보아야 해. 그리고 나면 언젠가는 스스로 잘 고르게 될 거야!

4월 28일

학교 생활

수업은
학교 가서 하는 것이 좋다.
vs
온라인으로 하는 것이 좋다.

- 너의 의견은 뭐야?
- 이유를 말해 줘. (1~2개)
- 그렇게 했을 때 문제점은 뭐야?
- 그건 어떻게 해결할까?

학교 가서 수업하는 것이 좋아. 선생님과 친구들과 얼굴 마주하고 이야기도 할 수 있고, 온라인으로 못 하는 다양한 활동을 할 수 있어. 물론 대면하기 때문에 다툼이 좀 일어날 수도 있지만 그런 걸 잘 해결하는 것도 학교생활이잖아.

온라인 수업이 좋아. 일단 아침에 일찍 안 나가는 게 참 좋잖아. 너무 시끄럽지 않아 집중도 잘 돼. 물론 온라인 수업을 하면 눈이 피로하고 딴짓을 할 수도 있어. 그걸 막기 위해 처음엔 부모님이 도와주시면 좋을 것 같아.

생각 열기

우리는 '코로나 19'라는 전염병 사태를 겪으며 갑자기 비대면 수업을 한동안 했었어. 그래서 친구들 모두 대면 수업과 비대면 수업의 장단점을 느껴 보았을 거야. 그걸 하나하나 짚어 봐. 모든 것은 장단점이 있으니 더 나은 쪽을 선택해 보는 지혜 잊지 말고!

9월 1일

독서 글쓰기

집에 책이 많은 것이 좋다.
vs
많을 필요 없다.

| 너의 의견은 뭐야? | 이유를 말해 줘. (1~2개) | 그렇게 했을 때 문제점은 뭐야? | 그건 어떻게 해결할까? |

집에 책이 많은 게 좋아. 우리 집에 책이 많은데 골라서 읽을 수가 있거든. 뭘 읽을지 생각하는 게 설레. 너무 많으니까 이사 갈 때 조금 힘들었는데 가족이 다 같이 정리해서 다행이었어.

 VS

집에 책이 많을 필요 없어. 어차피 다 안 읽잖아. 청소와 정리만 힘들어질 뿐이야. 내가 읽은 책, 정말 아끼는 책만 보관해야 해. 물론 책을 좋아하면 많이 갖고 싶을 수 있는데 그건 그 사람 취향이야!

생각 열기

너희 집에 책이 몇 권 정도 있는지 알고 있어? 그리고 그중 얼마나 읽었어? 네가 골라 산 책과 부모님이 골라 주신 책은 어느 정도 비율로 있어? 책장 정리는 누가 해? 책이 많거나 적다면 이유는 뭐야? 다양하게 생각해 봐.

4월 29일

학교 생활

선생님은 쉬는 시간에도 교실에 계셔야 한다.
vs
아니다.

| 너의 의견은 뭐야? | 이유를 말해 줘. (1~2개) | 그렇게 했을 때 문제점은 뭐야? | 그건 어떻게 해결할까? |

선생님은 쉬는 시간에도 교실에 계셔야 해. 친구들이 위험한 장난을 하거나 너무 떠들면 도와주셔야 하거든. 물론 선생님도 쉬셔야 하니까, 교실에 선생님이 쉴 편안한 의자를 두면 좋겠어.

VS

쉬는 시간에 선생님이 교실에 꼭 계실 필요 없어. 어린이들도 자기들만의 시간이 필요하거든. 물론 무슨 일이 생길 수 있지만 교실 안에서 서로 다 보고 있으니까 나중에 말씀드리면 돼!

생각 열기

선생님은 학급을 잘 이끄는 일을 하시는 분이야. 적게는 20여 명부터 많게는 30명까지 많은 친구들과 하루를 보내시지. 쉬는 시간은 너희들도 선생님도 쉬는 시간이어야 할까? 아니면 선생님은 쉬는 시간에도 너희들을 돌보아야 할까?

9월
독서 글쓰기

❝ 책은 내가 골라? 누군가 골라 주셔?
같은 책을 여러 번 읽어? 한 번만 읽어?
책 읽기가 좋아? 글쓰기가 좋아? ❞

책 읽기 좋은 계절이 왔어요.
이달에는 독서와 글쓰기를 주제로
이야기를 나눠 보려고 해요.

4개의 질문에 순서대로 대답하며,
나의 읽기, 쓰기에 대한 생각을 펼쳐 보세요.

4월 30일 | 학교생활

모둠 활동은 꼭 필요하다.
vs
꼭 필요하지는 않다.

| 너의 의견은 뭐야? | 이유를 말해 줘. (1~2개) | 그렇게 했을 때 문제점은 뭐야? | 그건 어떻게 해결할까? |

모둠 활동은 꼭 필요해. 학교는 사회를 배우는 곳이기도 하잖아. 모둠 활동을 하다 보면 서로 대화로 맞추어 가고 양보하는 연습이 저절로 돼. 물론 의견이 안 맞을 때도 있으니까 배려하는 마음을 갖고 하면 돼.

VS

모둠 활동이 꼭 필요하지는 않아. 모둠 활동을 하다 보면 마찰이 자주 일어나. 또 하교 후에 해야 하는 거라면 시간 맞추기도 쉽지 않아. 모둠 활동을 하지 않아 협동심을 키울 수 없다면, 그건 체육 대회 등을 해도 충분해.

생각 열기

모둠 활동 해 본 적 있어? 초등학교뿐 아니라 중·고등, 그리고 대학교에서도 모둠 활동이나 조별 과제를 하는 경우가 많아. 책임감과 협동심을 키워 주고 서로 생각을 나누면서 창의성도 키우게 하려는 거지. 그런데 서로 잘 협조해야만 즐겁게 마무리할 수 있어. 이런 모둠 활동 필요할까? 개별 활동이 더 나을까?

8월 31일   **음식**

누구나 아는 맛집에는 꼭 가 보아야 한다.
VS
아니다.

| 너의 의견은 뭐야? | 이유를 말해 줘. (1~2개) | 그렇게 했을 때 문제점은 뭐야? | 그건 어떻게 해결할까? |

누구나 아는 맛집에는 꼭 가 보아야지! 사람들이 가는 곳이니까 정말 맛있을 거고, 또 유행을 즐기는 것도 하나의 재미니까. 물론 줄을 서야 하겠지만 기다리다 먹으면 더 맛있을걸.

VS

맛집에 꼭 가 볼 필요는 없어. 맛집은 일단 사람이 많아서 기다려야 해. 소문이 나지 않은 집 중에서도 맛집이 많으니 그런 데를 찾아서 가는 게 더 좋지 않을까? 물론 맛없을 수도 있지만 그것도 경험이지!

생각 열기

외식을 하거나 여행을 갈 때 우리는 흔히 그 지역의 맛집을 검색해 보고는 해. 소중한 한 끼 식사를 맛있게 해야 하니까. 그런데 요즘은 홍보의 힘으로 맛집이 되거나 돈을 주고 방송에 나와 맛집으로 소문나는 경우도 있어. 진짜 맛집도 물론 있고. 너는 맛집 꼭 가 보기에 대해 어떻게 생각해?

5월

일상생활

> 어린이날은 꼭 있어야 할까?
> 부모님이 시키는 일을 꼭 하는 것이 효도일까?
> 머리는 아침에 감을까, 저녁에 감을까?

가정의 달, 5월에는 나의 일상생활 속에서 일어나는
여러 가지 일들에 대해 이야기를 나눠 보려고 해요.

4개의 질문에 순서대로 대답하며,
행복하고 건강한 일상생활에 대해 이야기해 보세요.

8월 30일

음식

편의점에도 시식 코너가 있으면 좋겠다.
##
아니다.

| 너의 의견은 뭐야? | 이유를 말해 줘. (1~2개) | 그렇게 했을 때 문제점은 뭐야? | 그건 어떻게 해결할까? |

편의점에도 시식 코너가 있으면 좋겠어. 편의점에 먹을 것이 정말 많아서 무엇을 고를지 잘 모르겠거든. 혼잡할 수 있으니 문 옆에서 아주 작게 하면 어떨까?

VS

편의점에 시식 코너가 있으면 안 돼. 너무 복잡할 것 같아. 먹어 보고 안 사면 마트보다 더 미안할 것 같고. 물론 미리 먹어 보고 싶은 게 있을 수 있지만 그런 건 마트 가서 먹어 보도록!

그거 알아? 백화점이나 마트에서 시식 코너를 운영하는 이유는 미리 먹어 보게 해서 선택을 도우려는 거야. 그런데 사람들 심리가 맛있지 않아도 사게 될 수 있대. 일단 먹었으니까 그에 대한 합당한 행동이 구매라고 생각한다는 거지. 이걸 '상호성의 법칙'이라고 해. 시식 코너에도 깊은 경제 원리가 있지?

5월 1일 — 일상생활

부모님이 싸우실 때는 말려야 한다.
vs
모른 체해야 한다.

| 너의 의견은 뭐야? | 이유를 말해 줘. (1~2개) | 그렇게 했을 때 문제점은 뭐야? | 그건 어떻게 해결할까? |

부모님이 싸우실 때는 말려야 해. 안 말리면 계속 싸우시니까. 그리고 무서워서 공부에 집중도 안 돼. 말리다가 어른들 일에 신경 쓰지 말라고 혼나면, 어른들만의 일이 아니라 같이 사는 어린이도 힘들다고 간절히 말하자.

VS

부모님이 싸우실 때는 모른 체해야 해. 내가 말린 적이 있었는데 가서 공부하라고 더 혼났어. 그리고 말려도 어차피 싸움은 안 끝나. 물론 그 시간은 좀 괴로울 거야. 잠깐 나갔다 오거나 이어폰 끼고 음악을 들으면 좀 나아져.

생각 열기

부모님의 싸움을 본 아이들은 좋지 않은 영향을 받는다고 해. 우울하거나 좌절감을 느낄 수 있고, 공격성, 반항 행동을 보일 수 있대. 성인이 되어서도 문제가 이어질 수 있지. 부모님의 싸움을 본 적 있어? 어떻게 하는 게 지혜로운 걸까?

8월 29일

음식

삼각 김밥이 좋다.
vs
긴 김밥이 좋다.

| 너의 의견은 뭐야? | 이유를 말해 줘. (1~2개) | 그렇게 했을 때 문제점은 뭐야? | 그건 어떻게 해결할까? |

삼각 김밥이 좋아! 뜯는 선을 따라 비닐을 쏙 벗겨 내면 금방 먹을 수 있고 손에 잡기도 편해. 편의점에 다양한 것을 많이 팔기도 하고. 밥이 좀 촉촉하지 않은 느낌은 있는데 편리하니까 괜찮아.

VS

긴 김밥이 좋아. 양이 좀 더 많고 재료도 더 많이 들어 있어서 알차게 먹을 수 있어. 멸치 김밥, 불고기 김밥 등 종류도 많아졌지. 옆구리가 터질 수도 있지만 그때는 숟가락으로 퍼 먹으면 돼.

그거 알아? 삼각 김밥은 일본의 오니기리(주먹밥)에서 영향을 받아 생기게 되었어. 편의점 김밥의 대표 주자가 되었지. 간편하고 종류도 다양해서 많은 사람들이 좋아해. 그런데 김밥의 원조는 바로 긴 김밥이지! 너는 뭐가 더 좋아?

5월 2일 | 일상생활

친구 엄마를 부를 때는 아주머니!
vs
이모!

| 너의 의견은 뭐야? | 이유를 말해 줘. (1~2개) | 그렇게 했을 때 문제점은 뭐야? | 그건 어떻게 해결할까? |

친구 엄마는 아주머니라고 불러야 해. 그게 정확한 호칭이야. 이모라고 하면 우리 이모가 너무 섭섭해 할걸? 물론 어릴 때부터 이모라고 불렀다면 바꾸기 어색하니까 그럴 때만 이모라고 하자.

VS

친구 엄마는 이모라고 불러야 해. 그래야 맛있는 것을 더 많이 주시거든. 왠지 친한 느낌이 들어서 서로 기분도 좋아. 그럼 친구 아빠를 이모부라고 불러야 해서 그게 좀 어색할 순 있겠지. 하지만 친구 아빠는 자주 만나지 않아서 괜찮아.

생각 열기

한 온라인 커뮤니티에서 조사를 했는데 친구의 엄마에게 '너희 엄마'라고 부르는 것은 예의가 없다고 답한 사람이 58%였어. '너희 어머니'라고 하는 것이 더 예의가 있다는 거야. 직접 부를 때는 '아주머니', '○○(친구 이름) 어머니'라고 하는 것이 일반적이지. 아주 친한 경우 가족처럼 여겨서 '이모'라고도 해.

8월 28일

음식

식사는 일정한 시간에 해야 한다.
vs
시간 날 때 하면 된다.

| 너의 의견은 뭐야? | 이유를 말해 줘. (1~2개) | 그렇게 했을 때 문제점은 뭐야? | 그건 어떻게 해결할까? |

식사 시간은 일정해야 해. 그래야 과식하지 않을 수 있어. 특히 우리는 성장기니까 시간을 잘 맞추어 먹어야 잘 자라. 물론 요즘 아이들이 바빠서 제때 못 먹을 수 있으니 식사 시간에 맞추어 스케줄 짜는 것도 필요하지.

식사는 시간이 날 때 하면 돼. 식사를 꼬박꼬박 챙기다 보면 할 일을 못 하게 될 수 있어. 식사 시간을 피해 스케줄 잡기도 쉽지 않아. 특히 저녁은 말이야. 몸이 배고프다고 하면 중간 중간 간식 정도 먹으면 어떨까?

생각 열기

아침과 점심은 잘 지킬 수 있지만 학원을 다니면 저녁 시간은 일정하지 않을 수 있어. 특히 주말은 늦잠을 자서 더욱 그럴 수 있고. 요즘은 초등학생도 저녁을 편의점에서 먹는 경우가 많대. 자, 식사 시간을 일정하게 해야 할까, 아니면 상황을 고려해야 할까?

5월 3일 — 일상생활

길을 걸을 때 스마트폰을 봐도 된다. vs 안 된다.

- 너의 의견은 뭐야?
- 이유를 말해 줘. (1~2개)
- 그렇게 했을 때 문제점은 뭐야?
- 그건 어떻게 해결할까?

길을 걸을 때 스마트폰을 봐도 돼! 긴 거리를 가게 되면 너무 지겨우니까 스마트폰으로 여러 가지 볼 수밖에 없어. 길을 찾기 위해 지도를 보아야 할 때도 있고. 만약 차 때문에 위험하다고 생각되면 소리만 듣는 건 어때?

VS

길을 걸을 때 스마트폰을 보면 안 돼. 일단 걸음 자체가 느려져서 도착지에 늦을 수 있어. 다른 사람과 부딪치거나 차 사고가 날 수도 있어. 물론 지도를 보아야 할 때도 있지만 그럴 땐 잠시 멈추고 보는 게 좋아.

그거 알아? '스몸비'라는 말 들어 본 적 있어? '스마트폰'과 '좀비'의 합성어로 스마트폰을 보며 길을 걷는 사람을 뜻해. 2020년 한국교통안전공단이 발표했는데 전체 보행자 중 약 15%가 횡단보도 건널 때 스마트 기기를 사용한다고 해. 길을 걸으며 스마트폰을 보면 어떤 문제가 생길지, 꼭 보아야 하는 상황이 있다면 어떤 상황일지 생각해 봐.

8월 27일

음식

탕후루가 맛있다.
vs
그냥 과일이 맛있다.

| 너의 의견은 뭐야? | 이유를 말해 줘. (1~2개) | 그렇게 했을 때 문제점은 뭐야? | 그건 어떻게 해결할까? |

탕후루가 맛있어. 꼬치에 꽂아 먹는 것 자체가 즐거움을 주잖아. 하나씩 빼 먹는 것도 재밌고 달달해서 기분이 좋아져. 너무 달아서 먹다 보면 입에서 단내가 많이 나니까 양치는 꼭 해야 해.

 VS

그냥 과일이 맛있어. 과일을 한입 베어 물 때 나오는 그 맛이 정말 과일의 진정한 맛이거든. 탕후루보다 달지 않지만 원래 과일의 단맛을 느껴 보는 것이 더 소중해.

생각 열기

탕후루 열풍이 불고 있어. 탕후루는 딸기, 포도, 샤인머스캣 같은 과일에 설탕과 물엿을 입혀 꼬치에 꽂아 먹는 중국 전통 음식이야. 그냥 먹는 과일보다는 칼로리가 높을 수밖에 없어서 의사들은 많이 먹지 말라고도 해. 하지만 맛도 포기 못 하지! 너의 선택은?

5월 4일

일상생활

겨울에는 양말을 신어야 한다.
VS
아니다.

| 너의 의견은 뭐야? | 이유를 말해 줘. (1~2개) | 그렇게 했을 때 문제점은 뭐야? | 그건 어떻게 해결할까? |

겨울에는 양말을 신어야 해. 발이 차가우면 온몸이 춥게 느껴질 수 있거든. 정말 추우면 동상도 걸릴 수 있어. 양말을 매일 갈아 신는 것도, 옷이랑 맞추어 신는 것도 좀 귀찮을 수 있지만 내 몸을 보호하는 거니까!

VS

겨울이라고 양말을 꼭 신을 필요는 없어. 신발이 이미 따뜻하기 때문이지. 게다가 양말은 신고 벗고 빨기가 너무 번거로워. 물론 너무 추운 날이라면 발이 시려울 수 있으니, 털이 있는 신발을 신으면 될 것 같아.

그거 알아? 겨울에 신발도 없이 맨발로 걷기 운동을 하는 사람들도 있대. 반면에 발이 시려서 양말을 2켤레씩 신는 사람도 있어. 우리가 양말을 신는 까닭은 뭘까? 양말을 대신할 수 있는 것이 있다면? 어떤 신발을 신으면 양말을 안 신어도 될까? 이런 점들을 다양하게 생각해 봐.

8월 26일

음식

출출할 때 과자가 좋다.
vs
빵이 좋다.

| 너의 의견은 뭐야? | 이유를 말해 줘. (1~2개) | 그렇게 했을 때 문제점은 뭐야? | 그건 어떻게 해결할까? |

과자가 좋아. 바삭바삭 먹는 소리부터 기분이 좋잖아. 맛도, 색도 여러 가지라서 골라 먹는 재미도 있어. 요즘은 과자 봉지에 과자보다 질소가 더 많은 것 같지만 그래도 맛있으니까!

 VS

빵이 좋아. 일단 빵은 조금 먹으면 배가 불러. 안에 크림 같은 것이 들어 있거나 겉에 토핑이 있는 것들이 있어 다양한 식감을 느낄 수 있어. 물론 칼로리가 높아 안 좋으니까 적당히 먹어야지.

그거 알아?

과자는 영양소는 없고 칼로리만 높아 너무 많이 먹으면 문제가 된대. 성장이 늦고 집중력이 떨어진다고 해. 빵은 밀가루나 곡물 가루를 물, 우유에 반죽해서 굽거나 찐 거야. 배를 채우긴 좋은데 역시 밀가루 음식이라 많이 먹으면 건강에 좋지 않아. 둘 중 하나를 고른다면?

5월 5일 어린이날 일상생활

어린이날은 꼭 있어야 한다.
vs
없어도 된다.

| 너의 의견은 뭐야? | 이유를 말해 줘. (1~2개) | 그렇게 했을 때 문제점은 뭐야? | 그건 어떻게 해결할까? |

어린이날은 꼭 있어야 해. 1년 중 하루 어린이날을 보내면서 어린이 인권에 대해 좀 더 생각해 볼 수 있잖아. 어버이날이 있는 것처럼 말이야. 만약 선물 사 주는 것이 부담된다면 사랑한다는 말로도 괜찮아!

어린이날은 없어도 돼. 평소 어린이를 존중하고 행복하게 도와주는 것이 더 중요하거든. 부모님들에게 부담되는 날이기도 하고, 부모님 없는 어린이들은 소외감을 느낄 것 같아. 물론 좀 섭섭하겠지만 이날 아니어도 어린이로 잘 살아가잖아.

그거 알아? 어린이날은 소파 방정환 선생님이 1923년 5월 1일 최초로 만든 날이야. 어린이 인권이 존중받지 못했던 시절 어린이의 기본권을 보장하고 보호해야 한다는 것이 널리 알려진 날이지. 이런 어린이날의 의미가 지금 잘 지켜지고 있을까?

8월 25일 / 음식

어린이가 먹방 유튜버를 하는 것은 괜찮다. vs 좋지 않다.

- 너의 의견은 뭐야?
- 이유를 말해 줘. (1~2개)
- 그렇게 했을 때 문제점은 뭐야?
- 그건 어떻게 해결할까?

어린이가 먹방 유튜버를 하는 것은 괜찮아. 자기가 좋아하는 음식을 먹는 모습을 보여 주면서 행복한 시간을 보내는 것, 하나의 좋은 취미가 될 거야. 먹방을 찍느라 너무 많이 먹게 될 수 있으니 날짜는 정해 놓고 하면 좋겠어.

VS

어린이가 먹방 유튜버를 하는 것은 좋지 않아. 사람들 관심을 끌기 위해 너무 많이 먹거나 지나치게 자극적인 것을 먹어 건강에 해로울 수 있어. 정말 하고 싶다면 부모님과 함께 가끔만 하면 어때?

생각 열기

초등학생 중 먹방 유튜버를 하는 친구들 본 적 있어? 주로 엄마가 해 주신 음식을 먹기도 하고 라면, 햄버거 등을 먹으며 구독자와 소통하기도 해. 네가 먹방 유튜브를 본다면 이유는 뭐야? 직접 하는 아이들은 어떤 점이 좋고 반대로 어떤 점에서 좋지 않을까?

5월 6일

일상생활

친구 집에 갈 때는 양말을 꼭 신어야 한다. vs 아니다.

| 너의 의견은 뭐야? | 이유를 말해 줘. (1~2개) | 그렇게 했을 때 문제점은 뭐야? | 그건 어떻게 해결할까? |

친구 집에 갈 때는 양말을 꼭 신어야 해. 다른 사람 집에 맨발로 들어가면 발이 깨끗하지 않은 경우 민폐가 될 수 있어. 보기도 좀 그렇잖아. 갑자기 가게 되는 경우 양말이 없을 수 있으니 그럴 땐 양해를 구하면 돼.

 VS

친구 집에 갈 때 양말을 꼭 신을 필요는 없어. 요즘은 사람들이 아주 추운 겨울 아니면 양말을 거의 안 신잖아. 신발 신고 들어가는 것도 아닌 걸. 물론 발이 더러우면 싫어할 수 있으니 늘 청결하게 닦고 다니면 돼.

그거 알아?

나라마다 중요하게 생각하는 예절이 있어. 중국은 아이의 머리를 쓰다듬으면 안 된다고 해. 일본은 젓가락으로 음식을 주고 받으면 안 되지. 미국은 나이 등의 개인적 질문을 하지 않아야 해. 우리나라는 다른 이의 집에 방문할 때 미리 약속하고 가는 등의 예절이 있어. 그럼 양말 착용 여부는 어떨까?

8월 24일 | 음식

떡볶이를 먹을 때는 튀김이 좋다.
vs
순대가 좋다.

| 너의 의견은 뭐야? | 이유를 말해 줘. (1~2개) | 그렇게 했을 때 문제점은 뭐야? | 그건 어떻게 해결할까? |

떡볶이는 튀김과 먹어야 해. 느끼한 튀김을 떡볶이 국물에 찍어 먹으면 느끼함이 잡히고 떡의 매운맛도 중화되어서 둘은 환상의 짝꿍이거든! 물론 다 먹으면 배부르니까 다른 사람과 같이 먹자.

 VS

떡볶이는 순대와 먹어야 해. 순대는 까맣고 떡볶이는 빨개서 보는 것만으로도 균형 잡힌 느낌이야. 떡볶이의 매운맛과 순대의 묵직한 맛이 입에서 섞이는 느낌도 좋아. 물론 너무 배부를 수 있으니 적당히 먹도록 해.

생각 열기

우리나라 국민 분식하면 떡볶이지. 더해서 튀김, 순대, 어묵, 김밥까지 정말 최고의 분식이야. 분식점에 가면 떡볶이는 꼭 순대나 튀김과 세트 메뉴로 있어. '떡튀순'이라는 귀여운 이름을 달고 말이야. 왜 세트로 만들었을까? 너는 튀김, 순대하고 먹어 보니 어땠어?

5월 7일

일상생활

초등학생도 친구와 카페에 가도 된다. vs 아니다.

| 너의 의견은 뭐야? | 이유를 말해 줘. (1~2개) | 그렇게 했을 때 문제점은 뭐야? | 그건 어떻게 해결할까? |

초등학생도 카페에 가도 돼. 카페는 어른들이 차를 마시는 곳이지만 어린이가 마실 음료도 많아. 게다가 나쁜 말이 오가거나 술을 마시는 곳도 아니잖아. 물론 너무 떠들면 다른 사람에게 피해가 갈 수 있으니까 조용히 말해야 해.

초등학생은 카페에 가지 않는 것이 좋아. 카페는 본래 어른들이 차 마시면서 대화하는 장소야. 어린이는 어린이들 공간에서 노는 것이 좋아. 물론 부모님과 다니다 보면 안 갈 수 없는 상황이 있으니 그럴 때만 가면 어떨까?

생각 열기

학교 가기 전에는 주로 '키즈 카페'라는 곳을 이용하는 아이들이 많아. 그런데 초등학생에게 키즈 카페는 좀 어울리지 않지? 그럼 본래 어른들이 가는 카페에 가는 건 어떻게 생각해? 카페에서 파는 음료, 분위기, 카페에서 할 수 있는 일 등을 고려해서 생각해 봐.

8월 23일   음식

뷔페가 좋다.
vs
일반 식당이 좋다.

| 너의 의견은 뭐야? | 이유를 말해 줘. (1~2개) | 그렇게 했을 때 문제점은 뭐야? | 그건 어떻게 해결할까? |

 뷔페가 좋아. 넓어서 여기저기 돌아다니는 것이 좋고 음식 구경하는 것도 재밌어. 먹고 싶은 걸 실컷 먹어서 행복해. 물론 조금 비싼 곳이 많으니까 특별한 날만 가면 좋겠어.

VS

 일반 식당이 좋아. 일단 돌아다니면서 음식을 가져오지 않아도 되어서 편해. 한 가지를 잘 먹어야 제대로 먹은 것 같아. 다양한 걸 먹고 싶다면 매일 메뉴를 바꾸어 봐.

 생각 열기

뷔페는 여러 가지 음식을 놓고 사람들이 각자 먹을 만큼 덜어 먹는 식당이야. 결혼식장, 호텔 같은 곳은 주로 뷔페식당이 있고 따로 찾아갈 수도 있어. 한식, 일식, 중식 등 다양한 음식이 있어. 그런가 하면 한 가지 음식 또는 비슷한 종류 음식만 파는 식당도 있지.

5월 8일 어버이날   일상생활

부모님이 시키는 일을 꼭 하는 것이 효도이다. vs 아니다.

| 너의 의견은 뭐야? | 이유를 말해 줘. (1~2개) | 그렇게 했을 때 문제점은 뭐야? | 그건 어떻게 해결할까? |

부모님이 시키는 일을 꼭 하는 것이 효도야. 양치, 일찍 자기, 숙제, 고운 말 쓰기 등 모두 우리들을 위한 일이거든. 가끔 어른들이 먼저 지키지 않으면 따르고 싶지 않을 때도 있으니 어른들도 잘 해 달라고 부탁하면 돼.

부모님이 시키는 일을 다 하는 것이 효도는 아니야. 내 인생은 내 것이니까, 내가 판단해서 하면 돼. 부모님이 하라고 하는 일이 다 맞지 않을 수도 있고. 물론 말을 듣지 않아 손해 볼 일이 생긴다면 그건 내가 책임져야지.

그거 알아? 부모의 유형을 4가지로 나누면 지시형, 티칭형, 멘토형, 코칭형이 있대. 명령을 주로 하면 지시형, 가르쳐 주는 방식의 티칭형, 경험을 바탕으로 좋은 것을 안내해 주는 멘토형, 스스로 결정을 하게 돕는 코칭형이 있지. 너의 부모님은 어떤 유형이셔?

8월 22일

음식

떡볶이에는 어묵이 꼭 들어가야 한다.
VS
아니다.

| 너의 의견은 뭐야? | 이유를 말해 줘. (1~2개) | 그렇게 했을 때 문제점은 뭐야? | 그건 어떻게 해결할까? |

떡볶이에는 어묵이 꼭 들어가야 해. 떡의 쫄깃함이 힘겨울 때 즈음 말랑한 어묵이 내 치아를 달래 주거든. 식감도 부드러워 좋고. 어묵을 안 넣어 주는 분식점이라면 가지 않는 게 좋겠지.

VS

떡볶이에 어묵이 꼭 들어갈 필요는 없어. 떡이 주인공이잖아. 떡하고 소스 맛이 떡볶이 맛을 결정해! 물론 너무 심심한 느낌이 들 순 있겠지. 그럼 어묵을 따로 주문해서 먹으면 돼.

생각 열기

떡보다 어묵을 좋아하는 사람을 위해 어묵볶이를 파는 곳도 있어. 무엇을 더 넣어 줄지 물어봐 주는 곳도 있지! 너는 어떤 떡볶이가 좋아?

5월 9일 — 일상생활

침대에서 자는 것이 좋다.
vs
바닥에서 자는 것이 좋다.

| 너의 의견은 뭐야? | 이유를 말해 줘. (1~2개) | 그렇게 했을 때 문제점은 뭐야? | 그건 어떻게 해결할까? |

침대에서 자는 것이 좋아. 침대는 일단 푹신하고 나만의 공간이라는 느낌이 있어. 책 읽다가 잠들기도 딱 좋지. 허리도 안 아파. 물론 침대가 작으면 떨어질 수 있으니까 안쪽에서 자도록 해.

 VS

바닥에서 자는 것이 좋아. 바닥은 넓어서 뒹굴뒹굴할 수 있거든. 여름에 거실에 다 모여 바닥에서 잘 때 가족과 친해진 것도 좋았어. 만약 허리가 아프다면 푹신한 이불을 깔면 돼.

그거 알아? 우리나라의 전통 집은 한옥인데 한옥의 자랑거리가 있지. 바로 온돌이야. 아궁이에 불을 때서 방바닥 아래 돌을 달구어 방 전체를 따뜻하게 하는 거야. 이를 좋아하는 유럽인들이 가정에 도입하고 있다고 해.

8월 21일

음식

중국 음식(짜장, 짬뽕)이 좋다.
vs
일본 음식(초밥, 회)이 좋다.

| 너의 의견은 뭐야? | 이유를 말해 줘. (1~2개) | 그렇게 했을 때 문제점은 뭐야? | 그건 어떻게 해결할까? |

중국 음식이 좋아. 짬짜면과 탕짜면처럼 2가지를 같이 먹을 수 있어서 더 좋아. 물론 기름진 음식이라 건강에 나쁠 수 있지만 자주 먹지 않으면 돼.

일본 음식이 좋아. 종류가 생각보다 많거든. 깔끔하게 먹는 느낌도 좋아. 날것이 많아 여름에 먹으면 식중독에 걸릴 위험은 있을 거야. 그럴 때는 계란 초밥, 구운 고기 초밥 같은 걸 먹으면 돼.

그거 알아? 짜장, 짬뽕, 탕수육, 팔보채, 깐쇼새우 같은 것이 중식이야. 회, 돈까스, 초밥, 우동, 소바, 라멘, 규동 같은 것은 일식이야. 중식은 커다란 팬을 활용해 센 불에서 빨리 조리하는 것이 많아. 일식은 섬세하게 표현하는 요리가 많고, 섬나라라서 해산물 요리가 많지.

5월 10일 · 일상생활

어린이는 9시간 이상 자야 한다.
vs
9시간 이하로 자도 된다.

| 너의 의견은 뭐야? | 이유를 말해 줘. (1~2개) | 그렇게 했을 때 문제점은 뭐야? | 그건 어떻게 해결할까? |

어린이는 9시간 이상 자야 해. 충분히 자야 공부도 놀이도 건강한 몸으로 할 수 있어. 한창 키가 커야 할 때인데 못 자면 키도 안 커. 물론 너무 바쁘면 9시간 자기 힘들 수 있지만 생존권이라고 생각하고 지키도록 생활 계획을 짜면 돼.

VS

9시간 이하로 자도 돼. 학교부터 학원까지 다니면서 여러 가지 일을 하다 보면 9시간 자기 쉽지 않을 때가 많아. 너무 적게 자면 성장에 방해될 수 있으니 주말은 충분히 자는 걸로 하면 어떨까?

그거 알아? 서울대학교에서 연구한 결과에 따르면 초등학생의 적정 수면 시간은 9시간~11시간이라고 해. 그래야 학업 능력, 성장에 문제가 없고 스트레스 관리도 잘할 수 있어. 과식도 하지 않게 되고. 너의 수면 시간에 대해 생각해 볼까?

8월 20일 — 음식

비빔 냉면은 만두와 먹어야 한다.
vs
고기와 먹어야 한다.

| 너의 의견은 뭐야? | 이유를 말해 줘. (1~2개) | 그렇게 했을 때 문제점은 뭐야? | 그건 어떻게 해결할까? |

비빔 냉면은 만두와 먹어야 해. 매운맛을 잡아 주는 것이 만두거든. 냉면과 식감도 달라서 입안의 행복감을 느낄 수 있어. 물론 두 가지 다 먹으면 살찔 수 있으니 양을 조절하도록 해.

VS

비빔 냉면은 고기와 먹어야 해. 고기에 비빔 냉면을 싸서 먹으면 쫄깃함이 두 배가 되어서 정말 맛있거든. 물론 고기를 안 주는 냉면 집이 있을 수 있으니 잘 찾아가도록 해!

그거 알아? 고려 시대 어느 사람이 국수를 동치미 국물에 말아 먹기 시작한 것이 평양성까지 퍼져 평양 냉면이 되었대. 함흥에서는 국수에 참기름, 소고기 국물, 양념 등을 넣어 먹었는데 이건 함흥 냉면이 되었어. 두 가지 모두 여름이면 사람들이 많이 찾는 음식이 되었지.

5월 11일

일상생활

어린이는 12시 이전에 자야 한다.
vs
12시 이후에 자도 상관없다.

| 너의 의견은 뭐야? | 이유를 말해 줘. (1~2개) | 그렇게 했을 때 문제점은 뭐야? | 그건 어떻게 해결할까? |

어린이는 12시 이전에 자야 해. 그래야 학교 가기 전까지 충분한 시간을 잘 수 있어. 게다가 밤 10시부터 성장 호르몬이 나온다고 하니 일찍 자는 것이 필수겠지? 하고 싶은 것이 많다면 일찍 일어나서 하면 어때?

VS

12시 이후 자도 상관없어. 공부하고 좋아하는 책을 읽고 유튜브도 보다 보면 금방 12시가 되거든. 가족과 같이 보낼 시간이 밤 시간밖에 없기도 해. 수면이 부족하다고 생각된다면 주말에 몰아서 자면 돼.

그거 알아? 스트레스에 잘 저항하게 도와주는 멜라토닌이 나오기 시작하는 시간이 밤 9시부터 11시 사이이고, 새벽 2시경에 가장 많이 나온다고 해! 이 시간은 꼭 잠을 청해 보면 어떨까?

8월 19일

음식

밥 먹을 때 김치는 꼭 있어야 한다.
VS
아니다.

| 너의 의견은 뭐야? | 이유를 말해 줘. (1~2개) | 그렇게 했을 때 문제점은 뭐야? | 그건 어떻게 해결할까? |

밥 먹을 때 김치는 꼭 있어야 해. 영양소가 풍부하고 눈 건강, 면역력, 암 예방 등 효능이 정말 많아. 게다가 우리 대표 음식이니까 김치가 빠진 밥상은 상상이 안 돼! 물론 매운 것 먹기 힘드니까 잘 조절해서 먹어 봐.

 VS

김치가 꼭 있어야 하는 건 아니야. 요즘은 김치의 영양소를 대체할 수 있는 음식이 많잖아. 물론 우리 대표 음식이긴 하지만 그 중요성을 기억하고 있으면 되는 거 아닐까?

그거 알아? 김치는 지금 전세계로 매우 활발하게 수출되고 있어. 한국을 알리는 데 한몫하고 있지. 김장 문화가 2013년에 유네스코 인류 무형 문화유산에 등재된 것 알고 있어? 게다가 11월 22일은 김치의 날이야. 우리 김치 참 자랑스럽지?

5월 12일

일상생활

아침에 스스로 일어나야 한다.

부모님이 깨워 주셔야 한다.

| 너의 의견은 뭐야? | 이유를 말해 줘. (1~2개) | 그렇게 했을 때 문제점은 뭐야? | 그건 어떻게 해결할까? |

아침에 스스로 일어나야 해. 아침을 시작하는 일은 하루의 출발이자 기본이야. 스스로 일어나는 일도 못하면 어떤 일도 제대로 해낼 수가 없어. 혼자 일어나기 힘들 수 있으니 그럴 때는 알람을 해 두면 돼.

VS

어린이는 부모님이 깨워 주셔야 해. 어린이는 제 시간에 일어날 연습이 되어 있지 않아. 매일 같은 시간에 깨워 주시다 보면 어느새 습관이 될 테니 도움을 받아 봐. 부모님이 바쁘시다면 그럴 때만 알람을 이용해 봐.

그거 알아?

멜로디가 있는 알람, 시끄러운 소리의 알람으로 연구를 했는데 멜로디가 있는 알람이 서서히 잠을 깨게 하는 데 더 도움이 되었다고 해. 너는 아침에 멜로디 알람, 시끄러운 알람, 부모님의 도움 중 어느 것으로 일어나는 것이 좋아?

8월 18일 — 음식

혼자 밥 먹을 때 휴대폰을 봐도 된다.
VS
안 된다.

| 너의 의견은 뭐야? | 이유를 말해 줘. (1~2개) | 그렇게 했을 때 문제점은 뭐야? | 그건 어떻게 해결할까? |

혼자 밥 먹을 때는 휴대폰을 봐도 돼. 밥 먹는 시간이 지루하지 않거든. 딱히 할 일도 없고 말이야. 물론 휴대폰에 빠져들어서 밥 먹는 시간이 너무 길어질 수 있으니 그 시간에 딱 어울리는 것을 보면 좋겠어.

VS

혼자 밥 먹을 때도 휴대폰은 안 보는 것이 좋아. 밥과 반찬에 집중해야 적당한 양을 먹을 수 있고 맛도 느낄 수 있어. 밥을 먹는 시간만큼은 자신에게 집중하면 어때? 물론 혼자 먹으면 심심할 수 있지만 그런 시간도 필요하지 않을까?

생각 열기

혼밥이 점점 늘고 있어. 혼밥은 말 그대로 혼자 먹는 밥이지. 혼밥 식당도 늘어나고 있고. 그런 곳에 가 보면 대부분 휴대폰을 보면서 식사를 하고 있어. 학원 시간 때문에 혼밥하는 초등학생이 늘고 있다는 기사도 나왔어. 이럴 때 휴대폰 보는 것 어때?

5월 13일

일상생활

옷은 매일 갈아입어야 한다.
vs
아니다.

| 너의 의견은 뭐야? | 이유를 말해 줘. (1~2개) | 그렇게 했을 때 문제점은 뭐야? | 그건 어떻게 해결할까? |

옷은 매일 갈아입어야 해. 바깥 활동을 하다 보면 옷에 많은 오염 물질이 묻게 돼. 미세 먼지도 많고. 그 옷을 계속 입으면 집도 지저분해지고 병에 걸리기 쉽지. 빨래가 너무 많이 나온다면 무인 빨래방을 이용해 봐.

VS

옷을 매일 갈아입을 필요는 없어. 사람은 적당한 균과 살아야 면역력이 생겨서 건강할 수 있거든. 게다가 가족이 모두 매일 갈아입으면 빨래 양을 어떻게 감당해? 지저분하다는 느낌이 들고 찝찝하다면 그럴 때만 스스로 빨래를 해 봐.

생각 열기

요즘은 많은 가정이 건조기를 사용해. 빨래를 하고 나서 바로 말릴 수 있어 편리하지. 그런가 하면 요즘 24시 무인 빨래방도 많이 생겼어. 건조기가 없거나, 큰 이불 빨래 등을 할 때 주로 이용하지. 어린이가 있는 가정은 빨래가 많이 나오는 편인데, 너희 집은 어때?

8월 17일 | 음식

먹방 유튜브는
되도록 보지 않는 것이 좋다.
vs
보아도 좋다.

| 너의 의견은 뭐야? | 이유를 말해 줘. (1~2개) | 그렇게 했을 때 문제점은 뭐야? | 그건 어떻게 해결할까? |

먹방 유튜브는 보지 않는 것이 좋아. 그 시간은 그냥 남이 먹는 것을 보는 시간일 뿐 의미가 없어. 괜히 먹고 싶어져서 과식할 수도 있고. 물론 재밌게 느껴진다면 차라리 가족끼리 먹으며 서로 먹방 유튜브 놀이를 해 봐.

VS

먹방 유튜브를 보는 것, 상관없지. 재미이자, 즐거움이잖아. 내가 못 먹는 것을 먹는 사람을 보며 스트레스도 풀 수 있어. 물론 너무 보다 보면 중독될 수 있으니 시간을 정해 놓고 보도록 해.

생각 열기

먹방 유튜버를 보면 보통 엄청난 음식을 앞에 두고 먹고는 해. 이런 유튜버가 많다 보니 과식, 폭식을 조장해 올바른 식습관 문화에 문제가 된다며 규제해야 한다는 의견이 있어. 반대로 이런 것까지 규제하면 지나친 자유 침해라는 의견도 있지. 너는 어때?

5월 14일

일상생활

내 이불 정리는 내가 해야 한다.
vs
부모님이 해 주셔야 한다.

| 너의 의견은 뭐야? | 이유를 말해 줘. (1~2개) | 그렇게 했을 때 문제점은 뭐야? | 그건 어떻게 해결할까? |

내 이불 정리는 내가 해야지. 내가 자고 일어난 자리잖아. 자기 잠자리, 자기 앉은 자리를 잘 정돈하는 사람이 성실하게 다른 일도 잘하지 않을까? 이불 정리하는 법을 모른다면 부모님께 배워 봐.

 VS

아직은 부모님이 해 주셔야 해. 이불 정리는 어린이가 하기엔 어려운 일이야. 내가 하면 제대로 못해서 결국 부모님이 다시 해 주셔. 물론 자기가 쓴 것은 자기가 정돈하는 습관도 중요하지만 그건 학용품 정리 같은 소소한 일부터 하면 돼.

그거 알아? 사회경제학자 랜들 벨 박사가 각 분야에서 성공한 사람 5천 명을 조사했는데, 아침에 침대를 정리하는 사람이 백만장자가 될 가능성이 206% 가량 높다는 결과가 나왔대. 아침의 작은 일 같지만 사실 우주의 한 부분인 내 주변부터 정리하는 건 매우 좋은 습관인 거지.

8월 16일

음식

떡볶이는 매운맛이 좋다.
vs
순한 맛이 좋다.

| 너의 의견은 뭐야? | 이유를 말해 줘. (1~2개) | 그렇게 했을 때 문제점은 뭐야? | 그건 어떻게 해결할까? |

떡볶이는 매운맛이 좋아.
입에서 매운맛이 확 퍼지면 스트레스가 풀리거든. 너무 매울 수 있으니까 일단은 1단계부터 시작해 봐. 물론 그래도 매울 수 있으니까 물을 많이 준비해 놓고 먹어야 해.

 VS

떡볶이는 순한 맛이 좋아.
나는 매운 것을 못 먹거든. 매운 것을 먹으면 땀이 나서 더워. 순한 맛을 먹으면 기분도 좋아지고 떡 맛도 제대로 느낄 수 있어. 너무 심심하다 느껴지면 단무지랑 먹어.

생각 열기

매운 음식이 몸에 좋지 않다고 알려져 있지만 사람들은 꾸준히 찾고 있어. 얼마나 매운 음식을 잘 먹는지 보여 주는 유튜버들도 있지. 매운 음식의 캡사이신이 혀에 닿으면 통증이 느껴지고 그걸 없애려고 엔도르핀 같은 물질을 만든다고 해. 엔도르핀은 기분을 좋게 만들어 줘.

5월 15일 스승의 날 — 일상생활

선생님으로 하루 살아 볼 수 있다면 경험해 보겠다.
vs
아니다.

| 너의 의견은 뭐야? | 이유를 말해 줘. (1~2개) | 그렇게 했을 때 문제점은 뭐야? | 그건 어떻게 해결할까? |

선생님으로 하루 살아 보겠어! 선생님이 우리를 가르치시면서 무엇이 힘든지 느껴 보고 싶어. 그럼 선생님을 더 잘 이해할 것 같아. 내가 모르는 것을 가르치는 일이 당황스러울 테니까 공부를 미리 엄청 많이 해야 해.

VS

선생님으로 살아 보지 않을 거야. 아침에 일찍 오셔서 많은 아이들을 지도하시는 것을 보면 정말 힘들어 보여서 내가 못할 것 같아. 선생님의 입장을 느껴 보지 못해 아쉽다면, 역할 놀이를 해 보는 것으로 하자!

그거 알아? 초등학교 선생님이 되려면 교육대학교나 초등교육과를 졸업하고 임용 고시를 보아야 하지. 선생님은 지식은 물론이고 생활 태도도 가르쳐 주시는 분이야. 수업 진행, 급식 지도, 그리고 연수라는 이름의 공부 등 해야 할 일이 많고, 아이들을 이해하는 마음도 있어야 하지. 네가 보았던 선생님의 하루를 떠올려 봐.

8월 15일 광복절 | 음식

저학년이 혼자 가스레인지를 사용해도 된다. vs 안 된다.

| 너의 의견은 뭐야? | 이유를 말해 줘. (1~2개) | 그렇게 했을 때 문제점은 뭐야? | 그건 어떻게 해결할까? |

저학년 혼자 가스레인지를 사용해도 돼. 사용법을 정확히 배우면 위험할 일이 없어. 부모님이 안 계셔도 밥은 먹어야 하잖아. 만약 부모님이 걱정하시면 영상 통화하면서 하면 어때?

VS

저학년은 혼자 가스레인지를 사용하면 안 돼. 불이기 때문에 너무 위험해. 물이나 국이 갑자기 끓어오르면 당황해서 불을 못 끌 수도 있어. 부모님이 안 계시면 냉장고에 있는 음식이라도 먹으면 돼.

생각 열기

요즘은 가스레인지보다는 전기로 하는 인덕션이나 하이라이트를 많이 사용하지. 그런데, 이것도 윗면이 뜨거워져서 위험할 수 있어. 하지만 라면을 끓이는 정도는 괜찮다고 하는 가정도 있지. 부모님의 의견을 먼저 여쭤봐. 그리고 너의 생각도 말해 봐.

5월 16일

일상생활

머리는
아침에 감아야 한다.
vs
저녁에 감아야 한다.

| 너의 의견은 뭐야? | 이유를 말해 줘. (1~2개) | 그렇게 했을 때 문제점은 뭐야? | 그건 어떻게 해결할까? |

머리는 아침에 감아야 해. 저녁에 감으면 머리가 엉클어져서 아침에 결국 다시 물을 뿌려서 정돈해야 하거든. 아침에 샤워하면서 감는 게 좋아. 물론 저녁에 찜찜할 수 있으니 가볍게 털어 내고 자면 돼.

 VS

머리는 저녁에 감아야 해. 하루 종일 바깥 활동을 하고 들어왔으니 얼마나 많은 오염 물질이 있겠어. 그 오염 물질을 밤에 깨끗하게 씻고 자야 수면에 도움이 되지. 저녁에 감으면 말리고 자야 해서 불편할 순 있으니, 최대한 빨리 감고 말려 봐.

생각 열기

두피가 건강하지 않으면 머리카락이 많이 빠질 수 있대. 두피를 건강하지 못하게 하는 것은 샴푸일 수도 있고, 먼지일 수도 있어. 먼지 때문에 저녁에 감는 사람, 외출하기 전 아침에 감는 사람, 하루 2번 감는 사람도 있대.

8월 14일   **음식**

이왕이면 공정 무역 초콜릿! vs 일반 초콜릿!

| 너의 의견은 뭐야? | 이유를 말해 줘. (1~2개) | 그렇게 했을 때 문제점은 뭐야? | 그건 어떻게 해결할까? |

공정 무역 초콜릿을 사야지. 말 그대로 공정한 무역으로 만들어진 거니, 카카오 농장 사람들에게 적절한 수고의 대가가 돌아갈 거야. 공정 무역 초콜릿을 살 수 있는 곳이 많지 않지만 온라인으로도 살 수 있어.

 VS

일반 초콜릿을 사도 돼. 공정 무역 제품은 사실 좀 비싸잖아. 파는 곳이 많지 않아 사기도 힘들어. 공정 무역 초콜릿을 사는 게 더 좋다는 건 알지만, 초콜릿은 그렇게 자주 먹는 음식이 아니니 큰 영향은 없을 거야.

 **그거 알아?** '공정 무역'은 말 그대로 공정하게 무역해서 제품을 만드는 거야. 원재료를 생산한 생산자에게 정당한 대가가 갈 수 있게 보장해 주는 거지. 불공정 무역이 너무도 오랫동안 당연하게 이루어졌고 지금도 그래. 초콜릿 원재료를 생산하는 카카오 농장에 대해 더 찾아보고 입장을 정해 봐.

5월 17일

일상생활

음식을 먹을 때마다 양치를 해야 한다. vs 아니다.

- 너의 의견은 뭐야?
- 이유를 말해 줘. (1~2개)
- 그렇게 했을 때 문제점은 뭐야?
- 그건 어떻게 해결할까?

 음식을 먹을 때마다 양치해야 해. 이에 음식물 찌꺼기가 남아 있으면 충치가 생기잖아. 다른 사람에게 냄새를 풍길 수도 있고. 매번 하는 것이 귀찮다면 차라리 먹지 말거나 가글이라도 가지고 다니도록 해.

VS

 먹을 때마다 양치할 필요는 없어. 하루 일과를 성실히 보내다 보면 그럴 시간도 없고, 가글로 간단히 해도 괜찮아. 이에 낀 고춧가루 정도만 빼도 되고. 물론 충치가 생길 수 있으니 한 번 할 때 제대로 하면 돼.

생각 열기

초등학교 저학년 때 영구치가 나오기 시작해. 영구치를 잘 닦아야 충치가 생기지 않는다고 해. 이때까지는 잘 닦도록 부모님이 이 닦는 법을 잘 알려 주고 도와주어야 해. 그 이후로는 스스로 해야지. 그런데 음식을 먹는 곳이 집만 있는 것은 아니니 여러 가지 상황을 생각해 봐.

8월 13일 · 음식

과일을 매일 먹어야 한다. vs 아니다.

| 너의 의견은 뭐야? | 이유를 말해 줘. (1~2개) | 그렇게 했을 때 문제점은 뭐야? | 그건 어떻게 해결할까? |

과일을 매일 먹어야 해. 과일에는 우리 몸에 좋은 성분이 많거든. 비타민 C, E도 있고 미네랄도 있대. 이걸 먹어야 활기차고 건강해질 거야. 물론 매일 먹으려면 비용이 많이 드니까, 조금씩만 먹어!

VS

과일을 매일 먹을 필요는 없어. 과일을 좋아하지 않을 수도 있고, 매일 먹으려면 비용이 많이 들어. 다른 음식을 잘 먹고 있기도 하고. 만약 과일이 매일 먹고 싶다면 과일 통조림은 어때?

그거 알아? 사과, 바나나, 자몽, 멜론, 포도, 복숭아 등 과일이 정말 많아. 과일마다 성분과 효능은 다르지만 대체로 해독 효과, 염증을 없애 주는 효과, 피부를 좋게 해 주는 효과 등이 있대. 그런데 이걸 매일 먹어야 할까? 가끔 먹는다면 어느 정도가 적당할까?

5월 18일

일상생활

뭐든 잘하는 것이 중요하다.
vs
열심히 하는 것이 중요하다.

| 너의 의견은 뭐야? | 이유를 말해 줘. (1~2개) | 그렇게 했을 때 문제점은 뭐야? | 그건 어떻게 해결할까? |

뭐든 잘하는 것이 중요해. 일단 시작하면 잘해야 자신감도 생기고 잘할 때까지 하는 끈기도 기를 수 있어. 다른 일을 할 때도 잘하게 되지. 잘하는 것 자체가 어렵다면 잘할 수 있는 일을 먼저 해 봐.

VS

열심히 하는 것이 중요해. 모든 일을 잘하는 것은 불가능하니까. 무조건 잘하려고만 하면 과정을 소홀히 하거나 나쁜 방법을 쓸 수도 있어. 물론 하는 일마다 잘해내지 못하면 자신감이 떨어질 수 있으니, 잘할 만한 일에도 종종 도전해 보면 어때?

생각 열기

대한민국에서 한때 유행한 '중요한 건 꺾이지 않는 마음'이라는 말이 있어. 어느 프로 게이머의 말을 기자가 요약하며 생겨난 말이야. 결과가 좋지 않아도 꺾이지 않는 마음을 가지려면 어떻게 해야 할까?

8월 12일

음식

우유를 많이 마셔야 한다. vs 아니다.

| 너의 의견은 뭐야? | 이유를 말해 줘. (1~2개) | 그렇게 했을 때 문제점은 뭐야? | 그건 어떻게 해결할까? |

우유를 많이 마셔야 해. 우유는 우리 뼈를 튼튼하게 해 준다고 하잖아. 한 컵 마시면 배도 든든하고! 물론 매일 챙겨 마시기 쉽지 않으니 알림을 해 두면 어때?

VS

우유를 많이 마실 필요는 없어. 우유가 아니어도 영양소를 섭취할 음식이 많잖아. 게다가 우유가 맞지 않는 사람도 있어. 물론 건강 식품으로 알려져 있지만 모든 음식이 누구에게나 맞진 않으니까.

그거 알아? 우유는 오래전부터 필수 성장 식품으로 알려져 있었어. 그런데 우유의 생산 과정의 문제부터 우유 성분이 사람 몸에 그리 좋지 않다는 의견과 연구도 계속 나오고 있지. 너는 어떻게 생각해?

5월 19일 | 일상생활

유튜브는 하루 1시간 이하로 보아야 한다.
VS
보고 싶은 만큼 보아도 좋다.

| 너의 의견은 뭐야? | 이유를 말해 줘. (1~2개) | 그렇게 했을 때 문제점은 뭐야? | 그건 어떻게 해결할까? |

 유튜브는 하루 1시간 이하로 보아야 해. 유튜브는 영상 매체인데, 아무리 좋은 영상이라도 너무 빠져들어 보게 되면 생각하는 힘이 줄어들 수 있어. 물론 자투리 시간에 휴식을 취하기 좋은 것이 유튜브니까, 보게 된다면 최대한 좋은 영상을 보면 돼.

VS

 유튜브는 보고 싶은 만큼 봐도 좋아. 스트레스를 푸는 최고의 방법이고 또 재밌는 게 정말 많거든. 도움되는 영상도 많아. 유튜브 시청 때문에 다른 일을 못하게 될 수도 있으니 할 일 먼저 해 두면 마음 편하게 실컷 볼 수 있을 거야.

 **생각 열기** — 초등학생도 요즘 유튜브를 많이 시청해. 그런데 어른들은 미디어에 너무 노출되면 좋지 않다고 생각해 시간 제한을 하곤 하지. 초등학생이 주로 보는 채널, 유튜브를 보는 것의 장단점, 2, 3시간 이상 매일 보면 어떨지 등 다양한 관점으로 생각하다 보면 어느 정도가 적당한지 너만의 기준이 생길 거야.

8월 11일   **음식**

음식 먹을 때 쩝쩝 소리가 나도 괜찮다. vs 아니다.

| 너의 의견은 뭐야? | 이유를 말해 줘. (1~2개) | 그렇게 했을 때 문제점은 뭐야? | 그건 어떻게 해결할까? |

음식 먹을 때 쩝쩝 소리가 나도 괜찮아. 그래야 맛이 더 잘 느껴지거든. 음식을 먹으면서 소리를 안 내기도 힘들어. 너무 큰 소리라면 같이 먹는 사람이 불편할 수 있으니 그것만 조심하면 돼.

VS

음식을 먹을 땐 최대한 소리가 안 나게 해야 해. 같이 먹는 사람에게 예의가 아니잖아. 국물을 마시거나 어쩔 수 없이 소리가 나는 음식이어도 최대한 작게 내는 것이 좋아.

그거 알아? 음식 소리를 내는 건 예절이 아니라고 예로부터 사람들은 이야기를 해 왔어. 그런데 영상 문화가 생기면서 음식 먹는 소리를 일부러 크게 들려 주기도 하고, 사람들도 참 맛있게 먹는다고 말하곤 하지. 음식 먹을 때 소리 내는 것, 너는 어떻게 생각해?

5월 20일 / 일상생활

잔소리는 필요하다.
vs
필요하지 않다.

| 너의 의견은 뭐야? | 이유를 말해 줘. (1~2개) | 그렇게 했을 때 문제점은 뭐야? | 그건 어떻게 해결할까? |

잔소리는 필요해. 어린이는 잔소리가 있어야 바르게 자랄 수 있어. 부모님이 하시는 이야기는 대체로 맞잖아. 그리고 내가 잘 안 하니까 계속 말씀하시는 거고. 물론 듣기 싫을 때도 있을테니까, 그럴 땐 더 이상 안 듣겠다는 마음으로 잘하면 돼.

VS

잔소리는 필요하지 않아. 막 숙제하려고 할 때 말씀하시면 진짜 하기 싫어져. 잔소리는 마음을 힘들게 하고, 하고 싶은 마음도 사라지게 해. 물론 잔소리가 생활 습관을 잡아 줄 수도 있지만 스스로 하는 습관은 못 잡아 주니 스스로 해 보아야 해.

생각 열기

《잔소리 없는 날》(안네마리 노르덴 글. 보물창고)이라는 동화책을 보면 잔소리 없는 날을 보내는 주인공의 하루 일과가 그려져 있어. 신나게 마음대로 여러 가지 일을 하지. 어느 예능에서 초등학생이 들었을 때 기분이 나쁘면 '잔소리', 도움이 되면 '조언'이라고 한 적도 있어.

8월 10일

음식

밥 먹을 때 이야기를 많이 하자.
vs
필요한 이야기만 하자.

| 너의 의견은 뭐야? | 이유를 말해 줘. (1~2개) | 그렇게 했을 때 문제점은 뭐야? | 그건 어떻게 해결할까? |

밥 먹을 때 이야기를 많이 해야 해. 그래야 서로 더 맛있게 먹을 수 있어. 다 같이 모이는 시간이라서 말하기도 좋아. 물론 말하느라고 밥 먹는 시간이 오래 걸릴 수 있으니까 시간은 정해 놓고 먹으면 좋겠어.

 VS

밥 먹을 때 필요한 이야기만 해야 해. 말을 많이 하면 입안의 음식이 튀어나올 수 있어. 정말 말이 하고 싶으면 얼른 먹고 하는 게 어때?

그거 알아? 우리나라는 예전부터 밥 먹을 때는 말하지 않아야 한다는 식사 문화가 있었어. 그런데 가족이 다 모이는 자리이니 자연스럽게 대화가 시작되었지. 식사하며 나누는 대화를 '밥상머리 대화', 밥상머리 대화를 통해 자연스럽게 이루어지는 교육을 '밥상머리 교육'이라고 해.

5월 21일

일상생활

어린이도 부모님께 잔소리를 할 수 있다.
vs
하면 안 된다.

| 너의 의견은 뭐야? | 이유를 말해 줘. (1~2개) | 그렇게 했을 때 문제점은 뭐야? | 그건 어떻게 해결할까? |

어린이도 부모님께 잔소리를 할 수 있어. 우리 부모님이 신호 위반을 하신 적이 있어서 내가 잔소리를 했더니 더 이상 하지 않으셨어. 물론 말투에 따라 버릇 없게 느껴질 수 있으니 최대한 공손하게 해야해.

 VS

부모님께 잔소리를 하면 안 돼. 부모님은 우리보다 어른이고, 어른에게 잔소리를 하는 것은 예의에 어긋나. 다른 어른께도 마찬가지야. 만약 어른들 행동에서 잘못되었다고 생각하는 것이 있다면 내가 바르게 행동해서 모범을 보이면 돼.

생각 열기

너도 잔소리 들어 본 적 있지? 보통 잔소리는 어른이 아랫사람에게 해. 그런데 어린이도 어른들에게 하고 싶은 말이 있을 수 있어. 그렇다면 어른에게 잔소리하는 것, 정당화 될 수 있을까?

8월 9일 — 음식

가능하면 고기를 매일 먹는 것이 좋다. vs 아니다.

- 너의 의견은 뭐야?
- 이유를 말해 줘. (1~2개)
- 그렇게 했을 때 문제점은 뭐야?
- 그건 어떻게 해결할까?

매일 고기를 먹는 것이 좋아. 고기에는 단백질이 풍부해서 성장하는 데 많은 도움을 주거든. 학교 급식에도 고기가 자주 나와. 너무 많이 먹으면 살이 찔 수도 있지만 우린 또 신나게 뛰어다니니까!

VS

매일 고기를 먹지 않아도 돼. 채소만 먹어도 건강한 사람들이 많아. 그리고 너무 많이 먹으면 동물도 많이 죽게 되는 거니까. 물론 매일 먹고 싶은 마음이 들 수 있으니 고기 식감이 있는 대체 식품을 찾아보면 어때?

그거 알아? 인간이 먹기 위해 동물을 죽이는 것이 옳은지에 대해 활발히 이야기가 오고 가고 있어. 윤리적이지 않다는 생각에 채식을 하는 사람도 점점 늘고 있지. 이런 면에서도 생각해 보면 좋겠어. 물론 성장기 아이들의 입장에서도 고기 섭취의 중요성을 따져 봐야 하고!

5월 22일 — 일상생활

초등학생의 노는 시간은 하루 1시간 이하여야 한다.
VS
1시간 이상이어도 된다.

- 너의 의견은 뭐야?
- 이유를 말해 줘. (1~2개)
- 그렇게 했을 때 문제점은 뭐야?
- 그건 어떻게 해결할까?

노는 시간은 하루 1시간 이하여야 해. 매일매일 해야 하는 일이 있기 때문에 더 이상 놀기는 힘들어. 1시간 동안 제대로 놀다 보면 기분이 좋아져서 다른 일도 잘할 수 있어. 물론 너무 적게 논다는 느낌은 들 수 있으니까 주말에 신나게 놀아!

 VS

노는 시간이 하루 1시간 이상이어도 돼. 신나게 놀아야 마음이 건강해져서 할 일을 제대로 할 수 있어. 1시간 이상 놀다 보면 다른 일을 못한다고? 다른 일을 먼저 해 놓고 놀면 되지! 다 하고 놀 수 있다고 생각하면 금방 하게 될걸?

그거 알아? 놀이는 친구와 관계 맺는 법을 배우게 하고, 자발적으로 무언가를 신나게 하는 법, 창의성, 주도성 등을 키워 준대. 그만큼 중요하다는 거지. 그런데 하루 1시간도 못 노는 초등학생이 많다고 해. 초등학생은 하루 몇 시간 놀아야 할까?

8월 8일

음식

솔직히 집밥이 좋다. vs 배달 음식이 좋다.

| 너의 의견은 뭐야? | 이유를 말해 줘. (1~2개) | 그렇게 했을 때 문제점은 뭐야? | 그건 어떻게 해결할까? |

집밥이 좋아. 부모님이 건강한 재료로 해 주시는 건강한 음식이잖아. 가족과 함께 준비하면 행복하기도 하고. 물론 요리가 쉽지는 않으니까 한 달에 두세 번 정도는 배달 음식 먹는 날을 정해 두면 어때?

 VS

배달 음식이 좋아. 정말 다양하고 맛있는 음식을 맛볼 수 있거든. 엄마가 해 주신 것과 별로 다르지 않게 맛있어. 일회용 그릇이 많이 나오는 게 문제지만 분리 배출을 잘하거나 몇 번 더 사용하면 돼.

생각 열기

우리나라는 배달 어플이 있어서 음식 주문하기가 정말 쉬워. 한식, 양식, 중식, 분식 할 것 없이 맛있는 음식도 많지. 그런데 많은 사람들은 집밥이 더 좋다고 생각해. 너는 어때?

5월 23일

일상생활

명절에는 할아버지 댁에 꼭 가야 한다.
vs
꼭 갈 필요는 없다.

| 너의 의견은 뭐야? | 이유를 말해 줘. (1~2개) | 그렇게 했을 때 문제점은 뭐야? | 그건 어떻게 해결할까? |

명절에는 할아버지 댁에 꼭 가야 해. 명절은 우리나라 최고의 중요한 날이잖아. 가서 인사를 드리고 시간을 보내는 것이 예의야. 물론 너무 멀다면 설날, 추석 중 하루만 가면 어떨까?

VS

명절에 할아버지 댁에 꼭 갈 필요는 없어. 평소에 전화를 자주 드리면서 마음을 채워 드리는 것이 훨씬 중요해. 양가 할아버지 댁에 다 가는 일은 힘들기도 하고. 할아버지, 할머니가 섭섭해 하실 수는 있으니 영상 통화라도 하면 좋을 것 같아.

그거 알아? 우리나라 최대 명절은 설날과 추석이야. 설날은 새해를 시작하며, 추석은 가을을 맞이하며 가족이 함께 보내는 날이지. 그런데 언젠가부터 부모님이 자녀 집으로 가는 '역귀성'이 늘어나고 있어. 이유는 뭘까? 이것도 함께 생각해 봐.

8월 7일 — 음식

외식은 자주 하는 것이 좋다.

가끔 하는 것이 좋다.

| 너의 의견은 뭐야? | 이유를 말해 줘. (1~2개) | 그렇게 했을 때 문제점은 뭐야? | 그건 어떻게 해결할까? |

외식은 자주 하는 것이 좋아. 부모님이 바쁘고 힘드시잖아. 그리고 다양한 것을 먹을 수 있어서 행복해. 물론 돈이 많이 드니까 최대한 가성비 좋은 곳을 찾아가도록!

VS

외식은 가끔 해야 해. 밖에서 먹는 음식은 자극적이고 많이 먹게 되어서 살이 찔 가능성이 많아. 비용도 많이 들어. 물론 특별한 날, 또는 부모님이 바쁘신 날은 외식을 해도 되지.

그거 알아? 우리나라도 점점 외식 문화가 발전하고 있어. 외식 문화는 '외식을 바탕으로 하여 이루어진 문화. 또는 외식과 관련된 여러 가지 행동 양식'이지. 대학에는 외식 문화 관련 인재를 키워 내는 '외식산업학과'도 있어. 수많은 식당이 새로 생기거나 없어지고 음식 종류도 참 다양해. 외식 문화에 대해 한번 생각해 봐.

5월 24일

일상생활

주말에는 나가서 놀아야 한다.
vs
집에서 쉬는 것이 좋다.

| 너의 의견은 뭐야? | 이유를 말해 줘. (1~2개) | 그렇게 했을 때 문제점은 뭐야? | 그건 어떻게 해결할까? |

주말에는 나가서 놀아야 해. 평일에는 주말만큼 놀지 못하니까 많이 놀아야 해. 너무 많이 놀면 힘들고 지칠 수 있지만 밥을 많이 먹고 잠을 잘 자면 되지.

VS

주말에는 집에서 쉬는 게 좋아. 주말은 학교나 학원을 안 가니까 많이 자면서 쉬어야 몸이 편안해질 수 있어. 밖에서 햇빛을 못 받아서 비타민이 부족하다면 베란다에 누워서 햇빛을 쬐면 돼.

그거 알아?

MBTI 검사에서 E는 외향형, I는 내향형으로 구분되어 있어. 어디에서 에너지를 얻느냐의 차이야. 외부에서 사람들과 소통하고 움직이며 에너지를 얻으면 외향형, 자기 스스로에게 집중하면서 힘을 얻으면 내향형이야.

8월 6일 — 음식

팥빙수가 좋다. vs 과일빙수가 좋다.

| 너의 의견은 뭐야? | 이유를 말해 줘. (1~2개) | 그렇게 했을 때 문제점은 뭐야? | 그건 어떻게 해결할까? |

 VS

나는 팥빙수가 좋아. 달달한 팥이 입안에 들어가면 기분이 갑자기 좋아지거든. 차가운 얼음하고도 조화를 이루는 기분이랄까! 너무 달달하다면 팥을 적당히 넣는 것도 좋은 방법이야.

나는 과일빙수가 좋아. 과일은 상큼해서 더운 여름에 얼음과 같이 먹으면 잘 어울리거든. 물론 과일빙수가 더 비쌀 수 있으니 여럿이 함께 나누어 먹도록!

 **그거 알아?** 팥빙수는 중국에서 시작된 음식이야. 눈이나 얼음에 꿀과 과일즙을 섞어 먹은 것에서 시작했다고 해. 마르코 폴로가 쓴 〈동방견문록〉에 보면 중국의 빙수 만드는 법이 베네치아로 전해진 기록이 있어. 지금은 토핑이 다양해져서 정말 많은 종류의 빙수가 있어.

5월 25일 — 일상생활

생일에는 가족과 보내는 게 좋다.
vs
친구와 보내는 게 좋다.

| 너의 의견은 뭐야? | 이유를 말해 줘. (1~2개) | 그렇게 했을 때 문제점은 뭐야? | 그건 어떻게 해결할까? |

생일에는 당연히 가족과 보내야지! 나를 태어나게 하고 같이 사는 가장 중요한 가족이 축하를 해 줘야 해. 그래야 내가 태어난 기쁨이 더 커져. 친구들이 아쉬워한다면 다른 날 놀면 돼.

VS

생일엔 친구랑 함께하는 것이 좋아. 내가 태어난 날이니까 내 마음대로 놀고 싶거든. 물론 가족이 아쉬워할 수 있지만 가족은 매일 같이 지내니까 괜찮아.

생각 열기

초등학생의 생일 파티는 주로 집이나 야외 공원, 키즈 카페 같은 데서 한다고 해. 친한 사람들과 신나게 하루를 보내면 참 즐거울 거야. 그런데 이런 곳에서 가족, 친구 중 누구랑 보내면 더 좋을 것 같아?

8월 5일 — 음식

짜장면이 좋다.
vs
짬뽕이 좋다.

| 너의 의견은 뭐야? | 이유를 말해 줘. (1~2개) | 그렇게 했을 때 문제점은 뭐야? | 그건 어떻게 해결할까? |

짜장면이 좋아. 짜장면은 우선 달콤하고 짭짤해. 면이 쫄깃해서 식감이 좋아. 다만 국물이 없어서 퍽퍽할 수 있으니까 짬뽕 국물을 같이 먹으면 돼.

VS

짬뽕이 좋아. 국물이 있어서 퍽퍽하지 않아. 면이 부드러워서 먹기에 편하지. 물론 어린이가 먹기에 매울 수 있지만 물을 마시면서 먹으면 돼.

그거 알아? 짜장면은 중국 산둥 반도 지역에서 먹던 음식인데, 우리나라에 들어와 우리 입맛에 맞게 좀 바뀌었어. 양파나 양배추 등의 채소와 돼지고기에 기름으로 튀긴 춘장을 넣어서 국수에 비벼 먹는 음식이야. 짬뽕도 중국 산둥식 차오마멘에서 유래된 거지. 짬뽕에는 해산물이 많이 들어가고 고춧가루로 매운맛을 내.

5월 26일 — 일상생활

부모님이 SNS에 내 사진을 올려도 된다. vs 안 된다.

| 너의 의견은 뭐야? | 이유를 말해 줘. (1~2개) | 그렇게 했을 때 문제점은 뭐야? | 그건 어떻게 해결할까? |

부모님이 내 사진을 SNS에 올려도 돼. 내가 갑자기 인플루언서가 되면 좋잖아. 내가 원하지 않는 걸 올리면 속상할 수 있으니까 미리 꼭 의논하고 올려 달라고 하자.

VS

부모님이 내 사진을 SNS에 올리면 안 돼. 내가 나중에 유명해질 수도 있는데 굴욕 사진이 돌아다니면 너무 곤란하잖아. 만약 부모님이 꼭 하고 싶다고 하시면, 나도 부모님 사진을 올린다고 하면 돼.

그거 알아? 아동권리단체인 세이브더칠드런이 SNS에 글을 올린 적이 있는 1,000명에게 조사했는데 80%가 넘는 부모가 아이 사진을 올린 적이 있다고 말했대. 실제로 SNS에 접속하면 부모가 올린 아이 사진을 많이 볼 수 있어.

8월 4일 음식

칼국수가 좋다.
vs
냉면이 좋다.

| 너의 의견은 뭐야? | 이유를 말해 줘. (1~2개) | 그렇게 했을 때 문제점은 뭐야? | 그건 어떻게 해결할까? |

 나는 칼국수가 좋아. 바지락하고 호박이 들어가 있으면 정말 시원하거든. 호로록 소리도 맛있어. 겉절이랑 같이 먹으면 최고야. 더운 날은 안 어울릴 수 있지만 열을 열로써 다스린다는 '이열치열'이라는 게 있잖아.

VS

 나는 냉면이 좋아. 시원하고 새콤달콤하게 먹으면 정말 맛이 있어. 쫄깃한 면발의 냉면과 국물까지 즐긴 다음, 마지막으로 계란까지 먹으면 최고야. 면이 좀 질기다면 잘라 먹도록 해!

 **생각 열기** 칼국수, 냉면, 쫄면, 라면, 국수, 스파게티 등 맛있는 면 음식이 참 많지? 이 중 하나만 고르라면 너는 뭐야? 음식 취향도 소신이니까 자신 있게 말해 봐!

5월 27일

일상생활

할머니, 할아버지랑 함께 사는 것이 좋다.
vs
따로 사는 것이 좋다.

| 너의 의견은 뭐야? | 이유를 말해 줘. (1~2개) | 그렇게 했을 때 문제점은 뭐야? | 그건 어떻게 해결할까? |

할머니, 할아버지랑 함께 사는 것이 좋아. 엄마, 아빠가 회사 가신 후 할머니, 할아버지와 같이 있으면 심심하지 않아. 물론 내가 원하는 텔레비전 프로그램을 못 볼 수 있으니, 내 방에서 유튜브를 보면 돼.

 VS

할머니, 할아버지랑 따로 사는 것이 좋아. 그래야 설날에 만나면 반갑고 세뱃돈도 더 받을 수 있어. 물론 따로 살면 너무 멀거나 귀찮아서 찾아가기 힘들 수 있으니까 최대한 가까이 살면 돼.

그거 알아? 예전 우리나라는 자녀가 결혼하고도 부모님과 같이 사는 '확대 가족'이 많았어. 요즘은 부부만 살거나 부모와 미혼 자녀가 사는 '핵가족'이 많아. 그 외에도 부모님이 한 쪽만 계시는 '한부모 가족', 아이를 입양한 '입양 가족', 부모 중 한 분이 외국인인 '다문화 가족' 등이 있어.

8월 3일 — 음식

핫도그에는 설탕을 뿌려야 맛있다.
vs
케첩을 뿌려야 맛있다.

| 너의 의견은 뭐야? | 이유를 말해 줘. (1~2개) | 그렇게 했을 때 문제점은 뭐야? | 그건 어떻게 해결할까? |

핫도그에는 설탕을 뿌려야지. 핫도그를 한 입 베어 물면 설탕이 입안으로 들어와서 아작하고 무언가 씹는 맛이 좋거든. 보기도 예쁘잖아. 물론 설탕이 바닥에 떨어질 수 있으니 손을 받치고 먹으면 좋겠어.

VS

핫도그에는 케첩을 뿌려야지. 핫도그는 튀긴 거라서 느끼한데 케첩이랑 같이 먹으면 덜 느끼해. 설탕보다는 덜하겠지만 그래도 살찔까 봐 걱정되면 0칼로리 케첩과 무설탕 케첩도 있으니 찾아봐!

그거 알아? 핫도그는 긴 소시지에 막대기를 끼워 빵 반죽을 입혀 튀긴 음식이야. 유래는 정확하지 않아. 미국에는 빵 사이에 소시지를 끼워서 여러 재료를 더 넣어 자주 먹지. 감자 핫도그, 치즈 핫도그, 가래떡 핫도그 등 여러 가지로 변화시켜 만들어 팔기도 해.

5월 28일

일상생활

반려동물을 키우는 것이 좋다.
vs
키우지 않는 것이 좋다.

| 너의 의견은 뭐야? | 이유를 말해 줘. (1~2개) | 그렇게 했을 때 문제점은 뭐야? | 그건 어떻게 해결할까? |

반려동물을 키우는 것이 좋아. 나는 태어날 때부터 강아지하고 살았는데 너무 귀여워서 정말 매일매일 행복하거든. 너무 예뻐서 학교에 지각할 수 있으니까, 아침에 10분 일찍 일어나서 놀아 주고 가면 돼.

VS

반려동물은 키우지 않는 것이 좋아. 엄마가 나 하나도 키우기 힘들다고 했거든. 그럼 반려동물은 내가 키워야 하는데 나도 어려. 너무 키우고 싶다면 반려동물이 있는 친구 집에 가서 같이 놀면 돼.

생각 열기

사람들은 참 다양한 동물을 키워. 강아지, 고양이부터 햄스터, 물고기, 여러 곤충, 도마뱀 등 각자 좋아하는 동물을 키우지. 예전에는 애완동물이라고 했지만 지금은 함께 살아간다는 의미로 반려동물이라고 해. 이런 동물들과 함께 사는 것, 어떻게 생각해?

8월 2일 — 음식

아침에는 빵을 먹어도 된다.
vs
밥을 먹어야 한다.

| 너의 의견은 뭐야? | 이유를 말해 줘. (1~2개) | 그렇게 했을 때 문제점은 뭐야? | 그건 어떻게 해결할까? |

아침에는 빵을 먹어도 돼. 빵은 간단히 먹을 수 있고 은근히 든든하거든. 물론 부모님이 빵을 항상 준비해야 하는 번거로움이 있지만 밥을 하는 것보단 나으니까.

VS

아침에는 밥을 먹어야 해. 그래야 하루를 씩씩하게 보낼 에너지를 얻을 수 있어. 점심을 너무 많이 먹지 않을 수도 있고. 물론 차리는 사람이 힘들 수 있으니 돌아가면서 준비하면 어떨까?

그거 알아? 2022년 양곡 소비량 조사 결과에 따르면 쌀 소비량이 매년 줄어들고 있대. 사람들이 아침을 밥 대신 다른 것으로 먹기도 하고 서양식 식사가 늘어나서라고 해. 밥과 빵, 하루를 시작하는 데 뭐가 더 좋을까? 우리나라의 쌀 소비량도 감안해서 생각해 볼 수 있지 않을까?

5월 29일

일상생활

용돈은 필요할 때 받는 것이 좋다.
vs
날짜를 정해서 받는 것이 좋다.

| 너의 의견은 뭐야? | 이유를 말해 줘. (1~2개) | 그렇게 했을 때 문제점은 뭐야? | 그건 어떻게 해결할까? |

용돈은 필요할 때 받는 것이 좋아. 그래야 바로 바로 쓸 수 있잖아. 미리 받으면 괜히 편의점에서 간식을 사 먹거나 낭비할 수 있어. 물론 용돈 관리법을 못 배울 수 있겠지만 중학교 가서 배워도 돼.

 VS

용돈은 날짜를 정해서 받는 것이 좋아. 그래야 계획을 세울 수 있어. 갑자기 준비물을 사거나 배고파 간식을 먹어야 할 때도 편하게 사용할 수 있지. 돈을 가지고 다니는 것이 위험할 순 있으니까 아주 조금만 가지고 다니면 돼.

생각 열기

어린이 용돈에 대해서는 부모님들도 모두 생각이 달라. 1학년부터 주시는 분도 있고 위험하다고 안 주시는 분도 있지. 요즘은 아이쿠카, 아이부자, 퍼핀 카드 같이 초등학생이 쓰는 용돈 카드도 몇 종류가 있어. 아이 스스로 용돈을 관리하고 경제 관념을 심어 주기 위한 목적으로 많이 사용해.

8월 1일 — 음식

아침밥을 꼭 먹어야 한다. vs 아니다.

- 너의 의견은 뭐야?
- 이유를 말해 줘. (1~2개)
- 그렇게 했을 때 문제점은 뭐야?
- 그건 어떻게 해결할까?

아침밥은 꼭 먹어야 해. 그래야 하루를 활기차게 시작할 수 있어. 오전 공부도 잘할 수 있고. 물론 아침은 학교 갈 준비하느라 너무 바쁘니까 조금만 더 일찍 일어나면 돼.

VS

아침밥을 꼭 먹을 필요는 없어. 하루에 세 끼나 먹으면 속이 너무 꽉 찬 느낌이야. 몇 시간 안 되어 점심도 먹으니 괜찮아. 물론 아침을 먹어야 하루를 시작하는 기분이 들 수도 있겠지. 그럴 땐 우유 한 잔 어때?

그거 알아? 아침 식사는 하루 에너지를 얻고 점심, 저녁 과식을 막기 위해 꼭 먹어야 한다는 사람도 있고, 꼭 먹지 않아도 된다고 말하는 사람도 있어. 우리는 이미 너무 많은 에너지를 섭취하고 있다면서 말이야. 너는 아침 식사를 하는 편이니? 부모님은 아침 식사에 대해 어떤 의견을 가지고 계셔?

5월 30일

일상생활

모르는 것은 유튜브로 찾는다.
vs
네이버로 찾는다.

| 너의 의견은 뭐야? | 이유를 말해 줘. (1~2개) | 그렇게 했을 때 문제점은 뭐야? | 그건 어떻게 해결할까? |

모르는 것은 유튜브로 찾는 편이야. 글로 읽는 것보다 영상으로 보고 설명을 직접 듣는 게 편리하거든. 비슷한 채널이 많아서 선택이 어려울 때는 맨 앞에 있는 걸 누르면 돼. 그게 제일 유명한 거거든.

 VS

모르는 것은 네이버로 찾고 있어. 네이버가 더 정확하고 빨라. 물론 글자 치는 게 힘들 수도 있는데, 그럴 때는 휴대폰 말하기 기능을 사용해도 돼. 네이버가 아니라면 구글이나 다음 등 사용하는 사이트에서 찾으면 되고.

그거 알아?

2023년 전국 15세~59세를 대상으로 조사했는데, 정보를 찾을 때 많이 이용하는 곳이 네이버, 유튜브, 카카오톡, 구글 순이었다고 해. 10대와 20대는 유튜브와 트위터를 많이 이용한다고 했어. 너는 주로 무얼 사용해?

> **짜장면이 좋아, 짬뽕이 좋아?
> 솔직히 집밥이 좋아, 배달 음식이 좋아?
> 떡볶이는 매운맛이 좋아, 순한 맛이 좋아?**

이달에는 음식을 먹을 때 선택해야 하는 질문으로
맛있는 이야기를 나눠 보려고 해요.

4개의 질문에 순서대로 대답하며,
군침 도는 이야기판을 벌여 보세요.

5월 31일

일상생활

운동은 꼭 해야 한다.
vs
꼭 할 필요는 없다.

| 너의 의견은 뭐야? | 이유를 말해 줘. (1~2개) | 그렇게 했을 때 문제점은 뭐야? | 그건 어떻게 해결할까? |

 운동을 꼭 해야 해. 운동은 사람을 건강하게 하는 기본이야. 운동을 해야 적정 체중이 유지가 되어서 병에도 안 걸려. 비가 오거나 바쁜 날은 못 할 수 있으니 계단 오르내리기라도 하면 어때?

VS

 운동을 꼭 할 필요는 없어. 이미 일상생활에서 많은 운동을 하고 있어. 하루 종일 여기저기 다니니까 말이야. 따로 운동할 시간도 없어. 운동량이 부족하다고 느껴진다면 식사량을 줄이고 일상에서 더 움직이는 연습을 하면 돼.

생각 열기

태권도, 줄넘기, 달리기, 배드민턴, 수영 등 많은 운동 중에서 해 본 것 있어? 초등학생에게는 수영, 운동, 달리기 등이 좋대. 피로도 풀리고, 뇌도 활성화시켜 주지. 몸 균형을 잡아 주고, 집중력까지 키워 주는 운동, 어떻게 하면 좋을까?

7월 31일

가치관

남을 도우며 살아야 한다.
vs
꼭 도울 필요는 없다.

| 너의 의견은 뭐야? | 이유를 말해 줘. (1~2개) | 그렇게 했을 때 문제점은 뭐야? | 그건 어떻게 해결할까? |

남을 도우면서 살아야 해. 남을 도우면 기분도 좋고 힘든 사람이 좀 나아지니까 서로 좋은 거야. 물론 남을 돕는 게 귀찮은 일일 수 있어. 그럴 때마다 돕는 일이 나도 기분 좋아지는 일이라는 것을 기억하면 돼.

남을 꼭 도울 필요는 없어. 물론 돕는 것은 좋은 일이지만 나 자신의 생활을 챙기기에도 너무 힘들 수 있잖아. 도움이 필요한 사람을 지나치는 것이 불편할 수는 있지만 마음의 여유가 될 때 하면 돼.

그거 알아?

이태석 신부님을 알고 있니? 의사이자 신부인데, 아프리카 남수단 톤즈에 가서 많은 봉사를 하셨어. 진료를 하고 공부를 가르치는 등 봉사하시다 젊은 나이에 병으로 떠나셨어. 자신의 삶을 다 바쳐 남을 위해 사는 건 정말 대단한 일이야. 그 정도는 아니더라도 남을 돕는 것에 대해 어떻게 생각해?

6월

감정

> " 화날 때는 화를 낼까, 참을까?
> 슬픈 일은 혼자 간직할까, 이야기할까?
> 외로움은 나쁜 감정일까, 필요한 감정일까? "

이달에는 나의 솔직한 감정을 들여다보며
여러 가지 이야기를 나눠 보려고 해요.

4개의 질문에 순서대로 대답해 보며,
나의 감정 관리, 마음 관리를 잘하게 되기를 바랄게요.

7월 30일

가치관

남을 칭찬하는 것은 좋은 태도이다.
vs
꼭 필요하지는 않다.

| 너의 의견은 뭐야? | 이유를 말해 줘. (1~2개) | 그렇게 했을 때 문제점은 뭐야? | 그건 어떻게 해결할까? |

 남을 칭찬하는 것은 좋은 태도야. 힘을 실어 주는 일이잖아. 서로 기분도 좋아지고. 물론 지나친 칭찬은 진심이 아닌 느낌이 드니까 정말 마음에서 우러나올 때만 해야지.

VS

 남을 칭찬하는 것이 꼭 필요하지는 않아. 칭찬은 어쩌면 그 사람이 무언가를 더 잘하게 하려고 하는 의도일 수 있잖아. 서로 동등한 관계에서 잘 지내면 될 뿐이야. 물론 칭찬은 기분 좋은 일이지만 필수는 아니라는 거야.

 **그거 알아?** 초등 5학년을 대상으로 연구를 했는데 능력에 대해 칭찬 받은 아이들은 쉬운 과제만 하고 미래보다 눈앞의 결과를 중요하게 여겼대. 실패하면 우울해하기도 했고. 반면에 노력에 대해 칭찬 받은 아이들은 실패를 하더라도 다음 과제를 더 열심히 했다고 해. 노력, 능력 중 무엇을 칭찬하느냐가 중요한 거지.

6월 1일 — 감정

화날 때는 화를 내도 좋다.
vs
되도록 참아야 한다.

| 너의 의견은 뭐야? | 이유를 말해 줘. (1~2개) | 그렇게 했을 때 문제점은 뭐야? | 그건 어떻게 해결할까? |

화날 때는 화를 내야 해. 그래야 속이 좀 나아지거든. 스트레스도 좀 덜어지는 기분이야. 근데 문제가 좀 있어. 상대가 상처를 받을 수 있어. 그렇게 되지 않도록 조절은 좀 해야겠지?

 VS

화가 나도 화를 내는 것은 되도록 참아야 해. 화를 낸다는 것은 다른 사람에게 피해를 준다는 뜻이잖아. 상대방까지 기분 나빠지게 하는 것은 옳지 않아. 물론 화를 참기 어려울 순 있겠지. 그럴 땐 화를 푸는 나만의 방법을 찾아봐.

 **그거 알아?**
화를 잘 못 참는 분노조절장애가 어린이에게도 있대. 난폭하고, 자기 마음대로 안 되면 물건을 던지기도 해. 한숨을 자주 쉬거나 친구를 때리기도 하지. 산만하기도 하고. 이런 경우에는 우선 부모님이 잘 지도할 수 있게 훈련을 받아야 해. 그리고 자기 감정의 원인을 찾아 해결해 보려는 노력이 필요해.

7월 29일

가치관

가능하면 빨리 하는 것이 좋다.
vs
느리게 해도 상관없다.

| 너의 의견은 뭐야? | 이유를 말해 줘. (1~2개) | 그렇게 했을 때 문제점은 뭐야? | 그건 어떻게 해결할까? |

가능하면 빨리 하는 것이 좋아. 빨리 해야 노는 시간이 더 생기기 때문이야. 물론 실수를 할 수 있지만 점검하는 습관을 들이면 돼.

VS

느리게 해도 상관없어. 뭐든 시간을 충분히 써야 잘할 수 있어. 물론 너무 느리게 하면 다른 할 일을 못 하거나 밥 먹는 시간을 놓칠 수 있으니까 적당한 시간 안에 끝내는 연습도 해야지.

그거 알아? 우리나라는 옛날부터 '빨리빨리 문화'라고 해서 빠르게 하는 것을 중요하게 여겼어. 덕분에 '한강의 기적'을 이루어 낼 수 있었지. 우리나라 경제가 급성장한 것을 '한강의 기적'이라고 해. 하지만 너무 빨리 성장하는 바람에 많은 사람이 노동에 시달렸고 환경 문제도 심각해졌다는 부작용이 있어.

6월 2일 — 감정

매일 웃으며 지내고 싶다.
VS
억지로 웃을 필요 없다.

| 너의 의견은 뭐야? | 이유를 말해 줘. (1~2개) | 그렇게 했을 때 문제점은 뭐야? | 그건 어떻게 해결할까? |

매일 웃으며 지내고 싶어. 그래야 만나는 사람들도 기분이 좋고, 하는 일도 잘 돼. 물론 매일 그러기 쉽지 않지만 연습하면 되지 않을까? 우리 엄마가 웃으면 복이 온다고 했어.

 VS

기분이 안 좋으면 억지로 웃을 필요 없어. 억지로 웃으면 힘든 마음이 점점 더 쌓여서 나중에 폭발할지 몰라. 자연스러운 것이 좋지. 물론 남들 보기 안 좋을 순 있지만 내 인생은 남들을 위한 것이 아니니까.

그거 알아? 잘 웃으면 배의 근육이 움직여서 칼로리 소모에 좋대. 혈액순환도 잘 되게 하고 면역 담당 세포를 자극해서 건강에 도움이 돼. 스트레스도 풀리지. 그래서 웃음을 활용하여 몸과 마음의 스트레스를 줄여 주는 '웃음 치료'라는 것도 있어.

7월 28일

가치관

리더가 되어 보는 것은 꼭 필요하다.
VS
아니다.

| 너의 의견은 뭐야? | 이유를 말해 줘. (1~2개) | 그렇게 했을 때 문제점은 뭐야? | 그건 어떻게 해결할까? |

리더가 되어 보는 것은 꼭 필요해. 사람들을 주도해 보아야 나중에 사회생활 할 때도 잘할 수 있어. 물론 리더 되기가 쉽진 않지만 초등 생활 중 딱 한 번이라도 반장이 되어 보는 건 할 수 있지 않을까?

 VS

꼭 리더가 되어 볼 필요는 없어. 리더는 어떤 팀이나 단체의 대표잖아. 대표가 있다면 구성원도 있어야 하지 않을까? 모두가 리더가 되면 누가 그를 따르지? 물론 리더가 되면 리더십을 배울 수 있겠지만 리더십이 모든 사람에게 필요한 건 아니야.

생각 열기

리더는 어떤 집단을 이끄는 사람이야. 네가 해 볼 수 있는 건 반장, 회장, 또는 친구들과 놀면서 친구들을 이끌어 보는 일 등이 있을 거야. 리더는 다른 사람이 잘 따르게 해야 하기 때문에 통솔력도 필요하고 책임감도 있어야 해. 그런데 모든 사람이 리더가 되는 것은 아니니 이런 점들을 고려해 생각해 볼까?

6월 3일

감정

슬픈 일은
혼자 간직하는 것이 좋다.
vs
다른 사람에게 이야기해야 한다.

| 너의 의견은 뭐야? | 이유를 말해 줘. (1~2개) | 그렇게 했을 때 문제점은 뭐야? | 그건 어떻게 해결할까? |

슬픈 일은 혼자 간직하는 것이 좋아. 슬픔도 전염이 되잖아. 나 때문에 다른 사람을 슬프게 하는 건 미안한 일이야. 혼자 견디기 힘들다면 상상의 캐릭터를 만들어 그 아이에게 이야기해 봐.

 VS

슬픈 일은 다른 사람에게 이야기해야 해. 이야기하다 보면 마음이 좀 나아지거든. 나 때문에 상대가 슬퍼질까 너무 걱정하진 않아도 돼. 공감해 준다고 해서 다 슬퍼지는 건 아니야.

그거 알아?

슬픔은 실망이나 좌절 같은 것이 섞인 복잡한 감정이야. 눈물이 나고 표정도 굳어지고 행동도 줄어들어. 아예 소리 내어 우는 경우도 있지. 어떤 연구에서는 슬픔이라는 감정이 어떤 상황에 잘 대처할 수 있게 반응하는 것이기 때문에 중요하다고 해. 이런 슬픔을 다른 사람과 나누면 반이 된다는 말도 있지.

7월 27일 — 가치관

말을 잘하는 것은 중요하다.

아니다.

| 너의 의견은 뭐야? | 이유를 말해 줘. (1~2개) | 그렇게 했을 때 문제점은 뭐야? | 그건 어떻게 해결할까? |

말을 잘하는 것은 중요해. 그래야 내 생각과 마음을 잘 표현할 수 있고 주변 사람과 소통할 수도 있거든. 물론 말 잘하기가 쉽진 않으니까 연습을 해야지.

VS

말을 잘하는 것이 아주 중요하지는 않아. 사람마다 자신의 의견과 생각을 표현하는 방식은 달라. 말을 잘하는 건 축구를 잘하는 것처럼 그저 하나의 재능일 뿐이야. 말을 잘하면 소통에 도움이 될 거라 생각되지만 중요한 것은 마음이 아닐까?

생각 열기 — 사람들은 종종 발표나 말하기를 잘하는 것을 하나의 장점으로 여기곤 해. 그런데 성향상 말하기가 편하지 않은 사람도 있어. 경청을 더 잘하는 사람도 있고, 읽기와 쓰기가 장점인 사람 또는 몸으로 표현하는 것을 잘하는 사람도 있지. 이런 각자의 성향과 우리가 살면서 해야 하는 일 등을 고려해서 너의 입장을 정해 봐.

6월 4일

감정

우울할 때는
혼자 있는 것이 좋다.
vs
여러 사람과 있는 것이 좋다.

| 너의 의견은 뭐야? | 이유를 말해 줘. (1~2개) | 그렇게 했을 때 문제점은 뭐야? | 그건 어떻게 해결할까? |

우울할 때는 혼자 있는 것이 좋아. 혼자 있어야 내 마음을 더 들여다보게 되어서 금방 나아질 수 있어. 물론 더 우울해질 수 있으니 얼마나 혼자 있을지 주변 사람에게 꼭 이야기해 놓아야 해.

 VS

우울할 때는 여러 사람과 있어야 해. 여러 사람과 있으면 저절로 말을 하게 되어 우울한 것을 잊게 되거든. 나도 그래서 우울할 때 친구들하고 놀아. 물론 혼자 있고 싶은 마음이 들 수도 있어. 그럴 때는 신나게 놀고 잠시만 혼자 있는 게 어때?

그거 알아?

우울은 평소 하던 일이 하기 힘들고, 힘이 없어지는 상태나 감정을 말해. 초등학생은 우울하면 성적이 떨어지거나, 배가 아프다고 하거나, 집중력이 떨어지는 등 여러 현상이 나타난대. 이럴 때 어떻게 하는 것이 도움이 될까?

7월 26일 — 가치관

존경하는 사람이 있는 것이 좋다.
VS
없어도 상관없다.

| 너의 의견은 뭐야? | 이유를 말해 줘. (1~2개) | 그렇게 했을 때 문제점은 뭐야? | 그건 어떻게 해결할까? |

존경하는 사람이 있는 것이 좋아. 존경할 사람이 있어야 그 사람을 멘토로 삼아 열심히 살게 될 것 같아. 나는 손흥민을 존경하는데 그래서 매일 더 열심히 공을 차게 돼. 존경할 만한 사람이 없다면 나 자신이 그런 사람이 되도록 노력하면 되지.

 VS

존경하는 사람이 없어도 상관없어. 나는 존경할 만한 사람이 없어서 그냥 지내지만 별 문제 없어. 내가 좋아하는 일과 잘하는 일에 집중하는 데에도 큰 문제가 없어. 만약 그런 사람이 필요하다 느껴지면 위인전을 많이 읽어 보면 어때?

그거 알아? 배울 점이 많아 따를 만한 사람을 '멘토'라고 해. 배우는 사람은 '멘티'라고 하지. 멘토까지 아니어도 존경할 만한 사람이 있으면 배움을 얻고 자극을 받아 더 잘될 거라고 흔히 이야기해. 네 생각은 어때? 우리가 살면서 존경할 만한 사람이 있어야 할까?

6월 5일 　　　　　　　　　　　　　　　　감정

기쁜 일은
많은 사람에게 알려야 한다.
vs
가족끼리만 아는 것이 좋다.

너의 의견은 뭐야? ／ **이유를 말해 줘. (1~2개)** ／ **그렇게 했을 때 문제점은 뭐야?** ／ **그건 어떻게 해결할까?**

기쁜 일은 많은 사람에게 알려야 해. 같이 기뻐해 주면 기쁨이 커지거든. 이 세상은 서로 나누는 세상이잖아. 물론 내 기쁨을 시기하는 사람도 있을 거야. 하지만 그건 그 사람이 감당해야 할 감정이니 신경 쓰지 말자.

기쁜 일은 가족끼리만 아는 것이 좋아. 누군가 남의 기쁨을 온전히 축하해 줄 사람은 없다고 한 말이 생각나. 물론 누군가에게 알리고 싶을 수 있겠지. 그럴 땐 슬며시 카톡 프사에만 올려 두면 어떨까?

생각 열기 — '기쁨은 나누면 배가 되고 슬픔은 나누면 반이 된다.'는 말이 있어. 그런가 하면 '기쁨을 나누면 질투가 되고 슬픔을 나누면 약점이 된다.'는 말도 있지. 왜 이렇게 완전히 반대의 말이 생겼을까?

7월 25일

가치관

아침에 일찍 일어나야 한다. vs 아니다.

| 너의 의견은 뭐야? | 이유를 말해 줘. (1~2개) | 그렇게 했을 때 문제점은 뭐야? | 그건 어떻게 해결할까? |

아침에 일찍 일어나야지. 그래야 학교에도 안 늦고 편하게 하루를 시작할 수 있어. 너무 일찍 일어나서 졸린 적이 있기는 했는데 그럼 일찍 자면 되니까 괜찮아.

VS

아침에 꼭 일찍 일어날 필요는 없어. 일어나도 피곤해서 한참 앉아 있게 되니까, 눈이 떠질 때 일어나면 돼. 시간을 그냥 보내는 것보다 잠이 더 중요하니까. 물론 학교에 늦을 수 있으니까 그 정도로 늦게 일어나지 않으면 돼.

그거 알아? 아침에 일어나서 학교를 가기 전에 주로 무엇을 해? 어느 정도의 시간이 있어야 학교 갈 준비를 하는데 문제가 없을까? 아침 식사를 하는지, 안 하는지에 따라서 다를 거야. 아침에 학교 가기 전에 해야 하는 일, 또는 하고 싶은 일이 있다면 일찍 일어날지 아닐지 결정이 되겠지?

__6월__
__6일__ 현충일　　　　　　　　　　　　　　　　　감정

자주 우는 것도 괜찮다.
vs
좋지 않다.

| 너의 의견은 뭐야? | 이유를 말해 줘. (1~2개) | 그렇게 했을 때 문제점은 뭐야? | 그건 어떻게 해결할까? |

자주 우는 것도 괜찮아. 나는 주로 슬플 때 우는데 너무 기쁘거나 행복할 때도 눈물이 나. 나의 감정을 잘 표현하는 것이 눈물이라서 괜찮아. 물론 주변 사람이 좀 불편할 수 있으니 혼자 있는 데서 우는 게 좋겠지.

VS

자주 우는 것은 좋지 않아. 너무 자주 울면 기분이 가라앉아. 주변 사람들도 불편해져서 나를 멀리할 수도 있어. 나도 모르게 눈물이 난다면? 슬쩍 닦으면 돼.

생각 열기

영·유아기에는 의사소통이 안 되기 때문에 눈물로 모든 것을 표현해. 초등학생이 되면 친구 관계나 학교생활, 부모님과 소통의 문제로 자주 우는 아이들이 있지. 이런 경우가 아니라고 해도 여러 감정의 결과를 눈물로 나타내는 아이가 있어. 자주 우는 것에 대해 의견을 내려면 일단 왜 우는지부터 파악해 보면 좋겠지?

7월 24일 — 가치관

원하는 것이 있을 때는 어떻게든 얻어야 한다.
vs
포기할 줄도 알아야 한다.

| 너의 의견은 뭐야? | 이유를 말해 줘. (1~2개) | 그렇게 했을 때 문제점은 뭐야? | 그건 어떻게 해결할까? |

원하는 것이 있을 때는 어떻게든 얻어야 해. 그 간절한 마음과 노력이 있으면 무엇이든 할 수 있을 거야. 물론 모든 것을 얻을 순 없겠지만 최선을 다해 보자는 거야.

원하는 것을 얻지 못하면 포기할 줄도 알아야 해. 세상 모든 것을 얻으면 오히려 자만해질 수 있어. 내 뜻대로 다 된다고 생각할 수 있거든. 물론 포기라는 상황이 유쾌하진 않지만 꼭 해 보아야 하는 경험이야.

생각 열기

지금 이 순간 원하는 것 딱 하나만 떠올려 봐. 그리고 꼭 필요한 것도 떠올려 봐. 자, 원하는 것과 필요한 것은 같을까, 다를까? 네 머릿속에 떠오른 원하는 것을 꼭 얻어야 한다면 그 이유는 무엇일까? 혹시 포기가 된다면 역시 그 이유가 궁금해! 네 생각을 말해 봐.

6월 7일

감정

우울할 때 단 음식을 먹어야 한다.
VS
아니다.

| 너의 의견은 뭐야? | 이유를 말해 줘. (1~2개) | 그렇게 했을 때 문제점은 뭐야? | 그건 어떻게 해결할까? |

우울할 때는 단 음식을 먹어야 해. 단 음식을 먹는 순간 기분이 좋아지거든. 몸에 힘도 나는 것 같고 말이야. 물론 너무 많이 먹으면 살이 찔 수 있으니 조금만 먹어야 해.

 VS

우울해도 단 음식은 피해야 해. 단 음식을 먹으면 순간적으로만 기분이 좋아질 뿐, 다시 가라앉을 수 있어. 자꾸 찾다 보면 단 음식에 중독될 수도 있고. 너무 먹고 싶어 견디기 힘들다면 다른 음식을 찾아보자.

그거 알아? 우울할 때 초콜릿처럼 단 음식을 먹어 본 적 있어? 단 음식은 혈당을 급히 끌어올렸다가 급히 내려 자꾸만 먹게 된다고 해. 단 음식을 먹었을 때 분비되는 도파민은 우울한 마음을 달래 주기도 하지만, 중독성이 강해 자꾸 먹고 싶어질 수 있어. 그럼 어떻게 하면 좋을까?

7월 23일 — 가치관

중요한 것은 최선을 다하는 것이다.
vs
최고가 되는 것이다.

| 너의 의견은 뭐야? | 이유를 말해 줘. (1~2개) | 그렇게 했을 때 문제점은 뭐야? | 그건 어떻게 해결할까? |

중요한 것은 최선을 다하는 거야. 얼마 전 태권도 대회에 나갔는데 결과가 안 좋았지만 열심히 했기 때문에 후회는 없었어. 최선을 다하는 태도는 언제든 빛을 내게 되어 있어. 늘 최선을 다하기 어렵다면 일단 좋아하는 일을 해 봐.

VS

중요한 것은 최고가 되는 거야. 그래야 남들도 인정해 주고 자신감이 생기잖아. 물론 최고가 된다는 것이 쉽지 않으니 최고가 되려면 우선 최선을 다하는 건 기본!

그거 알아? 최선을 다하면 최고가 될 수 있을까? 최고가 되지 못한 최선의 노력은 의미가 없는 걸까? 최고가 되면 행복할까? '최고보다는 최선'이라는 말도 있고 '최선을 다하지 않고 최고를 바라지 말라.'는 말도 있어. 최선과 최고, 너는 어느 것이 중요하다고 생각해?

6월 8일

감정

공공장소에서 크게 웃어도 된다. vs 안 된다.

| 너의 의견은 뭐야? | 이유를 말해 줘. (1~2개) | 그렇게 했을 때 문제점은 뭐야? | 그건 어떻게 해결할까? |

공공장소에서 크게 웃어도 돼. 사람들은 늘 감정을 표현하면서 살잖아. 웃는 것도 말하는 것과 다르지 않아. 너무 웃기면 소리가 클 수밖에 없지. 물론 조용해야 하는 장소라면 조용히 하자.

VS

너무 크게 웃지 않는 것이 좋아. 공공장소에는 사람들이 많이 모여 있어. 그런데 너도나도 큰 소리로 웃으면 얼마나 시끄럽겠어? 아무리 웃겨도 소리를 적당히 내는 것이 예의야. 물론 다들 너무 굳어 있으면 사는 맛이 안 나니까 적당한 웃음은 오케이!

생각 열기

'공공장소'는 여럿이 함께 사용하는 곳이라는 뜻이야. 도서관, 공원, 박물관, 병원, 도로, 광장, 학교, 지하철역, 정류장 등이야. 이런 곳에서 아주 크게 웃는 사람을 보거나 네가 그래 본 적 있어? 어땠는지 경험을 떠올리면 입장 정하기가 편할 거야.

7월 22일

가치관

새로운 일에 도전하는 것이 좋다.
vs
익숙한 일을 더 잘하는 것이 좋다.

| 너의 의견은 뭐야? | 이유를 말해 줘. (1~2개) | 그렇게 했을 때 문제점은 뭐야? | 그건 어떻게 해결할까? |

새로운 일에 도전하는 것이 좋아. 최근에 자전거를 타기 시작했는데 너무 신나. 내가 무언가 할 수 있다는 자신감이 생겼어. 물론 새로운 일은 늘 긴장을 안겨 주지만 그 긴장이 앞으로 나아가는 원동력이 되는 것 같아.

VS

익숙한 일을 더 잘하는 것이 중요해. 새로운 일을 도전한다는 것은 하던 일을 소홀히 한다는 의미도 되지 않을까? 한 가지만 파고드는 게 안정감 있고 나를 위한 일인 것 같아. 새로운 경험이 부족하면 다양한 영상을 통해 간접 경험을 하면 돼.

생각 열기

도전은 쉽지 않은 일이야. 사람은 늘 자기가 하던 대로 하고 싶은 마음이 있다고 하거든. 도전할 때는 긴장감 때문에 마음도 편하지 않지. 너는 어떤 일에 도전해 봤어? 도전해 보니 도전과 안주 중 어느 것이 더 좋은 것 같아?

6월 9일   감정

외로움은 나쁜 감정이다.
vs
필요한 감정이다.

| 너의 의견은 뭐야? | 이유를 말해 줘. (1~2개) | 그렇게 했을 때 문제점은 뭐야? | 그건 어떻게 해결할까? |

외로움은 나쁜 감정이야. 세상에 나 혼자라는 느낌이 들거든. 그럼 무언가를 하고 싶은 마음도 들지 않고 행복하지 않아. 물론 원하지 않아도 외로운 감정이 찾아올 수 있으니 그럴 땐 무언가를 해서 얼른 벗어나면 돼.

외로움은 필요한 감정이야. 나 혼자라는 느낌을 경험해 봐야 강한 마음으로 살아갈 수가 있거든. 그리고 어쩌면 마음은 늘 자기만 알기 때문에 실제로 자주 외롭기도 하지. 물론 너무 심해지면 위험하니까, 때때로 일부러 친구를 만나는 것도 좋아.

그거 알아? 영국에는 외로움 장관이 있다. 심각한 외로움은 건강에 해가 되기 때문에 외로움에 대한 전략을 세우고 폭넓게 사람들을 연결해 주는 등 시민의 정신 건강을 위한 일을 하지. 활동한 후기에 따르면 노인뿐 아니라 어린이, 이제 막 부모가 된 사람 등 다양한 이들이 외로움을 호소했대.

7월 21일

가치관

나를 사랑하는 것이 중요하다.
vs
남을 생각하는 것이 중요하다.

| 너의 의견은 뭐야? | 이유를 말해 줘. (1~2개) | 그렇게 했을 때 문제점은 뭐야? | 그건 어떻게 해결할까? |

나를 사랑하는 것이 중요해. 나부터 사랑해야 다른 사람에 대한 마음도 열리지. 나를 사랑하는 사람이 남도 사랑할 수 있고. 물론 나를 사랑한다는 의미가 애매할 수 있으니까, 내가 나를 얼마나 존중하는지 생각해 보면 될 것 같아.

남을 생각하는 것이 중요해. 남을 생각하는 마음이 곧 나를 위하는 마음이기도 해. 남을 위하거나 잘해 주면 내 마음이 좋아지니까. 너무 남만 생각하느라 나를 못 챙기면 안 되니까 나 자신을 챙기는 것도 잊지 말고!

그거 알아? 자기 자신의 이익만 생각하는 마음을 '이기심'이라고 해. 반대로 다른 사람을 위하는 마음은 '이타심'이라고 하지. 두 가지는 반대 같지만 누군가는 자기 자신을 위하는 마음이 있어야 남도 돌볼 수 있다고 말해. 너는 어떻게 생각해?

6월 10일 — 감정

외로울수록 혼자만의 시간을 가져야 한다.
vs
같이 있어야 한다.

| 너의 의견은 뭐야? | 이유를 말해 줘. (1~2개) | 그렇게 했을 때 문제점은 뭐야? | 그건 어떻게 해결할까? |

외로울수록 혼자만의 시간을 가져야 해. 내 감정을 잘 느껴야 외로움을 이겨 낼 수 있거든. 혼자 있을수록 더 외롭다고 생각할 수 있겠지만, 사람은 같이 있어도 외롭대.

외로울 땐 누군가와 같이 있어야 해. 혼자 있으면 점점 더 외로워져서 슬퍼질지도 몰라. 누군가와 같이 웃고 대화해야 외로움에서 벗어날 수 있어. 물론 억지로 웃는 것이 힘들 순 있지만 그럴수록 더 웃어야지.

그거 알아?

'외로움'과 비슷한 단어로 '고독'이 있어. '홀로 외롭다.'는 뜻이야. 그럼 반대말은 뭘까? 네 경험을 통해 외로움의 반대가 무엇인지 생각해 봐. 혼자 있는 게 나을지, 누구와 있는 것이 나을지 생각하는 데 도움이 될 거야. 사춘기 친구의 외로움을 담은 《외로움 반장》(백혜영 글, 국민서관)이라는 책도 읽어 보면 어때?

7월 20일

가치관

양보는 되도록 하면 좋다.
vs
꼭 할 필요는 없다.

| 너의 의견은 뭐야? | 이유를 말해 줘. (1~2개) | 그렇게 했을 때 문제점은 뭐야? | 그건 어떻게 해결할까? |

되도록 양보하면 좋아. 그래야 서로 좋은 관계가 될 수 있거든. 친구에게 양보하면 내 기분도 좋아. 물론 내가 손해 보는 상황이 생기지만 반대로 내가 양보 받아 본 적도 있었을테니까.

 VS

양보를 꼭 할 필요는 없어. 그건 나의 권리가 없어지는 거나 마찬가지야. 오히려 정확한 규칙에 따라 행동하는 게 더 필요하지 않을까? 물론 양보하지 않으면 상대가 섭섭해 할 수 있지만 그건 그 사람 마음의 문제야!

그거 알아?

사전에 '양보'는 길이나 자리, 물건 등을 남에게 미루어 주거나 주장을 굽히고 남의 의견에 따르는 것, 남을 위해 자신의 이익을 희생하는 것이라고 되어 있어. 우리는 예로부터 양보를 좋은 삶의 미덕으로 생각했어. 양보의 뜻을 잘 보고 생각해 봐.

6월 11일

감정

화날 때 매운 음식을 먹는 것이 좋다. vs 좋지 않다.

| 너의 의견은 뭐야? | 이유를 말해 줘. (1~2개) | 그렇게 했을 때 문제점은 뭐야? | 그건 어떻게 해결할까? |

화날 때는 매운 음식을 먹는 것이 좋아. 매운 음식을 먹으면 속이 시원해지면서 화가 풀리거든. 너무 매운 음식은 계속 물을 마셔야 하니까 적당히 매운 것을 먹으면 어떨까?

VS

화날 때 매운 음식을 먹으면 화가 더 나. 매운 맛이 혀를 자극하고 결국 내 위장도 자극하니까. 물론 매운 음식 먹는 거 말고 화를 푸는 법이 생각나지 않을 때도 있겠지? 그럴 땐 나만의 좋은 방법을 찾으면 돼.

그거 알아? 《소피가 화나면 정말 정말 화나면》(몰리 뱅 글. 책읽는곰)이라는 그림책을 보면 소피는 자기만의 화를 푸는 방법을 생각해 내. '화'는 누구에게나 일어나는 감정이기 때문에 자기만의 잘 푸는 방법이 중요해. 그게 매운 음식을 먹는 방법일 수도 있고, 또 다른 방법일 수도 있겠지?

7월 19일 — 가치관

뭐든 열심히 해야 한다.
vs
모든 일을 열심히 할 수는 없다.

| 너의 의견은 뭐야? | 이유를 말해 줘. (1~2개) | 그렇게 했을 때 문제점은 뭐야? | 그건 어떻게 해결할까? |

뭐든 열심히 해야 해. 열심히 해 보아야 그 일을 잘하는지 아닌지 알 수 있어. 열심히 하는 태도가 어른이 되어서도 살아가는 데 도움이 될 거야. 매번 모든 것을 열심히 하긴 힘들겠지만 대충 하는 건 옳지 않잖아.

VS

모든 일을 열심히 할 수는 없어. 자신에게 맞는 일, 아닌 일이 있기 때문에 선택과 집중이 필요해. 모든 것을 열심히 하기엔 시간도 부족하지. 만약 열심히 하지 않은 것에 대한 후회가 생긴다면 그때 다시 하면 돼.

생각 열기

삶에서 좋은 태도라고 여겨지는 것들이 꽤 있어. '열심'도 그중 하나가 아닐까 해. 그런데 다른 관점으로 생각해 보면 '꼭 열심히 해야 하는 것인가?'라는 생각을 할 수도 있어. 네가 열심히 해 본 일과 그렇지 않은 일을 떠올려 봐. 그럼 '열심'이라는 가치에 대한 너만의 생각이 정리될 거야.

6월 12일

감정

스트레스 받을 때 짜증을 내도 된다. vs 안 된다.

| 너의 의견은 뭐야? | 이유를 말해 줘. (1~2개) | 그렇게 했을 때 문제점은 뭐야? | 그건 어떻게 해결할까? |

스트레스 받을 때 짜증을 내도 돼. 스트레스를 받으면 짜증이 날 수밖에 없잖아. 마구 짜증 내고 나면 풀릴 거야. 대신 아무에게나 짜증을 내면 실례니까, 피해 주지 않으면서 짜증 내는 방법을 떠올려 봐.

VS

스트레스를 받아도 짜증을 내면 안 돼. 짜증 내는 순간 그 감정이 더 폭발하거든. 답답할 순 있겠지만 5초만 참으면 마음이 가라앉을 거야.

그거 알아? '번 아웃'이라는 말 들어 봤어? 스트레스가 심해서 일상을 살아 나갈 힘을 잃은 상태를 말해. 그런데 아이들도 번 아웃을 겪는 '번 아웃 키즈'라고 있대. 자신감이 없고 실패에 대한 두려움이 커져 아무것도 하고 싶어하지 않아. 그래서 건강한 성장에도 문제가 생길 수 있어.

7월 18일 — 가치관

생일 파티에 친구들이 많이 와야 좋다.
vs
친한 친구 한두 명만 와야 좋다.

| 너의 의견은 뭐야? | 이유를 말해 줘. (1~2개) | 그렇게 했을 때 문제점은 뭐야? | 그건 어떻게 해결할까? |

생일 파티에 친구들이 많이 와야 좋아. 그래야 축하를 많이 받는 느낌이 들어. 더 놀거리도 많고. 만약 초대했는데 올 친구가 많이 없다면 내가 평소에 친구들에게 잘해 주었는지 생각해 보아야 해.

 VS

생일 파티에는 친한 친구 한두 명만 오는 것이 좋아. 많은 축하를 받는 것보다 진심을 담은 한두 명의 축하가 더 중요해. 물론 너무 썰렁해 보일 수 있으니 가족과 함께 생일 파티를 하면 좋을 것 같아.

생각 열기

친구 생일 파티에 초대 받아 가 본 적 있어? 초등 친구들의 생일 파티를 보면 집에서 음식을 준비해서 하기도 하고 키즈 카페에서 하기도 해. 자신이 태어난 날인 축복스러운 날이니 한 번쯤은 친구를 어떻게 초대해야 하는지 생각해 보면 좋겠어.

6월 13일   감정

다른 사람의 감정이 이해가 안 되면 일단 멀리해야 한다.
vs
이해하려고 노력해야 한다.

| 너의 의견은 뭐야? | 이유를 말해 줘. (1~2개) | 그렇게 했을 때 문제점은 뭐야? | 그건 어떻게 해결할까? |

다른 사람의 감정이 이해가 안 되면 일단 멀리하는 것이 좋아. 내가 이해하려고 노력하는 모습이 결국 이해 못한다는 걸 보여 주는 거니까 더 상처가 될 수도 있어. 당장은 이해 못하겠지만 한 걸음 떨어져서 보면 나중에 이해될 수도 있어.

VS

다른 사람의 감정이 이해가 안 되면 이해하려고 노력해야 해. 왜 화가 났는지, 왜 슬퍼하는지 이해하려고 노력해야 그 사람하고 소통도 더 잘 되고 잘 지낼 수 있거든. 물론 해도 해도 안 되면 나중에 슬쩍 물어보아야겠지.

그거 알아? 다른 사람의 마음을 이해하고 공감하는 것을 '감정 소통', '정서적 소통'이라고 해. 그런데 이것도 연습이 필요해. 상대가 어떤 감정일까 헤아려 보고 상황에 맞게 말하거나 반응해 주는 거야. '너는 항상 왜 그런지 모르겠어.', '그게 그렇게 슬플 일이야?' 같은 말은 전혀 도움이 되지 않아.

7월 17일 제헌절

가치관

학교에서 스마트폰을 사용해도 된다.
vs
사용하면 안 된다.

| 너의 의견은 뭐야? | 이유를 말해 줘. (1~2개) | 그렇게 했을 때 문제점은 뭐야? | 그건 어떻게 해결할까? |

학교에서 스마트폰을 사용해도 돼. 수업 후 결과물도 찍을 수 있고, 어떤 일이 생기면 부모님과 통화도 해야 해. 대신 소리 때문에 시끄러울 수 있으니 무음으로 해 두는 규칙을 만들어 두면 돼.

VS

학교에서는 스마트폰을 사용하면 안 돼. 아이들이 보통 유튜브를 보거나 게임을 하기 때문에 공부에 방해가 돼. 친구와 대화할 시간도 부족해. 물론 급한 일이 생겨 사용해야 할 때가 있으니 그럴 때는 선생님의 도움을 받으면 어떨까?

생각 열기

학교에서 스마트폰을 사용하는 것에 대해서 사람들 사이에 의견이 오가고 있어. 중·고등학교에서는 수업 전 스마트폰을 내고 수업 후 받아 가는 경우도 있어. 국가인권위원회에서는 스마트폰을 사용하지 못하게 한 고등학교에 규정을 바꿀 것을 요구하기도 했어. 자, 학교에서 스마트폰 사용, 어떻게 하면 좋을까?

6월 14일

감정

혼자 있고 싶은 사람은 그냥 두는 것이 좋다.
vs
말을 걸어야 한다.

| 너의 의견은 뭐야? | 이유를 말해 줘. (1~2개) | 그렇게 했을 때 문제점은 뭐야? | 그건 어떻게 해결할까? |

 혼자 있고 싶은 사람은 그냥 두는 것이 좋아. 혼자 생각하거나 혼자 어떤 일을 하면서 마음을 정리하고 싶은 거니까. 물론 혼자라 외로워 보인다면 한 발자국 뒤에서 지켜봐 주면 돼.

VS

 혼자 있고 싶은 사람에게도 말을 걸어야 해. 혼자 있으면 자기 생각에 빠져서 너무 우울해지거나 위험한 생각을 할 수 있거든. 물론 그 사람이 원하지 않을 수 있으니 슬며시 해야지.

생각 열기

혼자 있고 싶다는 생각이 든 적 있어? 주로 언제 그래? 혼자 있게 되면 주로 무엇을 하는지, 마음은 어떤지 궁금해. 너의 경험을 생각해 보면 혼자 있고 싶다는 사람을 어떻게 해 주어야 하는지도 답이 나오겠지? 물론 사람에 따라 다르지만 말이야.

7월 16일

가치관

유행에 따르는 것이 재미있다.
vs
관심 없다.

| 너의 의견은 뭐야? | 이유를 말해 줘. (1~2개) | 그렇게 했을 때 문제점은 뭐야? | 그건 어떻게 해결할까? |

유행에 따르는 것이 재미있어. 시대마다 사람들이 즐기는 것들이 있는데 나만 하지 않으면 어울리기가 쉽지 않아. 학교 끝나고 슬러시 사 먹는 것이 유행일 때 친구들과 어울려 먹으면 즐거워. 내 생각과 취향이 사라질 수 있겠지만 잠시인걸.

유행에 관심 없어. 유행을 따르다 보면 나만의 개성이 사라져. 친구들이 요즘 좋아하는 캐릭터가 있다고 나도 좋아할 필요는 없지. 물론 모두 다 하는 것을 나만 안 하면 좀 소외될 수 있으니 차라리 그럴 땐 혼자 노는 게 낫겠어.

생각 열기

유행은 어떤 것이 사람들 사이에 널리 퍼져 따르는 것을 말해. 음식, 옷차림, 말투, 어떤 행동 등이 모두 유행이 될 수 있지. '요즘은 이게 대세야.'처럼 대세라는 말로도 표현하지. 이런 유행을 따르는 것, 얻는 것과 잃는 것은 무엇인지 생각해 보자!

6월 15일   감정

나의 모든 마음을 부모님이 알아야 한다.
vs
아니다.

| 너의 의견은 뭐야? | 이유를 말해 줘. (1~2개) | 그렇게 했을 때 문제점은 뭐야? | 그건 어떻게 해결할까? |

나의 모든 마음을 부모님이 알아야 해. 부모님이 알아야 나를 이해하고 도와주실 수 있잖아. 물론 숨기고 싶은 마음도 있겠지만 어차피 부모님은 눈치채실걸.

VS

나의 모든 마음을 부모님이 아실 필요는 없어. 아신다고 해도 사실 내 마음을 어떻게 해 주실 수는 없거든. 물론 전혀 몰라주어서 슬플 수도 있지만 그럴 때는 내가 내 마음을 설명하면 돼. 말하지 않으면 몰라.

생각 열기

사람은 눈빛, 억양, 몸짓, 표정 등을 통해 다른 사람의 마음을 짐작해. 다른 사람의 마음을 알아채려는 노력이 있어야 서로 오해하지 않아. 그런데 가끔 숨기고 싶은 마음이 있잖아. 그런 경우가 있다면 어떤 일이었어? 반대로 마음을 알아주지 않아 속상했던 적 있었어?

7월 15일   가치관

좋은 직업은 남이 인정해 주는 직업이다.
vs
나 스스로 만족하는 직업이다.

| 너의 의견은 뭐야? | 이유를 말해 줘. (1~2개) | 그렇게 했을 때 문제점은 뭐야? | 그건 어떻게 해결할까? |

남이 인정해 주는 직업이 좋은 직업이야. 인정을 받아야 의욕이 생겨서 더 열심히 하잖아. 아무리 노력해도 혼자만 만족하는 건 슬퍼. 물론 남의 인정에만 너무 기대지 않도록 스스로 만족하는 마음도 필요해.

나 스스로 만족하는 직업이 좋은 직업이야. 그래야 일하면서 즐겁게 할 수 있고 좀 더 집중할 수 있기 때문이야. 만약 누군가 내 직업 선택에 간섭을 하려고 하면 내가 내 직업을 선택한 이유를 단호하게 말하면 돼.

그거 알아? 직업 만족도 조사를 할 때 보통 발전 가능성이 있는지, 지속할 수 있는지, 월급은 만족스러운지 등에 대한 문항으로 조사를 해. 그중 '사회적 평판도'도 있는데 사람들의 평가와 인정도 만족도에 영향을 준다는 뜻이지. 그렇다면 그건 어느 정도 영향을 주는 걸까? 곰곰 생각해 보자.

6월 16일 — 감정

참을성이 있어야 성공한다.
vs
참을성과 성공은 큰 관련이 없다.

| 너의 의견은 뭐야? | 이유를 말해 줘. (1~2개) | 그렇게 했을 때 문제점은 뭐야? | 그건 어떻게 해결할까? |

 **참을성이 있어야 성공해.** 살다 보면 식당에서 음식을 기다리거나, 줄을 서야 하는 일 등 다양한 상황이 있는데 그걸 잘 해내야 해. 그래야 살면서 힘든 일도 잘 참고 이겨 내서 잘될 거야. 물론 모두가 그렇지는 않겠지만 참을성이 없는 것보단 낫지 않을까?

VS

 참을성과 성공은 큰 관련이 없어. 참고 기다려야 하는 일들이 많지만, 그걸 잘한다고 꼭 성공한다는 것은 증명되지 않았어. 오히려 상황을 잘 조절하는 사람이 잘되지 않을까? 참을성이 없어 불편한 순간도 있겠지만 일상의 불편함 정도일 거야.

 **그거 알아?** '마시멜로 실험'이라는 유명한 실험이 있었어. 눈앞의 마시멜로를 참고 먹지 않은 아이들이 후에 더 성공했다는 결과가 있었는데 나중에는 그것이 정확하지 않다고 새롭게 발표되었어. 참을성은 성공에 필수일까? 그저 하나의 미덕일까?

7월 14일

가치관

이웃과 친하게 지내는 것이 중요하다.
vs
중요하지 않다.

| 너의 의견은 뭐야? | 이유를 말해 줘. (1~2개) | 그렇게 했을 때 문제점은 뭐야? | 그건 어떻게 해결할까? |

이웃과 친하게 지내는 것이 중요해. 말 그대로 이웃인데 서먹하게 지내면 볼 때마다 불편할 것 같아. 서로 음식도 나누어 먹으며 친하게 지내면 매일 즐거울 거야. 만약 이웃이 원치 않는다면 당연히 거리를 두어야지.

 VS

이웃과 친하게 지내는 건 중요하지 않아. 우리집 근처에 많은 이웃이 있지만 어쩌면 그냥 남남이잖아. 서로 잘 맞지 않으면 친하기도 힘들어. 물론 만나면 어색할 수 있으니 가벼운 인사 정도 하면 어떨까 해.

그거 알아?

'먼 사촌보다 가까운 이웃이 낫다.'는 속담이 있어. 말 그대로 친하게 지내면 먼 친척보다 가까워진다는 의미지. 요즘은 모두 바쁘니 이웃끼리도 서먹한 경우가 많아. 이웃은 어떤 의미일까? 꼭 친하게 지내야 하는 걸까?

6월 17일

감정

미운 사람이 있으면 그냥 미워해도 된다.
vs
좋아하려고 노력해야 한다.

| 너의 의견은 뭐야? | 이유를 말해 줘. (1~2개) | 그렇게 했을 때 문제점은 뭐야? | 그건 어떻게 해결할까? |

미운 사람이 있으면 그냥 미워해도 돼. 밉다는 건 감정이기 때문에 어차피 내 마음대로 할 수 없어. 물론 미움을 품으면 내가 더 힘들 수 있으니까 마음 다스릴 수 있는 일도 함께 해야지.

 VS

미운 사람도 좋아하려고 노력해야 해. 미워진다고 해서 미워하면 나 자신이 더 힘들 뿐이야. 사람은 누구나 서로 미워질 수 있는데 그 감정을 계속 가지고 살 순 없잖아.

그거 알아?

《미움》(조원희 글, 만만한 책방)이라는 그림책에서는 미운 감정이 얼마나 점점 더 커지고 나를 힘들게 하는지 보여 주고 있어. 아마도 누구나 그런 경험을 해 보았을 거야. 그런데 사실 감정이라는 게 내 뜻대로 되진 않잖아. 미움이라는 이 감정, 미운 사람을 향한 마음, 도대체 어떻게 해야 할까?

7월 13일

가치관

어른이 되면 좋아하는 일을 할 거다.
vs
돈 잘 버는 일을 할 거다.

| 너의 의견은 뭐야? | 이유를 말해 줘. (1~2개) | 그렇게 했을 때 문제점은 뭐야? | 그건 어떻게 해결할까? |

어른이 되면 내가 좋아하는 일을 할 거야. 좋아하는 일을 하면 시간 가는 줄 모르고 몰입하게 되는데, 그것만큼 행복을 느끼게 하는 것이 없잖아. 좋아하는데 돈도 잘 벌면 정말 좋겠지. 좋아하는 일이 바뀔 수도 있는데 그때는 그 일을 하면 돼.

VS

어른이 되면 돈 잘 버는 일을 할 거야. 돈을 잘 벌게 되면 그 일도 더 좋아지지 않을까 싶어. 물론 돈 잘 버는 일을 할 수 있을 거라는 보장은 없으니 나를 계발하면서 찾아보아야지.

생각 열기

어른이 되면 수많은 선택 앞에 놓이게 돼. 특히 직업은 삶에 아주 중요하기 때문에 더욱 그렇지. 내가 좋아하는 일을 사회에서 원하지 않을 수 있고, 돈 잘 버는 일을 한다는 것도 쉽지 않아. 그래서 누군가는 잘하는 일을 하라고 하지. 너의 선택은 뭐야?

6월 18일 — 감정

질투도 필요하고 좋은 감정이다.
##
필요없는 나쁜 감정이다.

- 너의 의견은 뭐야?
- 이유를 말해 줘. (1~2개)
- 그렇게 했을 때 문제점은 뭐야?
- 그건 어떻게 해결할까?

질투도 필요하고 좋은 감정이야. 질투심이 느껴지면 나도 그렇게 되고 싶어서 열심히 하잖아. 지나친 질투는 마음을 괴롭게 할 수 있지만 적당한 질투는 괜찮아.

질투는 필요없는 나쁜 감정이야. 질투하게 되면 상대가 미워지고 괜히 나 자신을 탓하게 되거든. 물론 질투심 때문에 노력해서 더 잘될 수도 있지만 흔하지 않은 경우야.

생각 열기

시기하고 미워하는 감정이 질투야. 그걸 느끼는 마음을 질투심이라고 하지. '사촌이 땅을 사면 배가 아프다.'는 말이 있는 것처럼 사실 이 질투심은 사람에게 자연스럽게 느껴지는 감정이라고 해. 다만 어떻게 다스리는지가 중요하겠지?

7월 12일 — 가치관

나의 생각은 언제나 당당히 드러내야 한다.
vs
꼭 드러낼 필요는 없다.

| 너의 의견은 뭐야? | 이유를 말해 줘. (1~2개) | 그렇게 했을 때 문제점은 뭐야? | 그건 어떻게 해결할까? |

나의 생각은 언제나 당당히 드러내야 해. 그래야 다른 사람도 나의 생각을 알고 대화를 잘 풀어 갈 수 있잖아. 나의 생각대로 무언가 될 수도 있고. 물론 너무 드러내면 다른 사람이 불편할 수 있으니 분위기는 살피고 해야지.

 VS

나의 생각을 꼭 드러낼 필요는 없어. 생각도 하나의 비밀일 수 있잖아. 모든 생각을 나타내면 상대가 나의 모든 것을 알고 마음대로 하려고 굴 수도 있어. 물론 무엇을 먹고 싶은지 말해야 하는 순간처럼 꼭 표현해야 할 때는 해야지.

생각 열기

생각을 말한다는 것은 '생각'보다 쉽지 않아. 남들이 이상하게 볼까 봐, 상황과 어울리지 않을까 봐 걱정을 많이 하거든. 실제로 남들과 다른 생각을 말하면 잘 포용하지 않는 분위기가 있기도 해. 하지만 사람은 생각하는 존재이고, 자기 의견이 있는 존재잖아. 생각을 드러낸다는 것, 어떻게 생각해?

6월 19일 — 감정

행복하고 뿌듯한 날에는 일기를 써야 한다.
vs
아니다.

| 너의 의견은 뭐야? | 이유를 말해 줘. (1~2개) | 그렇게 했을 때 문제점은 뭐야? | 그건 어떻게 해결할까? |

 행복하고 뿌듯한 날에는 일기를 쓰는 것이 좋아. 오래 간직할 수 있고 나중에 보면 그때의 행복한 기억이 되살아날 수 있거든. 기록이라는 게 쉽지 않지만 진짜 좋으면 저절로 하게 될걸.

VS

 행복하고 뿌듯한 날이라고 해도 꼭 일기를 쓸 필요는 없어. 내 마음에 진하게 남아 있으면 되는 거 아닐까? 물론 잊혀질 수 있지만 잊혀지는 것도 자연스러운 과정이잖아.

 생각 열기 — 사람들은 좋은 일이 있으면 본능적으로 기록하려고 해. 사진을 찍기도 하고 글을 쓰기도 하지. 너는 주로 어떻게 하는 편이야? 만약 일기를 쓴다면 무엇이 좋을까? 일기를 쓰지 않아도 좋은 일이 기억될 수 있는 방법은 무엇일까?

7월 11일

가치관

초등학생도 봉사 활동을 하는 것이 좋다.
vs
아직 어렵다.

- 너의 의견은 뭐야?
- 이유를 말해 줘. (1~2개)
- 그렇게 했을 때 문제점은 뭐야?
- 그건 어떻게 해결할까?

초등학생도 봉사 활동을 하는 것이 좋아. 우리는 늘 서로 도우며 살아야 하는데 그것을 제대로 해 볼 기회잖아. 물론 마음과 시간을 들이는 건 쉽지 않지만 그래서 더욱 봉사 활동을 해 봐야지.

VS

초등학생은 봉사 활동이 아직 어려워. 자신을 돌보기도 힘든 나이잖아. 봉사의 의미를 잘 모를 수도 있어. 물론 봉사는 귀한 일이지만 청소년이 되어서 해도 돼.

그거 알아? 'VMS'와 '1365'는 봉사 활동을 신청할 수 있는 사이트야. 초등학생이 할 수 있는 건 많지 않을 수 있어. 그런데 어렵게 생각할 필요 없어. 걷거나 뛰며 길거리 쓰레기를 줍는 '줍깅' 같은 것은 지금 당장 할 수 있거든!

6월 20일 — 감정

늘 나를 기분 나쁘게 하는 사람은 피하는 것이 좋다.
vs
잘 지내려고 노력해야 한다.

- 너의 의견은 뭐야?
- 이유를 말해 줘. (1~2개)
- 그렇게 했을 때 문제점은 뭐야?
- 그건 어떻게 해결할까?

늘 나를 기분 나쁘게 하는 사람이 있으면 피하는 것이 좋아. 그 사람을 만날수록 스트레스가 쌓이고 심해지면 견디기 힘들어. 물론 관계가 나빠질 수 있지만 나중에 시간이 흘러 괜찮아질 때 만나면 돼.

VS

늘 나를 기분 나쁘게 하는 사람이 있어도 잘 지내려고 노력해야 해. 사람은 언제 어디서 다시 만날지 모르기 때문에 좋은 관계를 유지하는 게 좋아. 물론 계속 노력하면 스트레스 받을 수 있지만 좋은 친구하고도 많이 만나면 돼.

그거 알아? '인간은 사회적 동물'이라는 말이 있어. 다른 사람과 어울려 사회 속에서 살아갈 수밖에 없다는 거지. 그런데 그 안에서 살다 보면 갈등이 생겨. 사람과의 관계가 참 어렵거든. 만약 너의 감정을 은근히 상하게 하는 사람이 있다면 너는 어떻게 할 거야?

7월 10일

가치관

착하게 살아야 한다.
vs
꼭 착하게 살 필요 없다.

| 너의 의견은 뭐야? | 이유를 말해 줘. (1~2개) | 그렇게 했을 때 문제점은 뭐야? | 그건 어떻게 해결할까? |

착하게 살아야 해. 내가 한 일은 모두 나에게 돌아오게 되어 있어. 그렇지 않더라도 착하게 살아야 스스로에게 떳떳하지. 물론 착한 일을 하면 남들이 은근히 무시하는 상황도 생기지만 그 상황을 나도 무시하면 돼.

꼭 착하게 살 필요 없어. 친구들을 몇 번 도와준 적이 있는데 고맙다는 말도 없어서 보람을 느끼지 못했어. 오히려 더 해 달라는 듯 굴더라고. 물론 나쁜 짓도 안 되겠지? 적당히 내가 할 일을 하며 사는 것이 상처도 안 받고 좋을 것 같아.

그거 알아? 남들에게 착하게 보이기 위해 너무 애쓰는 것을 '착한 아이 증후군'이라고 해. 지나치게 착하려고 하면 자신의 욕구나 마음을 숨기게 되어 좋지 않아. 하지만 우리는 기본적으로는 착한 마음으로 살아야 하지. 착하게 산다는 것에 대해 한번 생각해 보자.

6월 21일 — 감정

걱정은 다가올 일을 잘하는 데 도움이 된다. vs 안 된다.

| 너의 의견은 뭐야? | 이유를 말해 줘. (1~2개) | 그렇게 했을 때 문제점은 뭐야? | 그건 어떻게 해결할까? |

걱정은 다가올 일을 잘하는 데 도움이 되지! 걱정한다는 것은 마음의 준비를 계속 한다는 뜻이거든. 걱정이 있으면 적당한 긴장감을 느껴 생각보다 잘할 수 있어. 마음은 계속 편하지 않지만 그 마음이 있어야 잘된 후에 기쁨도 두 배가 될 거야.

VS

걱정은 아무 도움이 안 돼. 걱정한다고 해서 상황이 바뀌지는 않거든. 오히려 마음만 힘들 뿐이지. 물론 아예 아무 생각 안 하는 것보단 낫겠지만 말이야.

그거 알아? 미국 펜실베이니아 주립대의 한 연구진은 걱정하는 일의 79%는 실제로 일어나지 않고, 16%는 미리 준비하면 대처할 수 있다는 연구 결과를 발표했어. 일어나지 않을 일을 걱정하는 것, 이미 하기로 되어 있는 일을 걱정하는 것, 상황은 조금 다르겠지? 너는 걱정이 많은 편, 안 하는 편 중 어느 쪽이야?

7월 9일

가치관

재미있는 사람이 되고 싶다.
vs
똑똑한 사람이 되고 싶다.

| 너의 의견은 뭐야? | 이유를 말해 줘. (1~2개) | 그렇게 했을 때 문제점은 뭐야? | 그건 어떻게 해결할까? |

재미있는 사람이 되고 싶어. 내 주변 사람이 나로 인해 웃으면 나도 행복해지거든. 재미있는 사람은 인기도 많아. 물론 항상 재밌을 순 없으니까 재미있게 살려고 노력해야지.

 VS

똑똑한 사람이 되고 싶어. 스마트하면 다른 사람이 날 부러워할걸. 할 수 있는 것도 많아 남에게 도움도 될 것 같아. 똑똑해지기 위해서는 가만히 있기보다 책도 많이 읽고 여러 가지 노력을 해야지.

그거 알아? 실제 지능이 높은 사람보다 유머가 있고 똑똑해 보이는 사람에게 더 매력을 느꼈다는 연구 결과가 있어. 똑똑하다는 건 어떤 것일까? 재밌는 사람이라는 건? 그리고 똑똑하면서도 재밌는 사람도 있을 수 있겠지?

6월 22일

감정

나는 내 기분이나 감정을 잘 알고 다스릴 줄 안다.
VS
잘 모르고 다스리기 힘들다.

| 너의 의견은 뭐야? | 이유를 말해 줘. (1~2개) | 그렇게 했을 때 문제점은 뭐야? | 그건 어떻게 해결할까? |

 나는 내 기분이나 감정을 잘 알고 다스리는 것 같아. 화가 날 때면 내 나름대로 푸는 방법도 있고 내 감정이 다른 사람에게 피해가 되지 않게 노력하는 편이야.

VS

 나는 내 기분이나 감정을 잘 모르는 것 같아. 그냥 짜증 난다는 감정은 알겠는데 정확히 무엇 때문인지 모르겠어. 그러다 보니 주변 사람에게 괜히 짜증을 내서 불편하게 만드는 것 같아.

 **그거 알아?**

'정서 지능'이라는 것이 있어. 자기 마음과 감정을 잘 알고 조절하며, 그에 맞게 잘 행동하는 능력을 말해. 정서 지능이 높으면 나와 다른 사람의 감정을 잘 이해하니 상황에 맞게 행동할 수도 있어. 너의 정서 지능에 대해서도 한번 생각해 보면 어때?

7월 8일

가치관

행복은 마음먹기에 달려 있다.
VS
마음먹는다고 되는 게 아니다.

| 너의 의견은 뭐야? | 이유를 말해 줘. (1~2개) | 그렇게 했을 때 문제점은 뭐야? | 그건 어떻게 해결할까? |

행복은 마음먹기에 달려 있어. 어떤 일이 생겨도 내가 행복하다고 생각하면 되는 거야. 행복이 행운과는 다르니까. 물론 정말 힘든 일이 생기면 행복하지 않을 수 있겠지. 그 시간을 조금만 견디면 행복한 마음을 다시 가지게 될 거야.

VS

마음먹는다고 행복한 건 아니야. 주변 환경이 날 도와줘야지. 어느 기분 좋은 아침 친구가 내 바지에 물을 쏟아서 정말 화가 났어. 웃으려고 해도 잘 안 되었지. 그 순간에도 괜찮다고 마음먹으면 되지만 정말 큰 일을 겪으면 그렇게 되지 않을걸?

그거 알아? 복권에 당첨된 사람과 교통사고로 한쪽 다리를 잃은 사람의 행복 수치를 비교한 연구가 있었대. 처음에 두 사람은 자신의 행복과 불행이 영원할 거라고 생각했지만, 시간이 지난 후 그렇지 않았다는 결과가 나왔어. 물론 어떤 경험인지에 따라서도 달라질 수 있을테니 곰곰 생각해 보아야겠지?

6월 23일

감정

초등학생은 이성 친구와 커플링을 해도 된다. vs 안 된다.

| 너의 의견은 뭐야? | 이유를 말해 줘. (1~2개) | 그렇게 했을 때 문제점은 뭐야? | 그건 어떻게 해결할까? |

초등학생도 커플링을 할 수 있어. 우정 반지를 하는 것처럼 커플링도 친구 사이의 마음을 표현하는 거니까 문제없어. 물론 질투하는 친구들이 있을 수 있으니까 너무 화려한 건 안 하는 게 어떨까?

 VS

초등학생은 커플링을 하면 안 돼. 커플링은 서로가 좋아하는 사이라는 것을 드러내는 것인데, 만약 헤어지게 되면 쓸 수 없게 되어 너무 슬프잖아. 물론 서로가 좋아하는 마음을 확인하고 싶을 수 있지만 그건 다른 방법으로도 가능해.

그거 알아? 초등학생 1~6학년을 대상으로 조사를 했는데 30% 정도가 '교제하는 이성 친구가 있다.'고 답했다고 해. 그중 일부는 커플링도 해 보았을 거야. 커플링을 하면 좋은 점과 안 좋은 점 중 무엇이 더 많을까?

7월 7일 — 가치관

1등을 해야 행복하다.
vs
1등을 하지 않아도 행복하다.

| 너의 의견은 뭐야? | 이유를 말해 줘. (1~2개) | 그렇게 했을 때 문제점은 뭐야? | 그건 어떻게 해결할까? |

1등을 해야 행복해. 피아노 콩쿠르에 나가 1등 한 적이 있거든. 너무 행복했고 자신감이 솟았어. 한동안 무얼 하든 기분이 좋더라고. 물론 항상 1등 할 순 없으니까 단 한 번이라도 경험해 보도록 최선을 다해 보면 좋겠어.

1등을 하지 않아도 행복해. 우리는 너무 경쟁을 많이 하는 것 같아. 1등을 하지 않아도 내가 소중하다는 가치는 변하지 않아. 1등에 매달리면 좌절하기 쉬워. 물론 1등이라는 경험을 못하는 건 아쉽지만 모두가 1등 할 수는 없잖아.

그거 알아? 유명한 작가 셰익스피어는 자신의 작품에 '왕관을 쓰려는 자 무게를 견뎌라.'라는 문장을 썼어. 1등에는 그만큼 책임이 뒤따른다는 뜻이겠지. 그러나 그 자리에 가 보지 못하면 꼭 가 보고 싶은 것이 사람 마음이야. 1등의 의미는 무엇일까? 1등은 온전한 행복을 줄까?

6월 24일

감정

후회되는 일도 인생에 필요하다.

아니다.

| 너의 의견은 뭐야? | 이유를 말해 줘. (1~2개) | 그렇게 했을 때 문제점은 뭐야? | 그건 어떻게 해결할까? |

후회되는 일도 인생에 필요해. 후회로 인해 잘못한 점을 뉘우치고 책임감 있게 행동할 수 있어. 물론 후회에는 자괴감도 같이 따라오지만 그것도 이겨 내야 더 나은 사람이 되겠지.

 VS

후회될 일은 되도록 안 만드는 것이 좋아. 후회한다는 것은 일이 뜻대로 안 되었다는 것인데, 그럼 자신에게도 남에게도 별로 좋은 일은 아니었을테니까. 잘 자라려면 가끔은 후회도 필요하겠지만 그건 정말 어쩔 수 없는 경우에만 그래야겠지.

그거 알아?

'절대 어제를 후회하지 마라. 인생은 오늘의 나 안에 있고, 내일은 스스로 만드는 것이다.'라는 명언이 있어. '나이가 들수록 해 보지 않았던 것에 대해서만 후회한다는 것을 발견하게 될 것이다.'라는 명언도 있지. 두 가지 명언만으로도 후회에 대해 생각할 거리가 많지?

7월 6일 | 가치관

매일 감사하는 마음으로 살자.
vs
불평불만은 이야기하며 살자.

| 너의 의견은 뭐야? | 이유를 말해 줘. (1~2개) | 그렇게 했을 때 문제점은 뭐야? | 그건 어떻게 해결할까? |

매일 감사하는 마음으로 사는 것이 좋아. 감사하다 보면 주변의 모든 것을 이해하고 사랑하게 되지. 그게 내 마음도 편하게 해. 물론 정말 감사할 수 없는 순간이 있을 수 있지. 그럴 땐 아무 생각하지 말고 일찍 잠들어 보면 어때?

불평불만이 있을 때는 이야기하는 것이 좋아. 감사하는 마음을 억지로 가지려고 하면 내 감정을 억누르게 되어서 나중에 폭발할지도 몰라. 물론 불평불만을 이야기할 때 상대가 불편할 수 있으니 최대한 예의 있게 이야기하는 게 좋을 거야.

생각 열기

어떤 사람들은 감사하는 마음을 중요하게 여겨서 감사 일기를 쓰거나 매일 감사의 말을 하려고 노력해. 그런데 어떤 사람들은 감정은 자연스러운 것이라면서 감사를 강요하지 말아야 한다고 생각해. 너는 어때?

6월 25일   감정

서운한 감정은 말로 표현해야 한다.
vs
편지로 전하는 것이 좋다.

| 너의 의견은 뭐야? | 이유를 말해 줘. (1~2개) | 그렇게 했을 때 문제점은 뭐야? | 그건 어떻게 해결할까? |

서운한 감정은 말로 표현해야 해. 내가 아무 말도 안 하고 있으면 상대는 절대 몰라. 친구에게 다른 아이하고만 놀아서 서운하다고 했더니 미안하다고 하더라고. 서운한 마음을 말하다 싸움으로 커질 수 있으니까, 너무 감정을 섞지 말고 말해야 해.

서운한 감정은 편지로 전하는 것이 좋아. 말은 하다 보면 감정이 섞여서 하고 싶은 말이 잘 전달되지 않을 수 있거든. 편지로 쓰면 생각을 많이 하게 되어서 마음 표현이 더 편할 거야. 물론 번거로움이 있지만 관계를 더 나아지게 하려면 어쩔 수 없겠지?

생각 열기 — 말과 글은 무엇이 다를까? 말은 금방 전달할 수 있지만 한 번 뱉으면 담을 수 없어. 글은 쓰기 위해 시간도 필요하고 글쓰기 능력도 있어야 하지만, 계속 다듬을 수 있어서 정돈된 마음을 쓸 수 있지. 자, 너는 서운한 일이 있을 때 어떤 것으로 표현해 볼래?

7월 5일

가치관

초등학생이 유행어를 적당히 사용하는 것은 괜찮다. vs 아니다.

- 너의 의견은 뭐야?
- 이유를 말해 줘. (1~2개)
- 그렇게 했을 때 문제점은 뭐야?
- 그건 어떻게 해결할까?

유행어를 사용하는 것은 괜찮아. 유행어로 친구들과 소통하는데 나만 안 하면 소통이 안 돼. 또한 유행어는 말 그대로 유행이라서 금방 지나가기 때문에 그리 심각하지 않아. 물론 뜻이 나쁜 말은 남에게 불쾌감을 주니 그런 것만 피하자.

VS

유행어는 되도록 사용하지 않는 것이 좋아. 유행어는 고운 우리말을 훼손해. 게다가 상대를 비하하는 뜻이 있는 유행어가 많아. 표준어로도 표현할 수 있는 게 많아. 물론 혼자 안 쓰기가 어색하겠지만 그런 소신 정도는 있어야 고운 말 습관이 생기지!

그거 알아? 어떤 일이 시작되어 일정 기간 즐겨 쓰는 말을 유행어라고 해. 어떤 공동체에서 새로 사용하게 되는 말은 신조어라고 하지. 한동안 '어쩔티비 저쩔티비, 안물안궁, 킹받쥬'라는 말이 한창 유행했고 지금도 사용해. 이런 말을 사용해 보거나 들어 본 경험을 떠올려 봐. 어땠는지 잘 생각하면 너의 입장이 정해질 거야.

6월 26일

감정

일기는 내 마음을 다스리는 데 도움이 된다. vs 안 된다.

| 너의 의견은 뭐야? | 이유를 말해 줘. (1~2개) | 그렇게 했을 때 문제점은 뭐야? | 그건 어떻게 해결할까? |

일기는 내 마음을 이해하거나 감정을 다스리는 데 도움이 돼. 일기장은 사람이 아니라서 비밀도 다 이야기할 수 있어. 쓰기 전에는 너무 귀찮지만 다 쓰고 나면 후련해지니까 그 마음을 생각하면 돼.

일기가 내 마음을 다스리는 데 도움이 되진 않아. 어차피 어른이 다 읽으니까 완전히 솔직하게 쓰지 못하거든. 내 마음을 풀어낼 곳이 필요하면 차라리 친구한테 말하는 것이 나아.

그거 알아? 제2차 세계 대전 당시 안네가 쓴 《안네의 일기》를 보면 안네가 자신의 마음을 정말 잘 표현해 놓았다는 것을 알 수 있어. 안네는 숨어 살았는데 아마 그때 마음이나 생각을 말할 대상이 많지 않아 일기를 썼을 거야. 이런 일기, 마음 이해나 감정 다스림에 도움이 될까, 그럴지 않을까? 너의 생각이 궁금해!

7월 4일

가치관

노력해도 잘 안 되는 일은 포기하는 것이 낫다.
vs
끝까지 노력해야 한다.

| 너의 의견은 뭐야? | 이유를 말해 줘. (1~2개) | 그렇게 했을 때 문제점은 뭐야? | 그건 어떻게 해결할까? |

노력해도 잘 안 되는 일은 포기하는 것이 나아. 포기하고 실패는 다르니까. 그 일에 매달리다 오히려 잘할 수 있는 일을 놓칠 수도 있어. 안 된다고 자꾸 포기하는 습관이 생길까 봐 걱정된다면 나름의 기준을 정해 봐.

안 되는 일이어도 끝까지 노력해야 해. 끝까지 해 보아야 자신이 할 수 있는 일인지 아닌지 알 수 있어. 포기하지 않는 마음이 있어야 다른 일도 잘할 수 있고. 하다 안 되면 좌절할 수도 있지만 좌절도 경험해야 성공의 기쁨도 크게 느낄 수 있어.

그거 알아? '분골쇄신', '불철주야'처럼 어떤 일에 온 힘을 다하고 포기하지 않는 것을 미덕으로 여기는 사자성어들이 있어. 한편에선 포기하는 것도 용기라며 포기를 나쁘게만 보지 말아야 한다는 의견도 있지. 포기는 나쁜 걸까? 항상 끝까지 해 보아야 하는 걸까? 너의 경험을 떠올려 의견을 내 봐.

6월 27일

감정

마음이 진정되지 않을 때 책을 읽으면 좋다. vs 아니다.

| 너의 의견은 뭐야? | 이유를 말해 줘. (1~2개) | 그렇게 했을 때 문제점은 뭐야? | 그건 어떻게 해결할까? |

마음이 진정되지 않을 때 책을 읽으면 좋아. 몰입이 되어서 힘든 것을 잊을 수 있거든. 특히 시리즈는 더 좋지. 물론 처음에 집중이 안 될 수도 있지만 읽다 보면 빠져들게 되어 있어.

VS

책 읽기가 마음을 진정시켜 주지는 못해. 화날 때 읽어 봤는데 책장을 짜증 내면서 넘기다 찢어졌어. 그래서 엄마한테 혼났거든. 차라리 나가서 뛰어노는 게 더 좋아.

그거 알아?

영국 서식스대학교에서 연구했는데, 책을 읽었을 때 스트레스 수준이 68%가 감소하고 심장 박동수가 낮아졌대. 긴장도 풀어지고. 음악 감상 61%, 산책 42%보다 높은 거지.

7월 3일 | 가치관

경쟁하는 건 발전에 도움이 된다.
vs
사이가 나빠진다.

| 너의 의견은 뭐야? | 이유를 말해 줘. (1~2개) | 그렇게 했을 때 문제점은 뭐야? | 그건 어떻게 해결할까? |

경쟁하는 건 발전에 도움이 돼. 무엇이든 나 혼자 하면 금방 지루해지고 또 기준이 없으니까 잘하는지도 모를 것 같아. 심한 경쟁은 서로 사이를 나쁘게 할 수 있으니 적절한 경쟁으로 실력을 쌓아 보는 건 어때?

VS

경쟁을 하면 사이가 나빠져. 내가 친구하고 달리기 시합하다가 서로 질투하게 되어서 사이가 서먹해졌어. 진짜 경쟁은 자신과의 경쟁이야. 물론 자극이 덜할 수 있으니까 어제의 나를 떠올리면서 매일 열심히 해 보면 어떨까?

생각 열기

같은 목표를 두고 이기려고 하는 것이 경쟁이야. 친구, 형제 간에 흔히 경쟁하지. 어떤 시합이나 대회 같은 곳을 나가서 하는 경쟁도 있지만 일상에서도 다른 사람보다 더 잘하고 싶어 소소한 경쟁을 하고는 해. 이런 경쟁은 서로에게 도움이 될까, 해가 될까?

6월 28일

감정

내 마음을 온전히 이해하는 사람이 있다. vs 없다.

| 너의 의견은 뭐야? | 이유를 말해 줘. (1~2개) | 그렇게 했을 때 문제점은 뭐야? | 그건 어떻게 해결할까? |

내 마음을 온전히 이해하는 사람이 있어. 나는 우리 엄마가 그래. 나보다 나를 더 사랑하시다 보니 내 표정만 봐도 내 마음을 알아. 물론 내 마음을 다 아는 게 좀 불편할 순 있지만 없는 것보단 나아.

내 마음을 온전히 이해하는 사람은 없어. 내 마음은 가끔 나도 헷갈리고 다 모를 때가 있는데 어떻게 다른 사람이 알지? 너무 몰라 주어서 좀 답답하고 속상할 때도 있지만 그래서 더욱 자기 마음은 자기가 알아채야 해.

생각 열기

사람은 머릿속의 생각이 자기 생각인지 확실히 알 수 없대. 마음도 마찬가지여서, 자기 마음은 물론 다른 사람 마음도 완전히 이해하기란 힘들어. 오히려 서로 '오해'하는 게 정상일 수 있지. 하지만 우리는 서로 '이해한다'는 말을 자주 해. 실제로 이해 받은 느낌도 종종 받잖아.

7월 2일

가치관

남과 비교되는 건 발전하는 데 도움이 된다. vs 안 된다.

| 너의 의견은 뭐야? | 이유를 말해 줘. (1~2개) | 그렇게 했을 때 문제점은 뭐야? | 그건 어떻게 해결할까? |

남과 비교되는 건 발전하는 데 도움이 돼. 자극이 되거든. 사실 남이 비교하지 않아도 나 스스로도 비교하잖아. 나보다 피아노 잘 치는 친구가 부러워서 열심히 했더니 잘하게 되었어. 너무 비교하면 괴로울 수 있으니 적당한 비교가 필요할 거야.

VS

남과 비교되는 건 발전에 아무 도움이 안 돼. 비교당하는 순간 기분이 상하거든. 나 스스로 좋아하거나 성장에 도움이 되는 일을 할 때 발전하는 것 같아. 물론 적당한 비교는 자극일 수 있지만 우리는 늘 적당한 것을 놓치니까 아예 안 하는 게 좋겠어.

생각 열기

한때 '엄친아(엄마 친구 아들)'라는 말이 유행했어. 부모님들이 다른 집 자식과 비교할 때 흔히 쓰던 말이지. 지금도 부족함 없어 보이는 사람을 보며 엄친아, 엄친딸이라고 해. 이런 단어가 나올 정도로 비교는 사실 일상에서 자주 일어나. 이런 비교, 어떻게 생각해?

6월 29일 | 감정

친구가 슬퍼할 때는 위로해 주어야 한다.
vs
혼자 두어야 한다.

| 너의 의견은 뭐야? | 이유를 말해 줘. (1~2개) | 그렇게 했을 때 문제점은 뭐야? | 그건 어떻게 해결할까? |

친구가 슬퍼할 때는 같이 있어 주고 위로해 주어야 해. 혼자 있다는 느낌 때문에 더 슬플 수도 있거든. 물론 나도 전염되어 슬플 수 있어. 하지만 같이 느끼면 나중에 사이가 더 좋아질 거야.

 VS

친구가 슬퍼할 때는 혼자 두는 게 나아. 친구를 위로해 본 적이 있는데 별로 통하지 않더라고. 물론 내가 도움을 못 주는 것 같아 아쉬운 마음이 들긴 하겠지만 그것도 친구 사이에서 겪어 보면 좋은 감정이라고 생각해.

그거 알아? 인디언 명언 중에 '친구란 내 슬픔을 등에 지고 가는 사람이다.'라는 말이 있어. 진정한 친구의 의미 중 하나를 담고 있지. 너는 친구의 어느 감정까지 함께해야 한다고 생각해?

7월 1일

가치관

돈이 있어야 행복하다.
vs
돈이 없어도 행복할 수 있다.

| 너의 의견은 뭐야? | 이유를 말해 줘. (1~2개) | 그렇게 했을 때 문제점은 뭐야? | 그건 어떻게 해결할까? |

돈이 있어야 행복해. 돈은 가장 기본적인 물건과 음식을 비롯해 여러 서비스를 사용할 수 있게 해 줘. 원하는 공부를 할 수 있게 해 주어서 꿈도 이루게 도와주지. 물론 돈에 너무 많은 가치를 두면 물질 만능 사고가 생길 수 있으니 조심해야겠지.

 VS

돈이 없어도 행복할 수 있어. 건강, 사랑, 가족은 돈으로 살 수 없는 건데 인생에서 참 중요하잖아. 돈 버느라 행복을 놓칠 수도 있고. 돈이 없어 원하는 걸 못 사거나 못하게 될 수도 있으니 건강이 되는 선에서 열심히 벌려는 노력은 필요해.

그거 알아? 돈이 많으면 행복도가 점점 올라간다는 조사 결과가 있어. 복권 당첨자의 행복도가 높다는 비교 연구 결과도 있어. 한편 미국에서는 돈을 인생 목표로 했던 이들이 나중에 삶을 더 불행하게 느꼈다고 해. 행복을 느낄 수 있는 요소로 가족, 건강, 친구 관계 등 여러 가지가 있어. 돈과 행복의 관계, 생각해 볼까?

6월 30일

감정

용서는 필요하다.
vs
아니다.

| 너의 의견은 뭐야? | 이유를 말해 줘. (1~2개) | 그렇게 했을 때 문제점은 뭐야? | 그건 어떻게 해결할까? |

용서는 필요해. 용서하지 않으면 내 마음만 괴롭거든. 우리 반에 날 괴롭히는 아이가 있어 늘 미워했더니 볼 때마다 힘들었어. 물론 용서하기 쉽지 않지. 그래도 나를 위한 일이라고 생각해 봐.

 VS

꼭 용서할 필요는 없어. 나에게 큰 상처를 준 사람은 용서가 안 되잖아. 억지로 용서하려고 했다가 더 힘들 수 있어. 물론 용서할 수 없는 마음이 나를 힘들게 할 순 있지만 시간이 흐르면 나아질 거야.

그거 알아? 달라이 라마는 '용서는 자기 자신에게 베푸는 가장 큰 선물'이라고 했어. 헤르만 헤세는 '사랑하고 용서하는 사람이 늘 승리한다.'고 했지. 어떤 의미의 말일까? 용서를 하고자 마음먹었지만 상대방의 행동 때문에 쉽지 않을 때도 있어. 네가 용서할 수 없는 사람, 그 사람과 있었던 일을 떠올려 봐.

7월

가치관

> 돈이 행복의 필수 조건일까?
> 1등을 해야 행복할까?
> 새로운 일이 좋을까, 익숙한 일이 좋을까?

이달에는 나의 삶의 태도와 가치관을
생각해 보려고 해요.

4개의 질문에 순서대로 대답하며,
내 삶에 의미 있는 이야기를 펼쳐 보아요.